# 国祚密码

16张图演绎中国历史周期律

The Code of China's History

姬轩亦◎著

中国发展出版社
CHINA DEVELOPMENT PRESS

**图书在版编目（CIP）数据**

国祚密码：16张图演绎中国历史周期律/姬轩亦著．—北京：中国发展出版社，2014.12（2019.11重印）

ISBN 978-7-5177-0272-6

Ⅰ.①国… Ⅱ.①姬… Ⅲ.①中国历史—通俗读物 Ⅳ.①K209

中国版本图书馆CIP数据核字（2014）第260601号

**书　　名**：国祚密码：16张图演绎中国历史周期律
**著作责任者**：姬轩亦
**责 任 编 辑**：钟紫君
**联 系 地 址**：北京市西城区裕民东路3号9层　100029
**标 准 书 号**：ISBN 978-7-5177-0272-6
**经　销　者**：各地新华书店
**印　刷　者**：北京市密东印刷有限公司
**开　　本**：700mm×1000mm　1/16
**印　　张**：19.75
**字　　数**：312千字
**版　　次**：2014年12月第1版
**印　　次**：2019年11月第4次印刷
**定　　价**：38.00元

**联 系 电 话**：（010）68990535　68990692
**购 书 热 线**：（010）68990682　68990686
**网 络 订 购**：http：//zgfzcbs.tmall.com
**网 购 电 话**：（010）68990639　88333349
**本 社 网 址**：http：//www.develpress.com.cn
**电 子 邮 件**：10561295@qq.com

# 推荐序一

学界公认史学属于人文学科，而人文学科能够科学化，尤其是能否模仿自然科学的科学化，有较多争论，本书力图构建一个理论模型。作者的意图是以中国历史上的统一和分裂为经，以信息媒介和人才流动机制为纬，构建一个理论框架，对中国历史进行模型化处理，并由此对中国历史给出新的认知，以周期性变化作为结论。作者走的是将史学加以科学化处理的例子，也能自圆其说。

从读到的内容看，作者下了很大功夫，阅读了较多史学著作，而且思路也较为开阔，不受现有的研究框架和研究方法所限制。从学习的角度来说，这种思考是十分有益的。试图突破以往的模式，不失为可贵的探索。在一定意义上，这是传统史家通古今之变的理想在现代科学知识熏陶下的另一种表达。

同时，直言不讳地说，本书还存在一些问题。这种鸟瞰式的通史，除了要有大气势外，一定要有丰富的积累，没有多年的学术浸润，往往无法很好地驾驭通史类型的研究著作。当然，通俗读物可以不考虑这个前提，但作者显然不仅仅是将其当做通俗读物看待，而是试图对中国历史给出全景式的新解，因此，作为对学术著作的要求，我以为本书尚有商榷的余地。

作者力图表现出理论思维，引用了雅斯贝尔斯的“轴心时代”，黑格尔的《历史哲学》，汤因比的《历史研究》，亨廷顿的《变化社会中的政治秩序》等著作，但是，对前人研究成果的研读和引证仍略显薄弱。作这样的大题目，要了解顾颉刚的《古史辨》，金观涛和刘青峰夫妇的两本代表作，以及上世纪80年代和90年代国内关于中国历史循环论的讨论。

对于国外的著作，应了解魏特夫的东方专制主义，了解年鉴学派，计量学派的基本研究路数，以及地理环境对历史影响的论述。在方法论方面，应参照波普尔的《历史决定论的贫困》的著作。采取构建模型的研究方法，按照作者的说法是实验室方法，则要了解科学哲学中的方法论进展，尤其是上世纪波普尔、库恩、拉卡托斯等人进行的方法论大论战，不管赞成和引用、批评还是反驳前人的观点，都需要建立在全面理解前人学说的基础上。

本书既然数次提到马克思主义的唯物史观，那么就必须进一步严格要求，我以为光凭理解政治课教科书的概念是远远不够的，还应该涉猎《费尔巴哈》、《德意志意识形态》等著作，本书在这些方面，坦率讲是有所不足的。

另外，这种对历史的模型化解释，需要进一步辨析历史上的各种模型化解释，从邹衍的五德循环论，司马迁的历史观，到《白虎通》的历史观，一直到王夫之的《读通鉴论》和梁启超的《新史学》等，有了这种辨析，方可深入探讨。

诚然，本书从学术角度而言，尚有诸多不足。然而作者以26岁之限，就能够进行这样的深入思考，敢于攀登传统史家的思维高峰，作为师长，聊可称慰。

张岂之

2014年10月1日

推荐人简介

张岂之，出生于1927年，江苏南通人，中国著名历史学家、思想史家、教育家。长期从事中国思想史、哲学史和文化素质教育研究，在半个多世纪的研究和教学过程中积累了丰富的学术研究及学术领导经验，主持过一些重大科研项目。现任西北大学名誉校长、中央马克思主义理论研究与建设工程首席专家、中国思想文化研究所所长、西北大学和清华大学教授、博士生导师，《华夏文化》季刊主编，以及教育部哲学社会科学委员会副主任、教育部文化素质教育指导委员会顾问、中华炎黄文化研究会副会长等职务。

# 推荐序二

长期以来，市面流行的历史叙述总是在严肃的官修口吻和戏剧化的平民调侃之间徘徊，前者在令人饱含敬畏的同时也令人望而却步，而后者则往往成为说书式的流水账和英雄谱，最终在繁杂的历史事件中模糊了历史的本来面目。相比而言，本书的内容和形式无疑在这两种极端之间搭起了一座桥梁。

可以说，本书的作者为习惯于线性历史叙述的中国读者打开了一扇新的窗口，他站在了更高的观测点上。作者以天文地理为经，信息技术演进为纬，将波澜壮阔的中国政治演进置于一种立体化的叙述之下，从而把不可复制的历史事件变成了显微镜下可以反复观测和咀嚼的精密结构——历史进程是否可以进行科学的定义和建模？主宰江山沉浮的力量又是什么？在本书中，对这些终极命题的追问和求解成为了作者叙述的主线，在这些终极命题的牵引下，作者以客观和准确的分析范式，将纷繁复杂的历次政治剧变庖丁解牛，依次排序，西晋北宋的政治困境，汉唐明清的扩张边界，三国五代的乱世风云，都被作者依次安置在符合数理逻辑的位置上。难能可贵的是，作为一部不失严谨的作品，作者的文字极富张力，简约深入的历史事件解析背后，是对华夏民族分合起落的登高长叹，而这种来自历史深处的叹息背后，却又暗含着对民族往事和华夏文明的敬畏和祝愿。

“天下大势，分久必合，合久必分。”如何理解华夏文明的变迁和演进？作者用数学化的分析方法给出了意想不到的答案。这个答案的开头是一系列国人耳熟能详的历史人物和王朝兴衰，然而，随着叙述的展开，中国历史的全景在气候嬗变的冲击和山川河流的分割之下逐渐清晰起来，而最终出现在读者眼前的答案则注定是令人惊奇的。酣畅淋漓的阅读体验之后，是一次对我们民族历史的集体回忆，在这片由山地、高原、丘陵、平原和盆地构成的大陆之上，数不清的英雄美人在民族的集体记忆里闪耀和谢幕，但是由他们的光芒组成的图案却是对称、和谐和准确的，甚至准确到了令人不安的地步——历史在欧亚大陆的东端反复运转，和平和战争的交替永不止息：气候冷暖主宰了北方的耕地面积和繁荣程度，也决定了中原王朝在同北方民族战争时的成败；地理上的半封闭环境和割据地形界定了耕地面积和人口增长极限，并约束了统一王朝的寿命和国内和平的时间。在这冰冷而准确的事实面前，历史人物的愚智不过是被传统纪传体史学放大了的决定因素而已。“人类的自由意志注定要被冷酷的历史规律切割的鲜血淋漓”，作者最后发出如斯的感慨。诚然，自由意志的存在和伟大都不容置疑，但是作者想要向我们证明的是另外一件事，即自由意志也存在着边界。如果直截了当地说作者已经证明了这个论点，那是言过其实的，但如果仅仅是说作者成功地引发了阅读者对这个问题的思考，那又是远远不够的。

“一切历史都是当代史”。“阳光下没有新鲜事。”用这两句西方的名言作为对本书的总结，我认为是合适的。作者正处于年少有为的黄金时代，希望这本书仅仅是作者的一个美好开端。

罗　援

2014年11月1日

**推荐人简介**

罗援，出生于1950年。中国军事科学学会常务理事兼国际军事分会会长。军事科学院世界军事研究部副部长。少将，研究员，博士生导师。

# 前言

兴衰之秘，存亡之机，星驰电扫，览之无余——初读此书正在京师，晴雪午后，凛凛西风；再读此书竟在湘楚，豪雨长夜，炙热如冰；最后一次却在长安，山岳倾颓，陵阙巍巍。编者希望这本书引来对于我们民族历史文化最核心密码的激烈争论，在争论中实现书生对天下最终极的责任。这是一本从拿到手就令人不安的书，它居然试图弥合涉及我们民族从古到今的血泪冲突和盛衰荣辱的所有价值判断，并让整个民族暂时放下对历史上所有恩怨的讨论，一起向西张望，关注阳关以外的世界。

如作者在全书末尾所说，“丝绸之路的畅通与否是衡量华夏民族是否强盛的最好标准，而昆仑山恰恰在西域之西。”有趣的是，这样的主旨也同样出现在作者选择雕刻的历史人物身上，从曹操的“汉故征西将军曹侯之墓”的自撰墓志，到左宗棠的“湖湘子弟满天山，”向西拓展的意象弥漫在作者漫步历史的过程中。“此去泉台招旧部，英雄至此可征西，”这是作者写在后记中的一句话。在透彻地解剖了华夏民族的编年史后，这句话最终成了“如何打破华夏民族分久必合，合久必分的历史宿命”这一宏大命题的最终解答。

现在就让我们用一个大胆的假设人物——伯约——来贯穿全文做一个导读吧。本书可谓一张通往华夏民族历史与未来的思想通票，将带您获得一次奇妙激荡的心灵之旅。

我们假设在洪荒年代，确切地讲，是黄帝准备和蚩尤在涿鹿决战的那个早晨，黄帝的一名士兵突然获得了永生，他就叫伯约。

他在流血千里的战场上死去，然后苏醒，发现自己的伤口正在自动愈合，意识逐渐清晰。

当他苏醒的时候，黄帝已经获胜，军队胜利的欢呼声已经远去，刚刚重获生命的士兵遥望着那场来之不易的胜利，开始思考重生对于自己的意义。

我们知道，那个时候的人类是很迷信的，相信神迹和万物有灵。我们的主人公经历了自己的死亡，感受到蚩尤的利剑切断肺腑的惊人痛楚和死亡之后的寂静，然而他却在这种痛楚和寂静之后苏醒——流血停止了，肌肉开始重新生长，填满了武器割裂形成的空隙，骨头重新连接在一起，然后他站了起来，身体强壮得如同从来没有被砍碎过一样，那么这个时候，他会思考出一些什么东西?

首先是**感恩**。无论这神秘的力量来自哪里，他为这种力量所挽回，重新开始呼吸。

还有**敬畏**。死而复生是一种神迹，而这种超自然现象发生在自己身上，他有理由相信，存在着一个自己完全不能理解的力量——而这令人敬畏的力量挽救了自己。

接着是**怀疑**。这一切是怎么发生的?为什么要让我活下来?

最后是**确认**。无论这种理由是什么，他现在活着，被某种力量所祝福。他是独一无二的，并且和黄帝本人相比也是独一无二的。他见过自己的领袖负伤，也知道他的康复是正常和缓慢的，但是他不同，为了验证自己的独一无二，他尝试着用锋利的石器在胸口上划出血痕，又注视着这些血痕在很短的时间内消失——在确认了这一点后，他很快又陷入了恐惧。

黄帝是一位领袖，而他是一个具有神迹的人，并迟早会对这位领袖形成威胁，而这种威胁很快会反弹回来，殃及自身。他自认为并不具备取而代之的资格和能力，为了防止可能出现的冲突和麻烦，他最终做出了一个决定。

他决定远远离开他的族人，并且以战死者的身份从人群中消失。他会被悼念和回忆，并在漫长的隐居中思念和偷窥自己家人的正常生活。

他就这样生存下来，并在许多年之后混在人群中参加了黄帝的葬礼，那个时候他已经意识到自己享有了常人不可企及的寿命。

在意识到这一点的时候，他已经明白，自己生命的意义，可能不亚于这位正在下葬的领袖本人。

随即他试图读懂施加于自己身上的天命，鉴于时间对于他来说并不是奢侈品，他会在填饱肚子的空隙做深入思考，思考的结论是，这种天命就是永生本身。

他是活的经历，以及会说话的历史。他的永生就是为了这种体验，并永恒地在这个世界上游荡下去，永远铭记，也永远告别。

他在不同的时代，有着不同的名字，由于他远超常人的经验储备，他获取了惊人的知识量。

他同那些史书上留名的人物一起生活过，交谈过，战斗过，当然，他更多地是同那些没有留下名字的人一起生活，并独自送葬。

他先后写下了大量的记录文字，而这些文字又大都在不同的战乱中损失殆尽。

他曾经尝试过挽救一个帝国的灭亡，或者在乱世中建立一个属于自己的时代，但是他都失败了。他有时候诅咒这种强大的天命——他永世观察。他只能观察。

现在他生活在2014年的北京，他在大厦的第27层登高北望。

帝都（他喜欢这个名字，让他感到自己还活在过去，并想起那些伟大的、生命短暂的朋友和敌人）的下午正吹着北风，雾霾被驱散殆尽，他在登高凝望的时候，视线居然能够穿越高楼的反光，并最终看到燕山的颜色。

他最后望向西北，黝黑的山体背后是一个他非常熟悉的地方：涿鹿。他用上古汉语念出这个词汇。大舌音的震颤让他办公桌对面的同事疑惑地抬起了头。

“我在自学希腊语。”他报以满怀歉意的微笑，并回过头，坐在办公桌旁，然后在自己的电脑上敲下这样的文字：

**“这是一次建构于化工实验室中的智力体操，它源于一个大胆的假设。”**

他满意地点了点头，并腹诽着现代汉字过于简陋的间架结构。

这是一个应该把记忆中的东西整理出来的好时代，而隐藏一片落叶的最好地点就是一片森林。

接下来将呈现给读者的，正是一个永生者的亲生经历。

为了叙述的方便，我们将这位不幸的永生者称作伯约，当然，后来的故事里，我们也会最终知道这个名字的由来。

我们的旅程就随着伯约的一生开始，然后在旅程终结的时候，回到伯约正在敲字的写字楼上。那里通常有属于伯约一个人的茶会，在茶香中可以顺便欣赏到帝都最艳丽的夕阳。

编　者

2014 年 4 月 1 日

# 目 录

# 楔子

盛放在天汉的凯歌里，转身有汉末的悲悯。

冷立于太康的高台上，抬头是两晋的血沁。

挣扎在永和的火狱中，天边有隋唐的绮丽。

醉卧于宣和的宫墙下，梦里是女真的雷霆。

穿行在岁末的风暴里，一路是草木的哀音。

歌吟在后海的船头上，海中是胡羯的落影。

跪坐在历史的空室内，耳边是雨中的桐琴。

起舞在子时的鸡鸣中，满眼是府右的长荆。

这是一个平淡的故事，从高潮到结局。

这是一场离奇的旅行，从序幕到终曲。

这旅行的线路在空间上涵盖了华夏文明能够覆盖的所有土地，在时间上也包含了我们民族惨烈而辉煌的所有过去——跋涉在帝国的灰烬里，一秒钟前的华夏民族还受困于西周末年的阴郁，转眼间青铜时代就已经凝结成大秦的铁军。而当旅者试图沉浸在秦汉的功勋簿时，曹植就已经开始把他无以伦比的才华用来悲歌饮泣，三国时代的终结伴随着士人的狂欢和胡人的寂静，以及西晋的彻底崩溃和挣扎在血泊中的华夏民族绝不死去的意志。这意志伴随着隋唐的绚烂和两宋的低谷爬上高峰，并最终在明清时代的末年迎来了新的——来自大洋彼岸的致意。而当随之而来的动荡最终凝固在人民英雄纪念碑基座的八座浮雕上时，这场起于公元前841年、终于2014年的旅行，也不过凝结成两句赞词而已：

在旅行的开始，总奢望帝国常恒。

在旅行的最后，却唯有华夏永生。

那即将翻开书页的旅者啊，如果你希望重温我们民族不死的雄烈和风雅，请收拾行囊，准备启程。请领取你们的行程表格，这是你们通往过去和未来的唯一凭证。

**表1**

| 历史阶段 | 阶段、周期特征 | 竹简周期 | 纸笔周期 | 印刷周期 | 电子信息周期 |
|---|---|---|---|---|---|
| 第一阶段 | 集权的枯朽 | — | — | — | — |
| 第二阶段 | 大分裂 | — | — | — | — |
| 第三阶段 | 集权的初建 | — | — | — | — |
| 第四阶段 | 群雄逐鹿 | — | — | — | — |
| 第五阶段 | 集权的鼎盛 | — | — | — | — |
| 第六阶段 | 大叛乱 | — | — | — | — |
| 第七阶段 | 集权的中兴 | — | — | — | — |
| 第八阶段 | 集权的衰退 | — | — | 清末民国 | — |

注："—"代表尚未发生的时间段。

这张尚未填写的行程表就是你们的旅行护照，请妥善保存，随到随填。

当你们结束这旅行，回到2014年的北京时，请将这张表交还，并保证将它填满。

好了，接下来，请翻开前言，认识一下这场旅行的领队吧。

# 第 1 章
# 年表中的魔鬼：治乱数列和经济大周期

## 引 言

2014 年的除夕夜，伯约会在大明宫遗址公园的寒冷中思念 82 年前的夜晚和发生在燕京大学数学系宿舍的惊悚夜谈。

同新世纪的其他几年一样，伯约会在除夕之前回到西京长安，并在回忆的慵懒中度过一年的最后时光。他的寓所就在大明宫遗址公园的北面，推窗可以看到玄武路上来往的车辆和匆匆走过的行人。手捧热茶，永生的伯约会想起那个充斥着蟑螂和老鼠的 8 人大学宿舍，以及那些口音迥异的舍友们。在那个燥热而无趣的夏天，他们的夜谈注定要名垂青史，因为正是在 82 年前的那个夜晚，伯约最终在舍友们的帮助下参透了华夏民族的命运，历史的玄机浮现在那个蝉鸣不止的夜晚，同时浮现在那个夜晚的还有伯约的舍友们最终选择的命运——当他们看透了未来 25 年的历史格局时，他们的选择却是彼此不同的，在这参悟了华夏民族未来的 8 个年轻人中，除了永生的伯约将一如既往地执行史官和观察者的残酷使命外，剩下 7 个人的选择则彻底改变了他们原本四平八稳的人生轨迹。

有些人在那次夜晚后勇敢地跳入了历史的洪流中，最终变成了忠奸不明的模糊雕像，还有一些人恐惧于这扑面而来的动荡世界，在战栗中逃避，在逃避中战栗，并最终不无遗憾地放弃了青史留名的机会。当然，更多的人并没有活到1949年以后，他们战死在中条山，他们战死在雪峰山，要记住，唯有活着的人才有资格验证华夏民族的未来和命运，所以，想要青史留名的少年啊，请在每一个历史的转折点上，都保持永恒的战栗和清醒。当你们最终成功，伯约会在你们攀登山顶的时候吹奏深谷的哀叹，而当你们最终粉身碎骨，伯约同样会在你们的坟墓前吹奏日出的新曲——每一次死亡都是出生，每一个坟墓都是故乡，当垂老的宣王在许多年前的五丈原上宣告了英雄时代的终曲，捡起丝竹和酒色时，年轻的刘渊和石勒也即将呱呱坠地，并把剑和天下当做一生的玩具。

## 第一节　伯约的3个问题

同以往的史学研究不同的是，我们的研究顺序并非先叙述历史事件，之后再对历史事件做出分析和归纳。相反，我们的研究顺序将从构建理论开始。这样的研究顺序是基于这样的考虑：即既然学界对中国历史存在周期性变化是有一个模糊的共识的，那么不妨假设这种周期性的存在，并以此假设为基础来分析中国历史上的不同阶段并进行归类，如果这种分析和归纳能够提炼出一个准确的历史周期的话，即说明我们的假设是成立的。在提炼出一个历史周期的基础上，我们将构建一个能够解释这种周期性变化的理论框架，这种理论框架将以图表的形式直观地表现出来。

——引自伯约民国手稿的第三页

云气浩瀚而绵长，自东向西，把蓝色的天幕压到了西山之下的环形谷地——这是一个令人清爽的早晨。

伯约皱着眉头，翻看着这些繁体文稿，密集的吐槽欲望让他的舌头条件反射式地卷起来包住上排牙齿。

的确，这些当初的狂徒和后来的学究实在是过于一本正经了。伯约懊恼地想。更让他懊恼的是，他也曾是这些狂徒中间的一个，而且是唯一不会死去的那一个。

按理来说，伯约对民国时代的评价是不高的，礼崩乐坏的时代并没有能够促成整个文明的触底反弹，反倒是以最快的速度引入了西方文明中最糟糕的部分，这批自诩为往圣继绝学的夫子们究竟起了什么作用呢？很快，他们就被革命者赶到了小岛上，而他们追随的领袖却又是不折不扣的基督徒。虽然委员长自诩为阳明学的门徒，但是他的行为却看不出一点阳明大师的影子。相反，倒是他的对手能够踏踏实实地把自己沉浸到《资治通鉴》和《老子》中去，这对于一个号称要捍卫华夏文明的基督徒来讲，的确是讽刺到极点的事情吧。

但是，毕竟这些后来享有盛誉的夫子还是从历史的缝隙中看到了一些东西，这是1932年7月12日伯约和他的同学们彻夜不眠的重要原因——另一个重要原因是中文系的系花居然被不解风情的某个工科生以闪电般的速度完成了本垒打，而她同样不解风情的某个理科生男友当时就在伯约的隔壁宿舍里义愤填膺。

你看，大学生活就是这样无聊和欢乐——所以急需一些沉重严肃的东西来驱散这饱含着荷尔蒙的不良气氛。

伯约的思绪回到了那个燥热的晚上，在八卦新闻几乎要把伯约精心策划的学术卧谈给彻底搞砸的时候，9号宿舍楼突然安静下来，也不知道是什么原因，隔壁男生的群情激愤和其他宿舍的叽叽喳喳都同时归于幽冥，气温仿佛一下子降低了好几度一样，连围绕着灯光绕圈子的夜蛾都消失了，窗前树枝上的猫头鹰发出瘆人的夜啼——许多年后，这诡异而难得的寂静时刻仍然牢牢地印在伯约的脑海中，因为正是在这个夜晚，伯约终于开始了系统化地整理自己和整个民族的记忆——莫名其妙的寂静往往导致焦躁不安，而终结焦躁不安的则是一个有趣的话题：

三皇五帝夏商周秦西汉东汉三国两晋南北朝隋唐五代宋元明清——看到一张中国历史朝代表，那个时代的大学生会想些什么呢？

中文系的才子佳人会在很短的时间内回忆起超过10篇以上的怀古名篇，从《过秦论》到《赤壁赋》不一而足，接着他们会沉浸到关于兴衰往事的感慨中去，最后在中文系式的校外聚餐中陷入酣醉。

地质学的野外精英会觉得这张表实在是太短了，他们会毫不犹豫地在夏朝之前加上新旧石器时代，新生代，中生代，古生代，然后陷入到对寒武纪大爆发的种种假设中（1932年时，对寒武纪大爆发研究构成里程碑式影响的澄江生物化石群仍然在云南沉睡）不能自拔。

物理学的同胞们会潦草地划掉各种朝代名称，然后在牛顿诞生的这一年重重划下一道直线，并把这之前的时代统统涂成空白——在物理学界，没有科学和理性的时代是不值得讨论的。

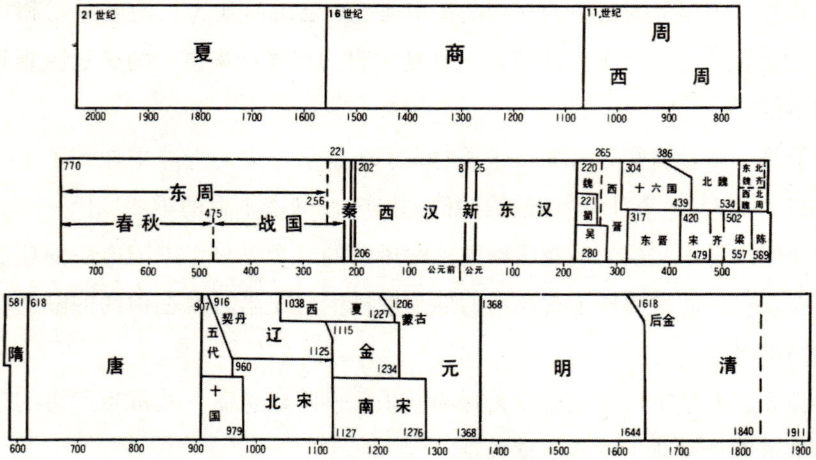


**图 1**（中国历史朝代表：夏到清）

如果抛开这张表上的汉字，化学系的兄弟们也许会疑惑地感觉这张表和元素周期表有某种联系，要不然就是一个链条很长的有机物分子式。

历史系的学究们自然会觉得这张表实在是太不详细了，他们会更加精细地把十六国时期分出超过 16 个小格子，并写上不同政权的名字，也许连翟魏这样的政权也难逃毒手。同时，对于汉唐明清这样的大一统时代，他们会细心地划分出更多的小格子，并写上不同皇帝的年号和庙号（不写谥号的原因是谥号太长），并且发誓不放过完颜承麟这种在位时间不足两个小时的可怜人。当然，不能苛求他们对格子的分割能够符合年代比例——文科生是不屑于用游标卡尺的，当然，另一个原因是不会。

问题是，伯约和他的同学们来自数学系。

所以，面对他饱受符号逻辑熏陶的同学，伯约提出的是这样一个问题——中国的历史进程是线性和平面的吗？进一步讲，中国的历史进程有什么数学规律吗？更进一步的思路是——我们能够对其进行抽样，建模并令这个模型具备预测力吗？

看起来，这是个不亚于哥德巴赫猜想的难题——学究们会强调历史进程的偶然性，英雄人物对于历史进程的决定性作用，或者是某一支冷箭毁灭了一场本来必胜的战役和某个政治集团的所有未来。项羽在鸿门宴中如果扣留了刘邦，是不是就能够夺取天下？这似乎是一个争吵到最后只能以“历史不容假设”为终结的话题，而问题是，历史为什么不容假设？假设历史为什么是没有意义的？要回答这两个问题，似乎不大容易，因为历史究竟是个什么东西，这并无定论，要对一个很难精确下定义的概念进行分析和解构，自然就更为困难。

但事实上，伯约提出的三个问题在当天晚上，就被回答了两个。至于第三个，则必须等到中国自主研发的巨型计算机进一步发展以后才可能会有结论——那并不是伯约的工作，那属于暂时还遥不可及的未来。

中国的历史进程是线性和平面的吗？

答案是，不是。

中国的历史进程中存在数学规律吗？

答案是，存在。

我们能否对中国历史进行抽样和建模，并令这个模型具备预测能力？

数学系的答案是，有可行性。至于怎样才能可行，哦，那是工科生的事儿。

## 第二节　年表中的魔鬼

许多年后，伯约在痛苦地准备 CPA 考试的春日午后，还会想到那个燥热的、蚊虫吵闹的晚上。不管 CPA 的考试多么摧折心力，都比不上 80 年前的那场演算令人不堪重负。很多事情，都在满清灭亡后的那几十年出现变动，而伯约想找到的不过是风云变幻中隐藏着的衡量而已。

不幸的是，他最终得偿所愿。

让我们把时钟拨回到 1932 年的夏季，看看这些数学系的年轻人是怎么来解一道文科的难题的吧。

当一个粗略的中国朝代表格出现在验算纸上，伯约的第一个反应是什么呢？要知道，虽然他具备了永生的力量，但是几千年来，他都未曾彻底地远离东亚大陆，他对西方世界的探索也仅仅是到君士坦丁堡为止，而拜占庭距离理性科学萌发前夕的西欧还有很长的距离。所以，和那个时候的中国人没有什么区别，伯约也是民国时代头几批接触到现代西方科学的人之一。理性、图表和可重复的试验带给伯约超然的美感和宁静，这种宁静不亚于他在后唐乱世中避祸华山时的感受。与之不同的是，理性、逻辑、数字和图标带来的宁静是可控和可重复的，这比道士们苦修才能够达到的境界要经济得多。所以，带着这种呼吸新鲜空气的优越感，数学系学生们也快速进入到一个令人无奈的情景剧中——他们开始试图从年表中提炼出一个数列。

这种优越感很快就消散了，在没有百度搜索的情况下，让数学系的学生们去研究王朝持续的时间实在过于强人所难，好在他们的伯约同学看起来精通此道——这也是第一次舍友们不再嘲笑这个天天抱着《史记》不务正业的理科生。

伯约微微一笑，探索的热情被激发了，七个难得的聪明头脑被中国历史的终极命题所诱惑，并甘愿彻夜不眠，这个时候，他必须放下架子，并列出一张详细的单据。

秦朝：14 年。西汉：211 年。新朝：15 年。东汉：196 年。曹魏：46 年。西晋，51 年。东晋：103 年。南朝宋：59 年。南朝齐：23 年。南朝梁：55 年。南朝陈：32 年。隋朝：38 年。唐朝：289 年。后梁：17 年。后唐：13 年。后晋：12 年。后汉：3 年。后周：9 年。北宋：167 年。南宋：152 年。元朝：97 年。明朝：276 年。清朝：269 年。

需要指出的是，这组数据是根据最传统的中国史家正统观而来的——例如《三国志》以曹魏为正统，又比如乾隆皇帝钦定宋朝为正统。

第一次演算很快就结束了，大部分人不满地扔下铅笔，并指责这样的王朝分段对于数学系是毫无意义的。理由如下。

首先，王朝和王朝之间有并存的情况，这就多算了很多年份，不利于数列通项公式的推导——这是一个严肃的湖南学长提出来的，他的乡音非常浓重，虽然对历史一窍不通，但是极度反感岭南的学弟们说曾国藩（错了，要叫文正公——他通常会这样纠正）的种种不是。

同时，有人认为南北朝和辽金时期以南方为正统是毫无道理的，事实上，北朝在当时更加强大，控制的疆域也更加广阔，在数学计算中夹带不必要的狭隘民族主义毫无价值——这是一个话不多的满族同学提出来的（虽说把宋朝定为正统是乾隆皇帝的意思），但随即他的意见被其他的南方人快速顶了回去，争吵是无奈的事情，好在这争吵最终引发了数列模型的第一次巨大变革：他们同意把分裂的时代干脆合并为一个数列项。要知道，民国时期尚未出现像现在这样合理的民族政策，而湖北人总是动不动以开国元勋自居——好像他们真的参加过武昌起义一样。

更有趣的是，七个《三国演义》的忠实读者为曹魏的正统性爆发了剧烈争吵，而成为众矢之的伯约只能哭笑不得地看着他的一个河北同学流畅地背诵《三国演义》中刘备的家世（愿陈寿原谅他们，虽然现代的中国人能够相对客观地看待那段历史，但是在罗贯中的影响力仍然不言而喻的民国时代，把曹魏看成伪政权是再正常不过的事情了）。诚然，这样的反对意见引发了数列模式的第二次巨大变革：即三国和五代也最终被合并为两个并列的分裂时代。

鉴于以上的一些情况，伯约针对已有的数据组做了第一次更新——对于数学系而言，这世界上没有解不出来的题目，如果解不出来，一定是题目出错了，那么，修改题目就好。

秦朝：14 年。西汉：211 年。新朝：15 年。东汉：196 年。三国：46 年。西晋，51 年。东晋南北朝：273 年。隋朝：38 年。唐朝：289 年。五代十国：53 年。北宋：167 年。南宋金夏：152 年。元朝：97 年。明朝：276 年。清朝：269 年。

自然，第二次验算很快又失败了。新的问题打断了大家的思索，当然，这又是沉默寡言的学长才能够做到的冷静分析——就在几个人为正统问题吵得不可开交的刚才，他从伯约的手中拿过了《史记》年表，并在第二个数列组被提出后不久就抬起头来提出反对意见——

的确，项羽和刘邦争霸的时代被忽略了。

同时，有大量类似的无政府时期出现在统一大王朝建立前的时代，比如王莽灭亡到刘秀称帝之间的更始时期。但这份漏洞百出的表格并非是毫无价值的，一个显著的规律已经出现。

中国历史上，大一统时期对应着大分裂时代——这并不需要更加精密的计算，很快，所有人都看出，春秋战国对应着秦汉，东晋南北朝对应着隋唐，宋辽金夏对应着明清。那么接下来的工作，似乎应该是彻底打碎这张以王朝更替为主线的历史年表，取而代之的是细分中国历史上统一和分裂的时间。

显然，这只能是伯约一个人的工作，他再一次大幅修改了题目，而这一次的结果就要详细的多。

西周的确切纪年历史：70 年（很遗憾，1932 年还不存在夏商周断代工程）。春秋战国：550 年。秦朝和平期：12 年。秦末混战和西楚霸王时期：7 年。西汉和新朝和平时期：223 年。新末混战和更始帝时期：15 年。东汉和平期：148 年。汉末混战和三国：96 年。西晋和平期：21 年。晋末混战和东晋南北朝：288 年。隋朝和平期：22 年。隋末唐初混战：11 年。唐和平前期：133 年。军阀叛乱：30 年。唐和平后期：90 年。唐末混战和五代十国：104 年。北宋和平期：149 年。南宋金夏：151 年。元朝和平期：72 年。元末明初混战：17 年。明朝和平时期：262 年。明末清初混战：29 年。清朝和平期：194 年。清末混战和民国：78 年（截止到 1931 年）。

在伯约的同学眼中，他完成了卓越的工作，这道题目在开始是不可解的，因为文科生编写的历史纪年表或者失之琐碎，恨不得把每一个政权都标记清楚，导致读者根本看不清宏观上的相关性。或者失之肤浅，把历代王朝持续时间一标了事，却毫不顾忌这些王朝可能是相互重叠的。但伯约和他的同学们已经成功地用一个简单的标准成功划分了中国的历史阶段，而这种划分简约而有效。

这个标准就是，中国是否统一？是否存在一个有效的中央政府，他能够决定绝大部分领土的财政权和人事任免权，并保有一支能够镇压地方叛乱的军队？

如果后世的读者还存有疑虑，觉得这样的标准是否真的如他们所说，彻底划定了一个可以计算通项公式的数列的话，他们大可放心和保持平静，因为数学系的风格是不简约优美誓不罢休的。本着这样的偏执，他们很快把上面的表单拆分为两种结构：

70：550：12：7：223：15：148：96；

21：288：22：11：133：30：90：104；

149：151：72：17：262：29：194：78；

这是第一种。

70，12，223，148，21，22，133，90，149，72，262，174；

550，7，15，96，288，11，30，104，151，17，29，78；

这是第二种。

这两种数字的组合就是所谓的治乱数列——而这个数列即将终结对于中国历史大多数命题的讨论，至少对于伯约而言，他不会去思考太平天国如果不采取践踏儒学的政策，那么会不会更早就推翻清朝——关于历史的大多数讨论其实毫无价值，这并不是因为简单的“历史不可假设”，而是因为在冰冷的数学逻辑约束之下，讨论某个孤立的政策改变会显得非常滑稽。

当然，这样的排列组合仍然不够清晰，初期的工作确实是粗糙的，虽然他们通过大小比对，粗略地把 24 个数字切成了相似的三段，或者通过对统一时代和分裂时代的归类，把 24 个数字划分成了个数相等的两段，虽然他们已经意识到这组数字中隐藏着华夏民族的兴衰密码，但是他们仍然未能够求得一个能够用文字来表述的解集。

在伯约正式揭开谜底之前，我们先看看他的同学们具体是如何处理这些数字的吧。

而当他们最终看懂了这些数字时，年表中的魔鬼就要微笑。

## 第三节　两种分列法引发的猜想

70：550：12：7：223：15：148：96；

21：288：22：11：133：30：90：104；

149：151：72：17：262：29：194：78；

这是第一种分列法。

70，12，223，148，21，22，133，90，149，72，262，194；

550，7，15，96，288，11，30，104，151，17，29，78；

这是第二种分列法。

伯约记得，当时的气氛非常微妙，24 个数字中存在超过 6.204484017332394e+23 个的排列结果，而他们则试图在这些排列组合中寻找出唯一符合逻辑的一种。在经过了一番计算之后，他们手里都有了一些答案，广东人缩回到床铺的角落里，用难懂的粤语叽叽咕咕，湖南的学长扬起眉毛，细长的眼波在微弱的灯光下浮动。伯约双手抱膝，若有所思地观察着几个还在稿纸上写来写去的北方人。约莫过了半个小时之后，才看到他的湖南学长坐直身体：

“显然，最简单的一个结论是，第二种排序方法中，第一行和第二行的和几乎相等。分别是 1396 年和 1376 年。”

伯约牢牢地记住了这句话，直到 80 多年后的现在。为了验证自己回忆的合理性，他甚至打开了 excel，把稿纸上的数据输入进去，事实证明，这个数字确实具备了无可言说的魅力。

**表 2**

| 时间段 | 统一 | 分裂 | 总计 |
|---|---|---|---|
| 西周末年 | 70 | 0 | 70 |
| 东周列国 | 0 | 550 | 550 |
| 秦 | 12 | 0 | 12 |
| 秦末群雄 | 0 | 7 | 7 |
| 西汉新朝 | 223 | 0 | 223 |
| 新末混战 | 0 | 15 | 15 |
| 东汉前期 | 148 | 0 | 148 |
| 汉末三国 | 0 | 96 | 96 |
| 西晋前期 | 21 | 0 | 21 |
| 东晋南北朝 | 0 | 288 | 288 |
| 隋 | 22 | 0 | 22 |

续表

| 时间段 | 统 一 | 分 裂 | 总 计 |
|---|---|---|---|
| 隋末群雄 | 0 | 11 | 11 |
| 唐前期 | 133 | 0 | 133 |
| 军阀叛乱 | 0 | 30 | 30 |
| 唐后期 | 90 | 0 | 90 |
| 唐末五代 | 0 | 104 | 104 |
| 北宋 | 149 | 0 | 149 |
| 南宋金夏 | 0 | 151 | 151 |
| 元 | 72 | 0 | 72 |
| 元末群雄 | 0 | 17 | 17 |
| 明前中期 | 262 | 0 | 262 |
| 明末混战 | 0 | 29 | 29 |
| 清前中期 | 194 | 0 | 194 |
| 清末民国 | 0 | 78 | 78 |
| 合计 | 1396 | 1376 | 2772 |

**表 3**

| 历史阶段 | 阶段、周期特征 | 竹简周期 | 纸笔周期 | 印刷周期 | 电子信息周期 |
|---|---|---|---|---|---|
| 第一阶段 | 集权的枯朽 | 西周 | 西晋 | 北宋 | — |
| 第二阶段 | 大分裂 | 东周列国 | 东晋南北朝 | 南宋金夏西辽 | — |
| 第三阶段 | 集权的初建 | 秦 | 隋 | 元 | — |
| 第四阶段 | 群雄逐鹿 | 秦末群雄 | 隋末群雄 | 元末群雄 | — |
| 第五阶段 | 集权的鼎盛 | 西汉新朝 | 唐朝前期 | 明前中期 | — |
| 第六阶段 | 大叛乱 | 新末混战 | 安史之乱 | 明末混战 | — |
| 第七阶段 | 集权的中兴 | 东汉前期 | 唐中后期 | 清前中期 | — |
| 第八阶段 | 集权的衰退 | 汉末三国 | 唐末五代 | \ | — |

注：“\”代表故事发生的时间段；“—”代表尚未发生的时间段。

对于伯约来说，这个开头至关重要。这些纷乱如麻的数字并不仅仅是数字本身，正相反，这可能是解开华夏民族兴衰秘密的钥匙。换句话说，历史并不是杂乱无章的。到 1931 年为止，有据可查的华夏兴亡史在统一和分裂的维度上出现了美妙的对称性，而这种对称性如同太极图一样，和华夏民族自身的审美非常相似，同时也非常令人不安。和他寿命不过百年的同学不同，伯约的阅历让他清楚地知道历史在统一和分裂的维度上并无偶然，而他的湖南学长则点出了这个维度的性质——对于伯约想要了解的问题来说，观察角度的区别往往成了真理和谬误之间最细微也最致命的差异。传统史书会让人沉溺到历史人物的悲欢中去，而未来即将出现的《剑桥中国史》和《全球通史》则过于粗暴疏懒。如果说陈寿和他的同类是那种喜欢站在街道旁观察汽车拍照的人类的话，遥远的欧洲野蛮人则是惯常于站在埃菲尔铁塔上鸟瞰街道车流的那种人类，他们是如此极端，却又如此相似。陈寿笔下的三国时期波澜壮阔，却又终结得不可思议，如果我们仅仅用纪传体的《三国志》来了解三国的话，三国时代的结局是不可理解的，为什么统一的汉帝国不能被重建？为什么曹魏和西晋也注定无法成为秦汉帝国的替代品？刘备和曹操的能力难道就不如刘邦和他的战将们吗？诸葛亮难道就不如萧何吗？相对而言，蜀汉和曹魏的历史在欧洲人写的通史中通常会被一带而过，曹刘和诸葛亮、司马懿两代人的奋斗和牺牲完全是可以被忽略不计的，短暂的统一和对峙似乎不值一提。

对于这两种方法，伯约有着相似的疑虑。而且他相信，陈寿在蜀汉灭亡多年后书写《三国志》时，他也同样考虑过这个问题，并把这个问题的答案归结于两个字。

命数。

那命数又是什么？命是不可逆转的，人类无法改变的衡量，而数则是这种衡量作用之下的一个结果。二者连起来，命数就在伯约手上的演算纸上，隐藏在 24 个数字之中。

命，是这 24 个数字的不同排列方式中唯一符合逻辑的那一种。

数，则是这 24 个数字本身，以及这些数字之间的大小比例关系。

诚然，那个夏夜不同寻常。正如伯约的学长所指出的，在统一和分裂的维度上，一些被隐藏的东西迟早要露出真容，这些东西开始如同身披纱衣的妙龄女子，体现出以肚脐为上下分界线，眉心为左右分界线的黄金分割和对称美，而当纱衣褪去的时候，这些东西却既不妙龄，也非女性，因为湖南学长仅仅完成了一个夜谈的开场白而已，而接下来的彻夜长谈是超出了伯约的预计之外的。因为，发现统一时间和战乱时间近似相等不过是一把钥匙，随着这把钥匙在历史的锁眼中转动，森然恐怖的时光之门将轰然开启，而门背后的东西却只有唯未知而已。

An：70，12，223，148，21，22，133，90，149，72，262，194

Bn：550，7，15，96，288，11，30，104，151，17，29，78；

如果我们用 An 和 Bn 来代表这 24 个数字的两种组合，那么有：$\sum A \approx \sum B$. 这正是最重要的结论，后来，伯约和他的同学们将其称之为中国历史的第一数学定理：在前 841 ~ 1931 年的中国历史上，统一时间约等于分裂时间。

进一步观察 B 组数，显而易见的是，B 组数内含有 3 个小周期，分别是，550，7，15，96；288，11，30，104；151，17，29，78。也就是说，B 组数列内部的单项大小呈现出大、最小、次小、次大的周期性变化，用数学公式表示：B（4n－3）＞B4n＞B（4n－1）＞B（4n－2）。

同样，观察 A 组数，有类似的公式：A（4n－1）＞A（4n）＞A（4n－3）＞A（4n－2）；n＝1，2，3[①]。

这两个公式被称为第二定律：统一时期和分裂时期分别在时间序列上呈现出 4 个阶段的大小变化，这种周期性变化出现了 3 次。

3 次。伯约喃喃自语。3 次。

东周列国对应秦汉，十六国南北朝对应隋唐，宋辽金夏对应明清。中国历史在宏观世界中是大开大合的，有漫长的分裂（东周，东晋，南宋），就有漫长的统一（两汉，唐朝，明清）。

那么，按照时间顺序排列对应，有东周列国对应东晋南北朝，也对应南宋金夏。

秦对应隋，也对应元。

两汉对应唐朝，对应明清。

西周对应西晋，对应北宋。

三国对应五代，也对应着中华民国。

---

① 即分裂时期的持续长度呈现周期性变化，春秋战国、东晋南北朝、南宋金夏西辽最长。秦末、隋末、元末最短。新末、唐中期军阀叛乱、明末次短。汉末三国、唐末五代、清末民国次长。统一时期存在相似周期。

3次。伯约敏锐地扑捉到了什么东西——仿佛有一个不可打破的轮回正在华夏世界的土地上运转，这个轮回已经运转了3次，而轮回的每一个阶段都精密无缺——伯约抬起头来，他思考良久的第三定律已经成型，他在稿纸上快速写下三行数据。

周期A：70：550：12：7：223：15：148：96；

周期B：21：288：22：11：133：30：90：104；

周期C：149：151：72：17：262：29：194：78；

“毫无疑问，历史，至少华夏民族的历史是有规律，有方向，有原则的。”伯约终于扔下铅笔，目光炯炯地注视着他的同学们，“而且这规律非常优美。”

宿舍里一片静寂，伯约继续说：“秦、隋、元是帝国的曙光，强盛而短暂；随后的陈胜吴广、瓦岗寨起义和红巾起义是分裂力量的余孽对帝国秩序的逆反，惨烈而不长久；详细地说，秦末、隋末和元末的战争中都一定有势力宣称之前某个政权的继承者，如楚国的项羽，两湖的萧铣，刘福通的大宋，但要注意，他们都不可能赢。”

有人咳嗽了一下，更多的人保持着如山的沉默，伯约清了清嗓子道：“之后的西汉、唐前期和明朝是统一帝国的鼎盛时期，他们分别在ABC三个周期中保持了最持久的国内和平，而他们的时代也终结于内战，分别是绿林起义、安史之乱和李自成起义，这三场内战的持续时间比秦末、隋末和元末要长，预示着统一力量的下降和分裂力量的上升。”

没有人打断他，只有其他七个人粗重的呼吸声，后来，连他们的呼吸频率也变得愈发相似。伯约开始了总结性陈述——

“之后的东汉、唐后期和清朝是帝国的重建，但是他们维持国内和平的时间远远不如西汉、唐前期和明朝，这验证了我的判断，即统一的力量进一步下降，分裂的力量进一步上升。”

“汉末三国、唐末五代都维持了100年左右，我们身处的时代，从太平天国算起，到现在是78年，与上一条结论相符的是，分裂战乱的持续时间进一步变长，超过了绿林起义、安史之乱和李自成起义。推理到这里，我认为到了这个阶段，统一的力量即将死亡。”

“果不其然的是，三国之后的西晋和五代之后的北宋都难以恢复统一和维持局面，他们之后的东晋和南宋是我们民族历史上的大分裂时期。”

“当我们用数字为历史赋值，华夏民族的过去就变得清晰可辨——这是只有诸君才能完成的工作，愿这结论能够让你们获得乐趣。”

伯约说完了，长久的沉默在 8 个人之间绽开笑容。真理总是令人颤抖，难得糊涂方为真意。

每个周期都以大分裂前夕的宁静而开始，每个周期都以大帝国灭亡后的挣扎而告终。夹杂在大分裂和大一统之间的，是短暂的分裂内战时代，和短暂的统一和平时代。

分久必合，合久必分，这句话的真实意义，其实大多数人读懂了吗？春秋战国的持久分裂孕育着持久和平的两汉，两汉的持久和平，则孕育着十六国南北朝的大分裂，南北朝的大分裂孕育了隋唐帝国，隋唐帝国的和平孕育着宋辽金夏，宋辽金夏的分裂孕育着明清帝国，而明清帝国在他们所处的时代却已经落幕！

如果这个趋势一直存在，那么，秦末的战乱必然将快速结束，因为大一统才是趋势，西晋的统一必然持续得很短，因为西晋在与大分裂的趋势做无谓的抗衡！

分久必合，合久必分，这不是老生常谈。这是末日的密语，这是黑夜的谜题，这是最朴素的真理，却藏匿在谎言的丛林——伯约想起了他元末的那个朋友，他寂寞地微笑。在那条 1362 年夏天的夜航船上，他和罗贯中度过了惊悚而热血的一夜，他们彻夜谈论着孙策和周瑜的诡异死亡，也谈到了已经到来的乱世——当年那些挣扎在乱世中的灵魂，如今就只剩下了自己，而未来，也不断地会只剩下自己。

中国历史的第三定律：统一时期和分裂时期在时间序列上的共同分布，呈现出 8 个阶段的周期性变化，这种变化也一共出现了 3 次。在每个周期的 8 个阶段中，统一的意志呈现出初生——鼎盛——衰老——死亡的轮回，而分裂的阴影也同样体现出蛰伏——生长——鼎盛——消亡的轮回，这轮回从未消解，在过去的 3000 年内一直保持着沉默而显著的运行。

在伯约写下这段话的时候，那一瞬间的夏夜万籁俱寂，远方的实验楼上传来凌晨 1 点钟准时会响起的狗叫声，叫声凄厉，声声入耳，听往届的学长说，狗能够知道自己的死期。

良久，没有人做声，也没有人睡去。伯约知道，他们已经在无意中戳破了窗户纸，看到了兴衰背后的东西。同隔壁物理系的人才不同，数学系的人对某个规律背后的东西并不那么感兴趣，他们那个时候并无暇思考这种可怕而准确的结论是否有着逻辑上的漏洞，以及这个结论背后的衡量究竟是什么，重要的是，这个衡量终于以数学公式的样子抓住了他们的心。

“如何验证我们今天讨论的东西是不是谬误，而是具备现实意义的定律呢?”这是一句来自那个满族同学的发问，伯约听得出这句话背后的挣扎——似乎每一个朝代的落魄王孙都幻想过自己朝代的长生不朽，但是，在这冷酷无情的数字面前，一切帝国，都逃不脱灭亡的命运!

伯约记得，他当时是这样答复的：“很简单。如果我们民族的历史是如此的精确和富有数学美，那么，我们必须回答这样一个问题，我们自己身处于什么样的时代呢?”

这个问题的答案呼之欲出，但却没有人接话——当他们终于触及现实，战栗就变成了优雅的终曲。剩下的 7 个人仿佛已经被撤走了魂魄，他们定定地坐在午夜的寂静之中，只是在等伯约把话说完，而伯约并不确定如果他一直保持闭嘴，这样的沉默还会持续多久，于是他叹了口气，继续讲道，“答案是，三国和五代。同诸葛亮和赵普一样，我们处在统一大帝国崩溃后的乱世里，这个统一大帝国在周期 A 是两汉，周期 B 是唐朝，周期 C 是明清，他们都曾为民众带来几百年的和平，而现在这种和平注定要荡然无存。他们注定因为末年的大起义而奄奄一息，并被在起义中崛起的军阀所篡，而这些军阀也绝无可能看到最后的胜利。如果我们能够从三国和五代的历史中抽样出同样的规律，并且用这个规律成功预测 20 年后的未来，那么，我们的讨论就获得了无可辩驳的证明——验证真理必须要身体力行，在座的各位，这是一个涉及我们人生选择的谜题，如果你们做好了准备，我们将进行更加深入的分析——关于我们所处的时代，也关于我们能够看到的未来。”

熟读三国的很多人躁动起来。他们之前从未意识到自己和小说中的英雄们生在相似的时间节点里，宿舍的气氛慢慢沸腾，那些曾经无数次做过英雄梦的理科宅男们大概从未有过这样的体验——穿越实实在在地发生了，但是他们并没有挪动一步。真实的穿越并不是虫洞飞跃，而是对历史和现状的深彻洞察——是的，拥抱未来的时刻已经到来，在那真相即将揭晓的时刻，历史的深渊里回荡着低沉的吼叫声。

“师兄，如果让你回到三国，你会去追随谁呢？”伯约歪着头，看着他湖南师兄闪烁的细长眼睛。

“当然是司马懿，他是最后的胜利者。”师兄闷声说道——伯约打了个寒战，仲达的名字突然闪烁在暗夜的空气里，汉末三国的往事如洪水倒灌——那是伯约人生中最重要的时光，他在乱世的洪流中最终看清了未来也看清了自己。那么，有一些该说到的，必须此刻说到，否则，四美不具，二难孰并？要让这些数学系的家伙们弄清楚一些定律是容易的，但是要让他们搞懂定律背后的历史事实无异于天方夜谭，于是他振衣危坐，缓缓开口，声音也随之变得愈发低沉：“三国和五代的共同点是，当时并不是完全的分裂状态。当黄巾起义和黄巢起义开始的时候，之前的大一统王朝东汉和唐朝都即将死去，就像太平天国之后的清朝那样奄奄一息。在起义中崛起的军阀或者其继承者，将彻底篡夺汉朝和唐朝的皇位，他是曹操的继承者曹丕，他也是对黄巢反戈一击的朱温，在刚刚过去的那个时代，篡夺清朝的正是李鸿章的继承者袁世凯——这已经验证了我们的理论。但是，他们的共同点是，他们绝无可能统一中国。曹氏很快被司马氏所取代，朱氏的后梁则为沙陀李存勖所灭，袁世凯和他的北洋则被松坡将军（蔡锷）和南方的军阀联盟击垮——真正的胜利者，另有其人。”

伯约停顿了一下，又继续讲：“诸位都熟读三国，不可能不知道当时朝廷的情况。黄巾起义后，汉室就彻底失去了威信，同样，黄巢起义后，唐朝皇帝不过是个傀儡，而太平天国起义后的清庭，也早就形同虚设——庚子年的东南互保就是明证。军阀的力量让国家四分五裂，如同我们现在看到的情况，但是，没有哪个军阀有能力一统天下，他们都是活在过去的人。真正的胜利者，司马氏和赵氏，他们的共同点是什么？他们都曾经是朝廷的重臣，他们都是朝廷曾经的盟友，而且一定是最重要的盟友。我强调这些，是为了向你们说明一点——如果我们的讨论有效，那么现在日本人虽然占领了东北，但是他们断然是没有前途的，因为他们和中央政府的距离过于遥远。同样，现在名义上的天下共主蒋公，也不可能夺取天下，因为他就是我们这个分裂时代的皇帝，他自己就是这个虚弱的朝廷本身。”

宿舍里的气氛似乎凝固了。

沉默引发了恐惧，恐惧驱走了暑气——他们在燥热的夏夜中微微颤抖，有几个人不由地裹紧了被子，伯约知道自己已经达到了目的，他只是微笑，只是呼吸，只是进一步放慢语速，并欣赏着他同学们快速变化的表情——

“如果未来的20年会出现这样的景象，那么我们的理论就得到了历史的证明。”——这是倒数第五句话，伯约的上铺传来紧握床架的吱吱声，伯约的铺面开始微微摇晃，他淡淡地揉了揉脖子。

“这个未来的胜利者曾经同国民政府紧密地合作过，是国民政府能够推倒北洋的得力助手，但却不是国民政府本身。”——这是倒数第四句话，伯约对面的下铺有人突然挺直了身体，并一头撞在了上铺的床板上，但是他既没有叫痛，也没有抚摸脑门，他只是死死地盯住伯约的眼睛。

“比起国民政府的这些人，他们对中国基层、历史和国际局势的看法要更实际也更深刻。”——这是倒数第三句话，再也忍不住的广东人指着伯约的鼻子大声嚷道，“你的意思难道是……”接着被冷坐在一旁的湖南人一把捂住了嘴，并最终把那几个字生生憋了回去。

伯约沉默下来，抬头看着自己的师兄，他师兄的眼睛里闪烁着锋利的颜色。伯约迎着他阴骛的目光，嗓音变得愈发沉郁：“是的，虽然他们此刻处境艰难，但你的那位同乡，必会一统天下。”——这是倒数第二句话，那一刻的伯约心情复杂。

“我们，应该早作准备。”这是倒数第一句话，来自未来的低语惊扰了每一个人的睡眠，他们在激动和恐惧中期待着太阳升起。

汉末三国的分裂时期是96年。五代十国的分裂时期是104年，假设他们持续的时间相似，那么现在从太平天国算起，已经过了78年，如果以三国为基准数，那么1949年则是这个时代的终点，如果以平均数100年为基准，1953年前后，天下就不可能还是现在的样子——这是那个晚上的最后结论，这结论纤细如风却又掷地有声。

伯约记得，次日天亮得很早。

仿佛什么都没有发生，又仿佛，一切就此改变。

伯约从回忆中醒来，他的眼睛里闪烁着晶莹的东西。

那些在乱世中携手共进，发誓彼此相扶的人，也最终生死相隔。

有人在那次夜谈后投笔从戎，后来战死在抗击倭贼的战场上。

也有人拒绝相信自己的判断，也因而和伯约一生都只能隔海相望。

还有人选择了做一个冷峻的观察者，他在 1949 年的 11 月疯狂地寻找着伯约，想和他共诉当初，但最终未能如愿。

唯有伯约自己，仍然孤独地活在世上。

他习惯念悼词，他也一直念着悼词。

2014 年，帝都清朗。

有一些结论他并没有告诉他的同学，他认为这样会比较好。

譬如，北宋的统一时间事实上只有 59 年。

59 年后，西夏就宣告独立，这样，分裂的时间在总体上会略长一些，依据这个事实，可以对 1932 年以后的未来做出更加精准的判断。

但是伯约知道用不着这样做，因为更远的未来，他的同学是看不到的。

第2章

# 伯约的民国手稿修订（1）：中国经济周期的划分法则

## 引言

在那个令人震惧的午夜之后，伯约开始缓慢地、坚定不移地整理他们卧谈的主要内容，那是关乎华夏民族生灭荣辱的宏大课题，也是伯约漫长的、尚未终结的一生。当他从涿鹿的战场上不可思议地生还时，他还尚未对这伟大的历史之力抱有完整而理性的崇敬和信心，他只是感到不可思议，并试着弄清永生背后的意志和命运。然而，4000多年后的民国时代，伯约最终了解了这伟大力量背后的逻辑以及他的永生和华夏民族的命运紧紧地连接在一起。

在燕京大学的午夜，当万籁俱寂，白日的喧嚣归于和平，他总是点起灯火，铺开稿纸。那些潦草的数字背后，是一个个王朝宏伟而悲凉的过去，那些数字符号联系起来的，则是每一个王朝之间隐秘的逻辑关系。华夏民族的火炬，沿着一个个统治过华夏世界的家谱向下延续，并把我们文明全部的浪漫、勇气和不甘传递下去。当然，帝王将相的年谱是不够的，伴随着伯约漫步在自己的回忆和历史谜题的探索中的，更多是司马迁、陈寿、班固、司马光、范晔、黑格尔、斯宾格勒和汤因比，这些伟岸的、寿命短暂的同僚伴随着伯约一个人的穿行。

假如，用一个理论框架把华夏世界的核心逻辑勾画出来，这个理论应该关于分久必合，也关于合久必分。在伯约书房中的沙盘上，他煞费苦心地勾勒着自涿鹿决战到淮海战役以来的所有军队形势布局，每一粒沙子都代表着至少5个曾经鲜活的生命，通常他会花上好几个小时才能够把记忆中的战场同史书中的记载完全融合起来，并最终在沙盘上定格冲突双方即将分出胜负的那一刻——这些都是堪称名局的军事博弈，华夏民族的热烈和深沉在沙盘上凝固下来，伯约会仔细地回顾记忆中的细节，乃至详细到自己在西平郡南山上的具体站位，直到沙盘上的每一处标记都完美无缺，那个时候的伯约会陷入到一种非常奇妙的情绪里——这种情绪促使着他对着沙盘上的军图长久微笑，然后突然挥手将自己辛辛苦苦构建成型的一切抹去。

“当娲皇注视着她的造物时，心情也是类似的吧。”伯约有一次突然这么说。

## 第一节　对中国经济不同发展阶段的提炼和分类

如果我们把华夏民族的历史看作是一个神灵的试验，那么不得不说，这实验相当科学——因为它可以重复，控制，复制——这个无趣的神灵拿出7个试管，灌入不同颜色的试剂，又把7种试剂导入同一个烧瓶里，直到这烧瓶里的液体变成黑色，再满意地给这个烧瓶贴上写着“秦朝”的标签，然而很快，这黑色的液体又快速反应起来，并生成了砖红色的沉淀，这个神灵会把这些沉淀用分液漏斗分离出来，导入另一个烧杯，并在烧杯上贴上一个写着“汉朝”的标签，为了测试这沉淀的化学性质，她又不停加热，制冷，或导入一种叫做“匈奴”的试剂，直到这砖红色的沉淀转化为三种不同的气体，她快乐地把这3种气体收集起来，分别贴上写着“曹魏，蜀汉，东吴”的标签，此刻，这个神灵已经知道，这3种气体会发生反应，并且这反应的结果是不稳定的，数十种生成物预示着一个叫做“东晋十六国”的混合物。

至此，由单质变成混合物的周期走完了一次，而如果这个神灵重复以上步骤，这个实验可以复制之前的过程，为了不让这种重复变得单调，残酷的实验者总会微微一笑，然后，把实验温度调低一点。

——摘自伯约的化工理论实践课笔记

表4

| 历史阶段 | 阶段、周期特征 | 竹简周期 | 纸笔周期 | 印刷周期 | 电子信息周期 |
|---|---|---|---|---|---|
| 第一阶段 | 集权的枯朽 | \ | — | — | — |
| 第二阶段 | 大分裂 | — | — | — | — |
| 第三阶段 | 集权的初建 | — | — | — | — |
| 第四阶段 | 群雄逐鹿 | — | — | — | — |
| 第五阶段 | 集权的鼎盛 | — | — | — | — |
| 第六阶段 | 大叛乱 | — | — | — | — |
| 第七阶段 | 集权的中兴 | — | — | — | — |
| 第八阶段 | 集权的衰退 | — | — | — | — |

注："\"代表故事发生的时间段；"—"代表尚未发生的时间段。

在前面我们讲到，本书对于中国历史的分析法，既不是编年体①的，也不是国别体②的，更不是纪传体③或者断代史④的。基于这样的界定，我们将在第一章构建基于政治结构演变（统一和分裂）以及信息技术革新的中国历史划分法，也就是整个理论框架和历史模型的地基和龙骨，在搭建好理论的"地基"和"龙骨"后，我们还将在接下来的几章里向整个理论框架内加入以历史事实为主的实质性内容。

## 概念的界定

绪论讲到，一个理论框架和历史模型的基础，是其描述和界定的空间范围和时间跨度。当我们的讨论涉及到具体的历史事件时，我们首先必须明确这一历史事件发生的地理位置和时间点，并确定当时的气候环境，这一点对理解这些事件在中国历史上的地位是至关重要的。

那么，为了接下来讨论的方便，一些概念的界定是必要的。

首先要界定的概念是历史红线：我们假设单位人有食品摄入量的最低要求（当然这个假设是正确的），而华夏文明区的可耕地面积是在一定历史时

① 编年体指确定历史研究范围后，按照时间顺序记述历史事件的历史写法，以《春秋》和《资治通鉴》为典型。

② 国别体指分别记述某历史范围内不同政权历史的写法，以《国语》为典型。

③ 纪传体指记录帝王、后妃、宗室、将相人杰生平的历史写法，以《史记》为典型。

④ 断代史是指记录某个特定历史时期的历史写法，以《剑桥中国史》为典型。

期总是有限的（这也是历史事实），那么随着人口的增长和耕地面积增加到达上限，中国传统的小农社会迟早会发生食品紧缺、饥荒和全面内战。就此，我们将人均耕地面积的最小值称之为历史红线。需要注意的是，历史红线的出现无疑是治乱循环的主要原因之一，即大一统朝代因为人口的膨胀和财富分配不均而走向崩溃。当然，同样要注意的是，这种因为历史红线而引发的王朝更迭并不能决定分裂和统一的趋势，因为内战后能否建立起一个大一统的新王朝，是无法通过历史红线来进行预测的。

统一，指的是在华夏文明区内，有且只有一个中央政府，且中央政府拥有压倒性的军事力量来控制地方势力，用《论语》中的话讲，即“礼乐征伐自天子出”。

分裂，是指在华夏文明区内，存在多个中央政府，或在一个中央政府之下，有多个地方性政府对该地区的防务、人事和税收有绝对的处置权，也因此不服从中央政府的命令①。

华夏文明区，指使用汉字和汉语的地理区域，该区域可能随着华夏文明的影响力放大或者缩小。这也意味着，每一次统一和分裂的地理区域是不尽相同的。需要说明一点的是，用文字和语言来界定华夏文明的范围避免了讨论落入狭隘民族主义的窠臼，也符合华夏文明的发展特点，对血统的过度推崇并非是华夏文明价值观的一部分，相反，孔子有言：“夷狄入华夏则华夏之”，也并非是言无所指。

代偿性政权，特指这样一种中原政权，该政权建立之前的中国经历了 200 年统一大王朝的瓦解和 100 年的军阀混战，以及发生在军阀混战期间的外族入侵。代偿性政权的功绩是结束了军阀混战和反击外族入侵，但其局限性是对大一统时期的领土继承有限。举例说明，西晋和北宋都是具备显著代偿性特征的时代（代偿性是病理生理学中的概念，指代人体的备用机能，在我们的讨论中特指那些旨在维持大一统局面的政权，这种政权建立于一个

① 这里将分裂的范围界定的宽泛一些是符合历史事实的，举例说明，黄巾起义之前的东汉历史是处在统一状态的，而黄巾起义之后的东汉则进入分裂时期。虽然汉献帝仍然是名义上的全国首脑，但是中央的诏令并不能够影响四川、江东和荆州的人事任免和军力配置。再比如，大泽乡起义之前的秦朝是处在统一状态中的，但是当陈胜、吴广揭竿而起后，六国政府迅速复辟。虽然胡亥仍然保留着皇帝的尊号，但统一的中央政府也已经不复存在。

200年大王朝崩毁后的废墟上，面临着大一统阶段结束后的内在分裂张力和外族入侵的强大压力）。

地理壁垒，指一个特定区域外部和内部的天然疆界。外部的地理壁垒能够维持该特定区域内部的政治演变不受到同等力量外敌的介入，而内部的地理壁垒则能够决定该特定区域内部存在具备长期割据能力的地理子区域。

在明确了这些概念后，我们进入实质性的探讨。

## 划分中国经济周期

中国的政治结构在其3000多年的历史上，呈现出反复的统一和分裂变化，如果我们的讨论从西周末年的共和元年开始，到1949年中华人民共和国建立为止，这种变化进行过数十次。按照时间序列，这些分裂和统一的历史阶段包括以下内容。

从－841到－771年的70年的统一时代。包括了西周末年的一系列重要历史事件，从国人暴动到西周灭亡；

从－771到－221年的550年的分裂时代。即著名的春秋战国时期，始于平王东迁，终于秦灭六国；

从－221到－209年的12年的统一时代。即短命的秦朝前期，从天下一统到大泽乡起义；

从－209到－202年的7年的分裂时代。即秦末农民战争和楚汉争霸时期，始于大泽乡起义，终于项羽的败亡；

从－202到21年的223年的统一时代。即西汉时期和新朝前期，起于刘邦的统一，终于王莽的乱政；

从21到36年的15年的分裂时期。即新末农民战争和群雄逐鹿时期，起于绿林赤眉起义，终于刘秀的统一；

从36到184年的148年的统一时期。即东汉前中期，起于东汉的统一，终于黄巾起义；

从184到280年的96年的分裂时期。即汉末三国时期，起于黄巾起义，终于西晋灭吴；

从280到301年的21年的统一时期。起于西晋的统一，终于八王之乱；

从 301 到 589 年的 288 年的分裂时期。即两晋南北朝时期，始于八王之乱，终于隋朝灭陈；

从 589 到 611 年的 22 年的统一时期。即隋朝前中期，起于隋朝的统一，终于杨广的乱政；

从 611 到 622 年的 11 年的分裂时期。即隋末农民战争和群雄逐鹿时期，起于长白山起义，终于辅公拓的败亡；

从 622 到 755 年的 133 年的统一时期。即唐朝前期，起于唐朝的统一，终于安史之乱；

从 755 到 785 年的 30 年的分裂时期。即安史之乱和藩镇割据前期，起于安禄山叛乱，终于朱李之乱的终结；

从 785 到 875 年的 90 年的统一时期。即唐朝中后期，起于藩镇和中央的妥协，终于黄巢起义；

从 875 到 979 年的 104 年的分裂时期。即唐末五代时期，起于黄巢起义，终于北汉的灭亡；

从 979 到 1128 年的 149 年[①]的统一时期。即北宋时期，起于北汉灭亡，终于靖康之难；

从 1128 年到 1279 年的 151 年的分裂时期。即南宋金西夏时期，起于建炎南渡，终于崖山海战；

从 1279 年到 1351 年的 72 年的统一时期。即元朝前中期，起于南宋灭亡，终于红巾军起义；

从 1351 年到 1368 年的 17 年的分裂时期。即元末农民战争和群雄逐鹿时期，起于韩山童刘福通起义，终于明朝的统一；

从 1368 年到 1630 年的 262 年的统一时期。即明朝时期，起于朱元璋的统一，终于明末农民起义；

从 1630 年到 1659 年的 29 年的分裂时期。即明末农民战争时期，起于李自成革命，终于清朝的统一；

---

① 事实上，针对北宋时期的划分法是存在争议的，更严密的划分结果是，北宋的统一时期只有 59 年，到西夏建国为止，我们在这里延长了北宋的统一时期，不过是为了方便同西周和西晋进行比较性研究而已。

从1659年到1853年的194年的统一时期。即清朝前中期，起于南明残余势力的败亡，终于太平天国起义；

从1853年到1949年的96年的分裂时期。即清末民国时期，起于太平天国革命，终于中华人民共和国成立。

这些历史阶段概括了西周末年以来的政治格局演变，包括春秋战国，秦朝，秦末农民战争和楚汉战争，西汉，新莽末年农民战争和群雄逐鹿，东汉中前期，汉末军阀割据和三国鼎立，西晋前期，西晋末年的内战和东晋南北朝，隋朝，隋末农民战争和群雄逐鹿，唐朝前期，安史之乱，唐朝中期，唐末军阀割据和五代十国，北宋，北宋末年的战争和南宋金西夏蒙古的对峙，元朝，元末农民战争和群雄逐鹿，明朝，明末农民战争和满清入关，清朝中前期，清末农民战争以来的军阀割据和民国时期。

汇总如下。

**表5**

| 时间段 | 统　一 | 分　裂 | 总　计 |
| --- | --- | --- | --- |
| 西周末年 | 70 | 0 | 70 |
| 东周列国 | 0 | 550 | 550 |
| 秦 | 12 | 0 | 12 |
| 秦末群雄 | 0 | 7 | 7 |
| 西汉新朝 | 223 | 0 | 223 |
| 新末混战 | 0 | 15 | 15 |
| 东汉前期 | 148 | 0 | 148 |
| 汉末三国 | 0 | 96 | 96 |
| 西晋前期 | 21 | 0 | 21 |
| 东晋南北朝 | 0 | 288 | 288 |
| 隋 | 22 | 0 | 22 |
| 隋末群雄 | 0 | 11 | 11 |
| 唐前期 | 133 | 0 | 133 |
| 军阀叛乱 | 0 | 30 | 30 |
| 唐后期 | 90 | 0 | 90 |
| 唐末五代 | 0 | 104 | 104 |

续表

| 时间段 | 统　一 | 分　裂 | 总　计 |
|---|---|---|---|
| 北宋 | 149 | 0 | 149 |
| 南宋金夏 | 0 | 151 | 151 |
| 元 | 72 | 0 | 72 |
| 元末群雄 | 0 | 17 | 17 |
| 明前中期 | 262 | 0 | 262 |
| 明末混战 | 0 | 29 | 29 |
| 清前中期 | 194 | 0 | 194 |
| 清末民国 | 0 | 78 | 78 |
| 合计 | 1396 | 1376 | 2772 |

可以清楚地看到，在我们探讨的漫长的2790年历史上，统一的时间和分裂的时间几乎是相等的。因此，我们可以对我们讨论的历史阶段进行第一次分类，如图2所示。

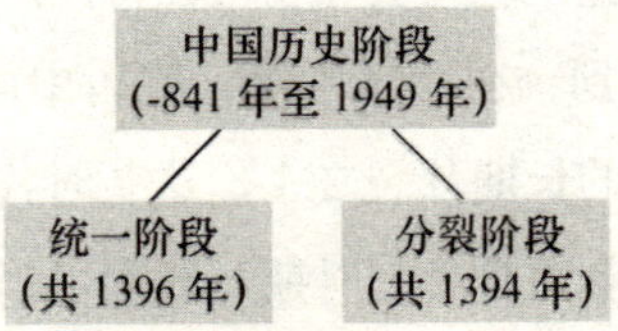


图2

进一步观察，我们发现，这些中国历史上的不同阶段呈现出有趣的对应关系。

第一，在统一阶段中，有维持时间很长的统一阶段，如西汉，也有维持时间很短的统一阶段，如秦朝。

第二，在超过200年的分裂阶段和超过140年的统一阶段之间，存在显著的对应关系，即长期的统一阶段总是对应着长期的分裂阶段，而之间则会出现短暂的统一和短暂的分裂。例如，春秋战国之后，会有两汉的漫长和平时期，两晋南北朝的动荡孕育了文武鼎盛的隋唐时代，而两宋时期的长期国家间战争则是明清长久和平时代的先声。

第三，短暂的统一可能孕育着短暂的内战和长期的统一，如果该短暂统一时期之前的那个分裂期足够长的话。例如秦末、隋末和元末的内战都是血腥而短暂的，而之后的和平时代是长久的。

第四，漫长的统一时代之间会有短暂的中断和内战，中断前的统一时间长于中断后的统一时间。如果我们把两汉、唐朝和明清看做三个不同的大一统时代的话，他们之间确实出现了短暂的中断。中断之后的朝代在维持稳定的能力上是不如之前的时代的，故有东汉的稳定时间短于西汉，中晚唐短于初唐和盛唐，清朝的稳定时间也短于明朝。

## 寻找历史阶段之间的相似性

基于这些基础性的观察结果，我们将把上文列出的历史阶段进一步细化。

第一，在观察从西周末年到 1949 年的历史时，我们已经能够发现，这 2700 多年的政治格局演变由两个最基本的因素所构成，即统一和分裂。那么在此基础上，我们可以率先比较容易地筛选出几个漫长的统一时代，即西汉，东汉中前期，初唐和盛唐，中唐，明朝，清朝中前期。在这些统一时代，大一统王朝都维持着幅员辽阔的疆土，人员和物资在帝国的疆域内川流不息。

第二，我们已经观察到，在西汉东汉，盛唐中唐和明朝清朝之间的时代，华夏世界陷入到各自为政的长期分裂之中，这些时代包括春秋战国，西晋末期和东晋南北朝，以及辽宋金西夏蒙古时期。我们可以进一步得出结论，即在研究所涉及的时间跨度内，统一和分裂的大周期已经运转了一共三次。

第三，基于在西周末年的时候，华夏世界发生了已知的第一次大规模分裂，将每一次大分裂开始的时间作为一个历史大周期的开端，有助于研究的方便。自此，我们的模型就可以以西周、西晋和北宋的开国作为三个阶段性起点。

第四，进一步观察这三个起点之间的历史阶段时，我们可以抽样出比较短暂的几个王朝，秦朝、隋朝和元朝，他们的共同点是终结了一个大分裂时期，以及在统一全国后非常短命，并最终被农民起义直接毁灭。相似地，我们也能够抽样出三个历史阶段间的一些著名而相似的战乱时期，如秦末农民战争，新莽末农民战争，东汉末年农民战争，隋末农民战争，唐末农民战争，元末农民战争，明末农民战争和清末农民战争，在这七组大规模的起义引发的战乱中，我们进一步将其细分为两个大类，秦末、新莽末、隋末、元末和明末的战争直接导致了中央政府的灭亡，东汉末年农民战争、唐末农民战争和清末农民战争则为崛起的军阀所镇压。

第五，在整个历史研究的时间跨度范围内，还有四个阶段我们没有提到，现将这四个阶段一一列出，分别是三国时期，安史之乱，五代十国和民国。其中，三国、五代和民国时期可以比较容易地归为一类，因为这三个时代都发生在一个漫长统一王朝（汉朝，唐朝，清朝）之后，体现为来自旧帝国的军阀之间的对峙和混战。安史之乱暂时无法归类，于是我们在这里将安史之乱的历史先单独搁置一旁。

第六，经过之前几步的分析，我们现在可以把西周到民国的历史阶段大致分为六个类型，其中的农民起义类又可以细分为两个类型，如表 6（括号中的数字为一个阶段的持续时间）。

**表 6**（西周到民国的中国历史）

| 大一统时代（1372 年） | | 分裂和战乱时代（1418 年） | | | |
|---|---|---|---|---|---|
| 稳定的大一统时代 | 短暂的大一统时代 | 全国范围的农民战争 | 长期分裂时代 | 军阀混战时期 | 安史之乱 |
| 西汉和东汉中前期 | 秦朝 | 导致政权灭亡 | 东周：春秋战国 | 三国 | — |
| 初唐盛唐和中唐 | 隋朝 | 秦末农民战争 | 东晋：十六国和南北朝 | 五代 | — |
| 明朝和清朝中前期 | 元朝 | 隋末农民战争 | 南宋：南北对峙 | 民国 | — |
| — | — | 元末农民战争 | — | — | — |
| — | — | 新末农民战争 | — | — | — |
| — | — | 明末农民战争 | — | — | — |
| — | — | 被官军镇压 | — | — | — |
| — | — | 东汉末年农民战争 | — | — | — |
| — | — | 唐末农民战争 | — | — | — |
| — | — | 清末农民战争 | — | — | — |

注：“—”代表尚未发生的时间段。

可见，除了安史之乱尚未能够归类之外，中国历史上的很多阶段都是非常相似的，并且，经过以上的归类，我们可以发现除了“导致政权灭亡的农民战争”和“安史之乱”之外，所有的小类别都包含三项，如“军阀混战时期”，包含的是“三国”、“五代”和“民国”；“短暂的大一统时期”包含的是“秦朝”、“隋朝”和“元朝”；同时我们进一步发现，“导致政权灭亡的农民战争”和“安史之乱”之和同样是三的倍数，这也证明了，我们之前总结过的分裂——统一大周期一共重复过三次的结论是正确的。

## 第二节 理论的构建——对不同阶段的进一步归类和分层

在不断增补手稿的这一年，我做了四个梦：第一个梦中，秦国西进的刀锋正在陇西大地上滴注鲜血，我站在陇山南边的土坡上，目送着那支死不旋踵的铁流，苍山如海，妖星斑斓；第二个梦中，诸葛亮的命运之轮正在赤壁的残阳中转动，属于周瑜的那一盏灯火正在风中骄傲地跳跃，而属于鲁肃的另外一盏也开始晃动不安；第三个梦中，中原大地异常寒冷，叛军的轻骑兵飞箭如雨，东海王司马越的十万大军相践如山；第四个梦里，我目睹了一次戛然而止的登基仪式，君主还处在刚刚学会走路的年纪，而墙外的杀机已经沿着古老的红砖爬上祭坛——遗忘是一种美德，而相对于这种美德的愚行则是记录历史本身，无法遗忘过去是一种疾病，在这种疾病的折磨之下，我们民族的历史从未终结，我们民族的文明也从未靠岸。

——引自伯约的民国日记

上文的论述让我们初步了解了中国历史上不同阶段的类别。我们的分类以统一和分裂作为第一级衡量标准，将这 21 个历史阶段区分为统一和分裂两部分。之后，我们以统一或者分裂的持续时间作为第二级衡量标准，又进一步将这 21 个历史阶段区分为 7 个大类。但是，需要承认的一点是，统一或者分裂的持续时间长短仅仅是一个相对的衡量标准，故需要更多的辅助手段对上文的分类加以解释和补充。

### 短暂的统一时期和随后的短暂内战时期

将秦朝、隋朝和元朝划分为一个大类，其直观的原因是，这些大一统的王朝持续时间都是相对短暂的。但同时我们也知道，西晋王朝同样短命，所以我们需要一个新的标准对西晋加以排除，即秦朝、隋朝和元朝都建立于一个漫长的分裂时期之后（两周，两晋，两宋时期）；并且，这三个王朝覆灭的原因都是农民起义，或者说，发生在三个时代末期的农民起义并未得到朝廷军队的有效镇压，相反，起义直接导致了王朝的覆灭；另一个标准是，这三个时代之后的内战时期是非常短暂的，而之后的统一时代（汉朝，唐朝，明朝）确实十分长久。通过这种细化的定义，西晋的例子得到了排除，而秦朝、隋朝和元朝的共同点变得多样化了。

根据类似的原因，我们可以把秦末、隋末和元末的农民战争和群雄逐鹿时期划分为一个大类，这一时期的内战体现出短暂和血腥的共性，人口出现了大量损失，同时，这一时期的内战之后的那个统一王朝是强盛而长久的。

### 大一统时代和大一统时代的中断

同样，我们将西汉和新朝前期、明朝和安史之乱前的唐朝划分为一个类型，这是大一统时代的前一个阶段，华夏世界从人丁稀少的和平向繁荣富强的时代快速推进，并最终爆发是因为历史红线而导致的农民起义。

鉴于终结这三个时代的历史阶段分别是新末农民起义、安史之乱和明末农民起义，我们暂时将安史之乱同这两个历史阶段归为一类，这样的归类是需要进一步论证的，而这正是之后几章需要解决的重点内容之一。

### 大一统时代的恢复和衰败

这三个阶段之后的东汉前中期、唐朝中后期和满清前中期是大一统时代的后半部分，在这三个时代，中央政府开始趋于内敛，社会矛盾激化的速度有所加快，但和战乱之前的时代有所不同的是，他们会随着一次大规模的起义而走向衰弱，但并不会直接灭亡。

基于同样的理由，我们将之后的黄巾起义、黄巢起义和太平天国起义归为一个类型，这三次起义都发生于统一王朝的末期，沉重打击了封建王朝的统治，但最终却为封建王朝所镇压。

三国、五代和民国时代有着非常显著的共同点：他们都开始于一个长期统一的大一统王朝的末期，建立于农民起义的废墟之上，在一段时间内维持着实质上的军阀割据和名义上的中央政府，并且，最终这些军阀都无力统一中国，统一中国的力量来自别处。

### 大分裂时期之前的时代

我们把上文没有提到的西周、西晋和北宋划分为一个阶段，因为，他们是之后那个大分裂时期的缘起。这三个时代都为外族入侵所终结，而其宗室子弟则会在另一个地方重建政府，如东周、东晋和南宋，中国至此陷入空前的分裂之中，内战和区域竞争此起彼伏——这正是三个大分裂时代的全景，比如东周列国、东晋南北朝和宋金西夏蒙古时期，毫无疑问，这三个时代是属于一个类型的。

## 按照时间顺序排列和总结

如果我们以一次大分裂时代作为每个历史周期的开头的话，以上这些包含三项的历史阶段，就可以按照时间顺序排列成 8 个清晰的部分。

**立冬纪**。我们称之为中央王朝的回光返照时代。在这一阶段之前，中央集权刚刚经历了漫长的衰朽和精疲力尽的统一，当统一政权恢复后，国土比起上一个周期的王朝鼎盛时期有大幅度萎缩，中央政府的政策取向是内向型（适应和消化新阶层为主）而非外向型（对外扩张和价值观输出）。在这个阶段，内部矛盾远远大于外部矛盾。这个阶段的典型代表是西晋和北宋。

**冬至纪**。本文称之为中央政府的死亡和孕育时代。在这一阶段，苦苦维持的中央集权在新兴阶层崛起和外族入侵面前趋于瓦解，中央政府的控制范围大幅度缩小，华夏文明外围的少数民族可能纷纷成立自己的政权，并采取中国式的统治方式。中央政府之前勉强控制的边疆地区走向独立，中国腹地和外围一起陷入大范围的思想革命和流血冲突中。大分裂时期一般会持续 200 年以上。同样，春秋战国和南北朝也体现出第二阶段的显著特点。

**立春纪**。本文称之为中央王朝的重建时代。漫长的流血冲突和思想解放终结于一个崛起于华夏文明圈边缘的军事型国家，这个军事型国家维持统治的时间相对较短。军事征服并没有从心理上摧毁分裂的社会基础，虽然制度已经建立起来，但是软实力的缺乏必然让这个时代变得短暂。需要重点指出的是，大分裂时代末期会孕育高峰值的人口数，而这些人口数并没有因为军事政权的统一战争得到大幅削减，这也是第三阶段很难长久的原因。符合这一个阶段特征的时代，如秦朝和元朝，都没有逃脱武力扩张和土崩瓦解的命运。

**春分纪**。本文称之为中央政府的短期崩溃时代。由于人口基数庞大，和平带来战后婴儿潮，以及统一观念并未建立起来这三个主要原因，刚刚统一的华夏世界很快陷入了残酷的内战，这场内战短暂而血腥，会消耗掉中国腹地的大多数人口。

**立夏纪**。本文称之为中央王朝的壮大和稳定时代，建国初期的危机，地多人少的局面，前朝速亡的教训都逼迫这个时代的统治者兢兢业业。中央王朝的权威会随着时间慢慢深入人心，社会的集体意识形成了，人口稳步复苏，财物大量积累，中央王朝会在经济复苏后迅速转入军事扩张，并征服之前不属于华夏文明圈的领土，华夏世界的范围在这一阶段得以扩大。

**夏至纪**。我们将其称之为统一大王朝的中断时期，随着历史红线到达极值，第五阶段会以短暂的内战和惨烈的人口损耗作为终结。

**立秋纪**。本文称之为中央政权的恢复和衰落时代。在短暂的内战后，中央王朝的权威会得到重建并开始衰退，在经历过略短于第五阶段的和平后，历史红线趋于极值则再一次引起全面内战。

**秋分纪**。本文称之为中央王朝的溃败期。随着上一个阶段的全国内战，各地军阀借助镇压农民起义上位并实际上摆脱了中央政府的控制。但是一个或连续几个名义上的中央政府仍然存在着，直到立冬纪的中央政权崛起为止。

虽然本文已经以统一和分裂为线索初步阐述了这个模型纵向的 8 个部分，但这种叙述仍然是不够直接的，为了进一步表达清楚，本文打算借助图表：这就是基于政治结构变化对中国历史作出的初步划分，时间跨度平均是 900 年。下面的环形图会看得更加清楚。

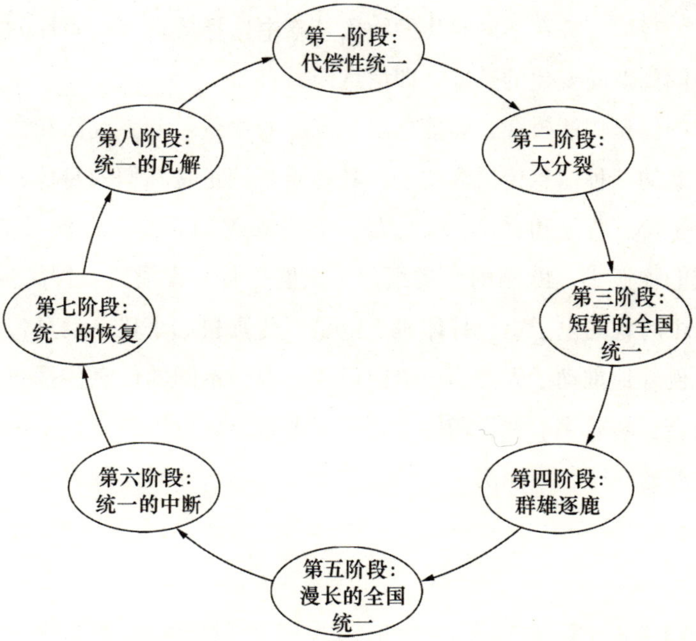


**图 3**

## 第三节　经济周期的核心特征：信息传播媒介和生产关系

我们在上文的论述中初步完成了将21个历史阶段和新加入的3个历史阶段（西周，西晋，北宋）加以进一步细化、分类和排序的工作，结论是显著的，即这些历史阶段之间存在某种共性。根据这种共性，我们进一步细化了统一——分裂大周期内部的历史阶段。我们已经知道，大周期已经反复运行过三次，这三个周期之间，政治结构的变化是极其相似的，但在华夏文明的活动范围，物质基础和社会组织方式方面，却存在显著的不同。

可以说，到此为止，我们已经将理论框架的龙骨搭建了1/2。即周期内部的阶段已经初步明确了，纵向的“柱子”已经打好，现在我们需要的是“房梁”。而社会物质基础和社会组织模式便是这个理论框架的“房梁”。

### 信息传播媒介的三次革新

众所周知，马克思主义的基本原理之一是生产力决定生产关系，经济结构决定上层建筑，我们的讨论也将遵循这个原理，只不过，生产力的表述过于抽象了，我们打算在不同时代的物质基础中选择最具有代表性的一种来作为衡量不同周期间变化的标准，即信息传播媒介。

所谓的信息传播媒介，即信息用于流通的物质基础，说话和做手势可以说是最古老的一种信息传播方式了，其物质基础正是我们的身体，我们能够发声，做手势，听见和看见。又比如，远古人类的岩画，古埃及的莎草纸，两河流域的泥版书，欧洲的羊皮纸，中国的兽骨、青铜器、竹简[①]和纸，乃至我们这个时代的电子书、打印机、电脑、传真机和手机。信息传播媒介的革新无一例外地推动了人类历史走向巨变，因为不同的信息传播媒介决定了不同的社会运转效率。就像印刷术在西方的普及促成了神权社会的解体和启蒙运动的开始一样，中国历史上的数次大分裂和南北对峙都有着对应的信息技术革新。

---

① 简牍起源于西周，在春秋战国时期得到普及，三国时期简牍仍为主要书写工具（出土了大批东吴时期的竹简），到两晋后期逐渐被纸所替代。

竹简，造纸术①和活字印刷术②的普及分别对应着中国历史上的三个历史阶段：两周、两晋和两宋。也就是说，春秋到魏晋是竹简刻字作为主要信息媒介的时代，魏晋到北宋是纸张书写作为主要信息媒介的时代，而北宋到民国则是以活字印刷术为主要信息传播媒介的时代。这三次信息传播媒介的革新，都反映了技术的积累，并引起了社会思潮的剧变，同时，它们对应的时代也无不是政府统治乏力，社会出现沧桑巨变的时代。可以说，任何一次中央集权的长期溃败，都建立在政府无法掌控知识传播渠道的困境之上③。

可以看出，在中国历史以统一——分裂为衡量标准的大周期中往复运动的同时，信息传播媒介发生了三次翻天覆地的变化，如果我们以信息传播媒介为主要衡量标准的话，整个历史模型的横向脉络也就清晰起来了。

竹简纪元，造纸纪元，印刷纪元。

伯约在一张白纸上写下这几个词，他苦笑了一下，抬头看着午夜的窗外。西安已经陷入到节日之前的休憩之中，这个时候还开着电脑的似乎就剩下了自己。

信息技术会在特定的时代发生革新，但是并不是所有的革新都能够像从金属兽骨铭文到竹简刻字的飞跃那样震撼人心，竹简的出现，对于华夏世界有着里程碑一样的意义，社会的活力被空前地释放出来，而竹简出现不久后的春秋战国时代则是漫长历史长河中夺人心魄的黄金时期。

电子信息纪元。伯约想了想，在三个并列的概念之后写下了这几个字，一种过于沉重的宏大叙事感压迫着他的中枢神经，推窗南望可以看到大明宫的废墟，玄武门的阴影中，连鬼魂似乎都停止了呼吸，这样的气氛会让伯约

---

① 造纸术为东汉后期蔡伦所革新并推广，在两晋南北朝得到普及。

② 活字印刷术为北宋毕昇所发明，大大降低了信息传播的成本，并传播到中亚和中东地区。

③ 信息传播成本的降低是思想解放的基础，春秋战国的百家争鸣，魏晋南北朝的玄学繁荣、儒学复兴和三教融合，北宋之后的儒家蜕变和心学崛起，都是建立在信息技术传播成本大幅度降低的基础上的，每一次成本的降低和媒介的革新，都促生了大批思想家，大幅度地冲击着旧有的社会结构，并催动了中央权威的彻底解体。政府无法继续掌控知识传播的渠道，独立学者和私学日益繁盛，这让人心思乱有了物质的支持和实现的可能。新兴阶层不容于政府，必然借助新的发声方式扩散影响力。而这种影响力的扩散是政府无法阻止的，面对技术革新，尤其是信息技术的革新，执政者永远是最后了解其真正意义的人。

思念着许多年前和许多年后的夜路长谈，上一次是在燥热的夏季，燥热到连纱衣都显得臃肿，而后一次则在冰冷的冬季午夜，大明宫遗址公园的阴森几乎让人感觉不到自己还穿了衣服。在漫步于废墟的那个晚上，伯约长时间地注视着玄武门遗址旁边的大型浮雕，李世民的英锐和果敢被青铜凝固在舒缓的北风里，战马肥壮，猛士桀骜。

## 社会人才流动方式的演进

第二个需要引入的衡量标准是社会形态。这里的社会形态并非是具有普遍意义的，而是特指中国社会的人才晋升方式。在西周到春秋前期，中国仍然处在贵族世袭制社会，人才向上流动的门槛主要是血缘关系，周公的儿子仍然会是周公，武士的儿子仍然会是武士，工匠的儿子仍然会是工匠；春秋战国到东汉中期，人才流动的模式打破了血缘，而主要是依据社会行为体的积功，残酷的战国竞争环境迫使君主重视能力和功劳而非血缘，最终在战国竞争中胜出的秦国模式更是创造了以斩首数为核心考核标准的人才晋升体系，这个考核制度在两汉推而广之，与察举制和征辟制相辅相成。这种社会形态在东汉末期被打破，取而代之的是充分竞争之后必然形成的垄断家族，即门阀士族。从魏晋到唐朝中期，门阀士族之间的推举和联姻垄断了人才流动模式，虽然科举制已经出现，但在大族掌握阅卷权和阅卷者能够看到考生姓名的时代，科举制仍然是皇权对大族举荐人才的一种补充和平衡。这种局面直到北宋终于得以改变，考生的名字是不为阅卷者所知的，皇权全面控制了录取渠道，并打破了出身对人才流动的限制。自宋朝开始，大量出身寒微的知识分子通过考试获得了做官资格，并依靠科举形成的文官集团维持自己的地位。而这种人才流动方式终于在清朝中后期变得不合时宜，1905 年，在袁世凯和张之洞的建议下，慈禧太后终于为这个古老的制度画上了句号。

在确认了八个阶段之间的时间顺序之后，我们回到之前的统计结论，发现类似的八个阶段一共出现了三次，即所有的历史阶段类型划分都是三的倍数，而这与三次信息技术革新发生的历史节点是符合的，于是我们假设，在这 2700 多年的历史中，统一和分裂的大周期一共出现了三次。

**表7**

| | | | |
|---|---|---|---|
| 统一——分裂大周期 | －771～301（西周的衰败，东周列国，秦汉帝国的建立、鼎盛和衰朽） | 301～1038（西晋统一中国腹地，东晋南北朝，隋唐帝国的鼎盛和衰朽） | 1038～1949（北宋统一中国腹地，南宋夏金蒙古，明清帝国的鼎盛和衰朽） |
| 信息媒介 | 竹简刻字 | 造纸书写 | 活字印刷 |
| 社会形态 | 从世袭社会到事功社会 | 从事功社会到门阀社会 | 从门阀社会到市民社会 |

表7直观地列出了三个大周期之间的显著不同。

到目前为止，一个基于数学统计方法的理论框架已经逐步具备了雏形。如果总结一下的话，我们认为，在我们的研究范围内，中国历史可以以社会形态和信息传播媒介为特征划分为三个时代——春秋中期到东汉中后期的事功社会，这一时期社会通用的信息载体是竹简；魏晋到唐朝中后期的门阀士族社会，这一时期社会通用的信息载体是纸；北宋到清朝中后期的市民社会，这一时期社会通用的信息载体是印刷书籍。根据这个假设，我们可以推断，在以上列出的已经完成的三个周期内，中国历史会按照八个阶段的顺序上演规定好的剧目，而周期与周期之间，八个阶段会首尾相接，即上一周期的第八阶段同下一周期的第一阶段相衔接。

## 第四节　八个阶段的演化

除了春秋之前的贵族社会缺乏完善的史料和考古报告导致本文无法详细描述，以及建国以后的历史为我们和我们的父辈所亲历，我们可能暂时无法客观梳理之外，中间的三个时代内部，发生了以中央王朝的生灭（即统一与分裂）为核心衡量标准的八个阶段的演化，这八个阶段的大略内容，上文已经叙述过，而细心的读者应该已经发现，这八个阶段并没有脱离“分久必合，合久必分”的经验型总结。

我们的理论并没有超越元末明初的战略家们，本文的工作也不是要推翻罗贯中们的观点，而是用现代性的语言和图表对这个结论进行系统性的解读和阐释。在接下来的工作中，本文将始终带着这八个字来衡量华夏民族的历史——在中国这片古老的土地上，反复上演着中央权威的孕育，诞生，崛起，鼎盛，衰败，回光返照，灭亡。在华夏民族漫长的历史进程中，中央政府耗费了多少时间去完成其从崛起到鼎盛到衰落的过程，也就将用大约相同的时间去完成其衰朽、裂变和重生的过程。分久必合，合久必分的关键在于一个“久”字。稳定而持久的统一王朝孕育着混乱而漫长的大分裂时代，而夹杂在大统一和大分裂之间的短暂统一和短暂分裂不过是历史的假象和过渡而已。

如果带着这样的高度去审视历史，我们就可以完全充当每一个时代的先知——比如秦朝覆灭后有无可能继续保持春秋战国的漫长对峙？答案是否定的，因为分裂的时间相对于统一的时间来说过于漫长（550 年 vs 12 年），所以走向漫长的统一时代才是趋势，和这种趋势对抗的诸侯是一定会失败的。同样，西晋是否能够代替汉朝，成为又一个统一汉朝版图并向外扩张的时代呢？答案是否定的，因为统一的时间相对三国分裂的时间过于漫长（371 年 vs 96 年），西晋虽然结束了三国混战，但绝无能力将一统江山的局面维持太久——分裂，才是稳健大帝国崩溃后的历史趋势，西晋是汉朝的代偿机制而已，作为汉朝的代偿机制，它必然会出现，也必然会难以维持。

到目前为止，我们已经在一个特定的时间和空间范围内，粗略地搭好了整个理论的框架。接下来，我们就要以历史阶段为经，物质基础和社会形态为纬，来观察发生在这个模型中的历史事件。需要指出的是，这样的观察和研究是细碎而冗长的，我们将暂时离开电脑、网络和手机，并回到用竹简和刀笔作为信息传播媒介的2000 多年以前。我们将同我们束发蓄须的先民对坐交流——事实上他们是听不到我们的反馈的，当他们在历史的洪流中不断登场又不断谢幕的时候，我们能够做的不过是观察、记录和倾听。

这是漫长的旅行，我们将上溯先秦，下至民国。和西方世界一样，华夏文明的源头也可以追溯到卡尔·西奥多·雅斯贝尔斯博士所描述的轴心时代①，而我们的探讨也就从华夏民族的轴心时代——春秋战国开始。

应该说，这是重返历史的序幕。

---

① ［德］雅思贝尔斯：《历史的起源和目标》，华夏出版社 1989 年版，第 3 ~4 页。

只有经历了过去的人，才有权利讲述过去。

思绪逐渐清晰，记忆慢慢汇集，整理了一天的稿件，伯约在除夕夜的前一天静静端坐。

先秦是汹涌的潮水，三国是瑰丽的晚霞，汉中是一切的开始，汉中也是一切的终结。

伯约曾经在五丈原上长跪不起，那一刻，不再有淮阴侯优雅的兵法，也不再有高祖的磅礴一叹——在武侯去世的那一刻，伯约突然理解了荀彧和杨修的死亡，秦汉帝国同时间的战斗早在武侯和宣王的生死对弈之前就已经分出了胜负——无论过去多么辉煌，时间总会消灭一切。

2012 年的夏季，伯约再一次沿着褒斜道穿越秦岭，他在无限感慨中拜谒了自己和诸葛亮的墓地。

所谓沧海桑田，大概就是这样吧。

# 第3章
# 谶纬中的细节

## 引言

在华夏民族的史诗中，盘古创造了世界，而女娲则创造了人类。如果我们按照神话的逻辑去叙述历史，那么永生的史官伯约也无疑是女娲的造物之一。在伯约刚刚意识到永生之力的那1000年，他和他那些蒙昧的人民之间并没有什么智商上的差距，同那个时候的大多数人一样，伯约也愿意将自己永生的力量来源归因于神，而这个神就是女娲。在伯约漫长的避世生活中，他曾经在极度的信息隔绝下写下了许多莫名其妙的祈祷词，这些祈祷词看起来是毫无逻辑和杂乱无章的。然而，随着伯约和华夏民族的历史演进，他愈发明白，当初写下的这些东西并非无因。后来，随着伯约愈发变得豁达和沉默，他更愿意把当初这些自己在高烧时写下的东西当做是一种神启——特别是伯约在明朝正德年间通读了洋人带来的《圣经》以后。

当然了，女娲的神启和其他的神还是有所区别。如果这神启是真的，那么娲皇最初赋予华夏民族的知识，就与商业和契约无关，而是一些类似兵法和仪轨的东西。总之，不论怎么说，娲皇，或者曾经处于高烧状态的伯约会这样认为——兵法和仪轨是最重要的，而其他的智慧都不能与这两者相提并论。同西方字母文字的鼻祖腓尼基文字不同，最初的华夏文字是为献祭和战争而出现的，更加深入的理解是，献祭和战争本身就是一枚硬币的两面而已——两者都同样地崇高和血腥。

国之大事，在祀与戎。许多年前，《左传》的作者写下了类似的话。

伯约开始并不知道他写下的这些话具备着怎样深远的政治意义，他只是把记录这些话当做无聊岁月中的一个乐趣。然而，许多年后他在燕京大学的图书馆里发现了类似的文档，而这份文档颠覆了他之前对永生和自己使命的全部看法。

## 第一节　伯约版洪荒六书

### 创世纪

1.1　太初有道，道在无极之中，无极之外，仍是无极，而后，道化无极而生天地。

1.2　道生一，无极生太极，这太极有名，唤作盘古，龙首蛇身，一生二，居18000年而生两仪，阳为天，阴为地，生两仪后18000岁，天去地九万里，事就这样成了。

1.3　天地固，二生三，而后有众神，众神中有娲皇。娲皇用地上的尘土造人，她认为这是好的。

1.4　众神有子，子又有子，子又有孙，人和神的接触渐渐多了，相互嫁娶，有些神缺少信众，看神和人所想所为都是恶。

1.5　人又有子，人又有孙，人和鸟兽的接触渐渐多了，有些人缺乏食物，看神和人所想所为都是恶。

1.6　缺。

1.7　缺。

1.8　有一个神，唤作共工，和另一个叫做祝融的神作战了，信奉祝融的人多，祝融打败了他，共工觉得这是人的罪恶，对娲皇说，当初你造了他们，现在他们让我们分裂了。我要让你的造物，都从地上除灭。

1.9　支撑天地的冰山融化了，四十昼夜大雨降在地上。火焰从山口流出来，凡地上的活物，都快要被除灭了。

1.10　诸神之间仍在争斗，离这个世界愈发远了，把娲皇留在地上，娲皇心中忧伤。

1.11　娲皇炼五色石来阻塞火焰，斩杀了作祟的黑龙，用草木灰来阻挡洪水，就这样过了150天。

1.12　150天后，水渐渐退了。

1.13　210天后，地干了。

1.14　娲皇来到昆仑山上，看到未被除灭的鸟兽人类。娲皇说，下山去罢，水已退了。

1.15　缺。

1.16　娲皇说，水还会来，但不会这样大。退水的方法，我都赐予你们。

1.17　娲皇说，你们不可食飞龙、游龙、行龙。飞龙，游龙，行龙是水来的征兆，要做好准备。坠龙是可食的，坠龙是水退的征兆。若你们不食神裔，龙坠下时，要用蕉叶搭好凉棚，不断给他泼水。

1.18　娲皇说，你们要生养众多，遍满了地。除了龙类，凡地上的走兽和空中的飞鸟都必惊恐、惧怕你们。连地上一切的虫并海里一切的鱼都交付你们的手。凡活着的动物都可以作你们的食物，这一切我都赐给你们，如同菜蔬一样。你们要生养众多，在地上昌盛繁茂。

1.19　娲皇说，我与你们盟誓，凡为我的造物或后裔的，不再被洪水除灭。

1.20　娲皇说，我的造物和后裔是有记号的，他们必崇拜龙。

1.21　娲皇说，你们必生养众多，直至食物匮乏。你们是神造的，身自有灵性，你们是土造的，也自有禽兽气，和你们的食物一样。食物匮乏时，你们必相杀戮，这是理所当然的事。

1.22　娲皇说，要有杀戮的法则，保证这世间的食物，不被她的造物所食尽，使她的造物数量得以控制，于是，就有了兵法。

1.23　娲皇说，要有秩序的规范，保证她的造物，不因为杀戮而灭绝，于是，就有了礼法。

1.24　娲皇说，你们当谨记，这人间的国里，唯有这两件事是要仔细的。

1.25　娲皇看到这土地宽广无边，不利于她子嗣和造物的存续，于是抬起昆仑山南的平原，让这里变成寒冷的高地，又向昆仑山北的平原吹了一口气，让这里变成燥热的流沙，北方的草原且留着，要使得她的造物免于自大，娲皇称这是好的。

1.26　娲皇要记录这创世和后来的事，使她的子嗣免于遗忘，于是，就有了史官，娲皇说，这史官当永生。

1.27　食物果然匮乏了，地上的人陷入争斗中，大陆变得“混沌”，娲皇心中忧虑。

1.28　娲皇想，当授予雄强者“武威”，于是，混沌结束了，这混沌结束后的日子，称作立春之纪，但是“武威”却很快变成了“暴虐”，人民苦于劳役，在这地上的国奔波。

1.29　娲皇想，当授予人民“义兵”，于是“暴虐”结束了，这“暴虐”结束后的日子，称作春分之纪，但是“义兵”却导致“屠戮”，人民大量死亡，十不存一。

1.30　娲皇想，当授予他的子嗣“节制”，于是“屠戮”结束了，这之后漫长的和平，被称作立夏之纪，但是“节制”最终变成了“放纵”，人民在荒政中挣扎、痛苦。

1.31　娲皇想，当授予智者“缄默”，很快，来自远方的军队毁灭了都城，而新的王者又重建秩序，放纵结束了，之后的日子，称为夏至之纪，“缄默”导致“暴动”，人民大量死亡。

1.32　面对这反复的治乱，娲皇心中不平，她想，当授予智者“反省”，于是“暴动”结束了，这地上的国恢复了漫长的和平，这和平被称作立秋之纪，但是，随着这和平，“反省”最终走向“僵化”，人民不知所从。

1.33　娲皇想，是应该终结这僵化的时代，于是，她授予人民“思辨”。僵化的时代结束了，这之后的日子，被称为秋分之纪，但是很快，“思辨”导致了“分歧”，有平民认为得到了“真理”，便起来反抗，人民大量死伤，这叛乱平定后，人间的和平也完了。

1.34　这漫长的冲突比春分、夏至之纪都长，娲皇心里焦急，就授予智者“机巧”，“分歧”被掩盖了，冲突暂告一段落，这之后的和平，被称作立冬之纪，但是很快，“机巧”导致了“困惑”，这地上的国变得荒淫，娲皇心生愤怒，想把她的造物都除灭了，但又碍于盟誓，于是借助他力。

1.35　娲皇想，是应该授予她的子嗣“惩罚”，于是，这和平甚短暂，之后的日子，被称为冬至之纪，这冬至之纪，比秋分更长。会有北方的蛮兵，把这地上的罪除灭，这蛮兵也是罪，娲皇看这是好的。但是，“惩罚”导致了“分裂”，这地上的国分成数国，对峙长久，娲皇的子嗣再次陷入“混沌”。

1.36 “混沌”旷日持久，有娲皇的子嗣秉承“武威”，并一统天下，这是新的立春之纪，娲皇看这是好的。

1.37 从一个立春之纪，到下一个立春之纪，往往近千年，娲皇说，地上的千年，是神国的一年。

1.38 八个纪元循环往复，再不要神做什么事，但是娲皇仍不喜。

1.39 娲皇想，这反复的分合甚无趣！于是有了寒潮，热浪和冰期，这样，不同的轮回当有区别，她看这是好的。

## 洪荒纪

2.1 黄帝生昌意，玄嚣。昌意生颛顼，颛顼生鲧，鲧生禹。

2.2 尧帝时，水又来了，鲧治理了九年，不能平定，人民陷入“混沌”里。

2.3 舜帝又派人去，他们的名字列在下面。

2.4 有禹，契，后稷，皋陶。

2.5 娲皇说，禹！你的使命我已知道，你当谨慎！

2.6 娲皇说，禹！你当谨慎。你的父亲鲧，为众人所举，舜必不容他。治水无功，必被治死。

2.7 娲皇说，我与你的祖先盟誓，水再来时，传你退水之法，你且听好！

2.8 你当忠诚克勤，有言有行，有仁有律。如此，舜必不害你。

2.9 你当丈量河山，勤事鬼神，你当携带车船、绳、规矩，打通九条路，填平九泽，分天下为九州。你当命伯益掌管稻，命后稷掌管采集。你当通晓天下物产，山川捷道。

2.10 你当从冀州开始，东临碣石。

2.11 你当南渡河，到达兖州。

2.12 你当越过泰山，进入青州。

2.13 你当去淮北，经过徐州。

2.14　你当南渡淮，进入扬州，到达江边。

2.15　你当沿江西去，进入荆州。

2.16　你当向北翻阅大别山，进入豫州。

2.17　你当沿汉西上，进入梁州。

2.18　你当翻阅终南山，进入雍州，一路向西，到达积石山。你当继续向西，过三危山，沿流沙南边，到达昆仑山，我留下文字与你。你当谨慎寻找。

2.19　你当牢记九州风物。

2.20　你当在积石山西多做停留，为四十三日。

2.21　四十三日后，水又来了，降下大雨十二日，平地被淹没。

2.22　禹要治水。娲皇说，禹！你当谨慎。积石山有龙，我必将其治死。

2.23　水不退，禹把弱水导向西，注入合黎，余波渗透到流沙里。把黑水导向南，过三危山，注于南海。

2.24　禹又疏通积石峡，至于龙门，河通过山峡，在平地分散为九条河，注入东海。

2.25　禹又导九川入江河，淮入于海。

2.26　娲皇说，禹！你当谨慎。大功就这样成了，要谦恭小心。

2.27　娲皇说，禹！你当为王。恭敬良善，交好皋陶、后稷、益，舜必嗣你。你当善待契。你当为王四十五年。四十四年时，你当西归昆仑。

## 夏后纪

3.1　舜死于苍梧，禹即位。他的国号是夏后，姓姒氏。

3.2　四十年，禹王至雍州。四十四年，西涉流沙，登昆仑之山。

3.3　娲皇说，禹！你来了。你在地上做王，可都应验了吧。禹王说，都应验了。娲皇在上，我按时来到，面蒙教诲。

3.4　娲皇说，九州立，九道通，九川浚，九择平，自碣石到流沙，南北二十万步，天下虽大，都蒙你的恩义。禹，你当谨慎！禹王跪下来。娲皇说，杀防风氏，平三苗，天雨血，夏有冰，地雷震，你愧疚了吗？禹王说，我不曾愧疚！政出多门，天下纷扰，很久了。从前有山水之隔，诸侯不来朝拜，也是常有。三苗据江汉，屡次反叛，不能根除。天降下灾祸，要让三苗灭亡，我必不能违反天意。娲皇说，禹，你做得对！我必令你子孙昌盛。

3.5 禹王说，娲皇！我将死，应传位于伯益吗？娲皇说，禹，你当谨慎！尧传位于舜，舜对丹朱怎么样呢！禹王惧，不应。娲皇说，禹，你平定洪水，凿通四极，丈量天下，地上的功劳，没有超过你的。从漠北到南海，从流沙到碣石，无人不知你的名字。你已为王，你的后代仍应为王！禹王惧，不应。

3.6 禹王说，娲皇！我的后代在地上为王多久，万望告知！为何所灭，万望告知！子嗣能否存留，万望告知！娲皇说，禹！我让你善待契，你做了吗？禹王说，是。娲皇说，契的后代会取你的国，你后悔了吗？禹王不应。娲皇说，契的后代必会取你的国！我让你善待契，你明白了吗？禹王惧，稽首。娲皇说，禹，你的国会持续四百余年，你当荣耀他。你的后代必不断绝，我必佑他。

3.7 禹王说，娲皇！四百年后，又将如何？我将死，杀戮多，不能登天位。想多知道些后事，万望告知！娲皇说，禹，你当荣耀！你在地上有大功劳，必登天位。虽然，我将告诉你后事。

3.8 娲皇说，禹！你当谨听。黄帝之后，诸侯纷扰，你的国夏后为震纪，四百年就衰败了。我便要降罪在那地上，让田地荒芜，千里冰封。

3.9 娲皇说，禹！你当谨听。夏后破灭后，你的子嗣当北去，进入苦寒之地。契的子孙当南来，这纷繁错乱的日子，为巽纪。

3.10 娲皇说，禹！你当谨听。契的子孙建国后，水又来了，但比不上这次。他的都城经常改变，这是离纪。

3.11 娲皇说，禹！你当谨听。契的后代有义人，定了国都，不再变了，这确立国都的几年，为坤纪。

3.12 娲皇说，禹！你当谨听。国都确立后，契的子孙稳定了，这是兑纪。

3.13 娲皇说，禹！你当谨听。契的子孙的国，六百年后衰败了，纷纷扰扰，诸侯都背弃了他，我便降罪在那地上，让田地荒芜，千里冰封。这纷繁错乱的日子，唤作乾纪。

3.14 娲皇说，禹！你当谨听。后稷的子孙建了国，这是坎纪。快三百年后，这个国也衰败了，我便要降罪在那地上，让田地荒芜，千里冰封。但不灭掉他。

3.15　娲皇说，禹！你当谨听。后稷的子孙改变了都城，又稳定下来了，但仍然破败，诸侯不理睬他，也没有义人，这纷乱繁杂的日子，是艮纪。

3.16　禹王说，娲皇！第八纪会终结吗？万望告知。娲皇说，禹！你当谨慎。禹王复请，娲皇说，禹！你当牢记。艮纪后，九州复立，九道复通，九川复浚，九泽复清，你的事业会继续，伯益的子孙当建新的国，这是新的艮纪。

3.17　禹王说，娲皇！这纪元反复，宁无尽头吗？万望告知！娲皇说，禹！人苦不知足。九州之外，复有山河。四海之外，复有九州。我的子嗣和造物之外，复有非我的子嗣和造物，九州之内，纪元总是反复，但总有尽头。禹王大惧，说，尽头之日，我的苗裔还在吗？娲皇说，尽头之日，我将降罪于那地上，让土地荒芜，千里冰封。虽然，我的造物和子嗣必不死，他们必遍及四海。我必荣耀他们。禹王悦，不问。

3.18　娲皇说，禹！你当下山，回那地上去。你当去会稽，你必祭祀不绝，直至万世。我必佑你。

3.19　禹王东巡到会稽，他就死在那。启即位，杀伯益。

3.20　缺。

3.21　缺。

4　列王纪（缺）

5　诸世记（缺）

6　灭世记（仅存一条）

6.47　娲皇说，我是始，也是终。我是立春，我是冬至。待到尽头之日，我的造物必存在，我必归来。

## 第二节　仲达版《洪荒七书：诸世纪》及注解

许多年后，伯约在燕京大学的图书馆中发现了这部令他恐惧的伪作，或者说，续作。他第一次意识到，享有永生的人可能并不止他一个。这部伪作的作者有着与其非常相似的经历，甚至其作品中出现的词句也和自己在高烧状态下写下的文字区别甚少。

伯约意识到，这个人是他一生中最难缠的，也是唯一配与他交锋的对手。这个恐怖的对手和自己一样潜伏在华夏世界的缝隙里，不动声色地对抗着他试图改变历史的努力，并最终同伯约一起维护了华夏世界的平衡。他在三国时的失败并非偶然，而伯约同命运的对抗也在某种程度上加速了曹魏的毁灭和西晋的崩溃。

不，他没有失败。就像他也没有成功。诸葛亮赢得了万世之名，司马懿赢得了什么呢？一个短暂疯狂的王朝和未来300年的厄运。伯约想起了宁平城下攒动的火把和石勒王弥复仇的尖啸，司马氏的精英在那场围猎中伤亡殆尽，那个时候的自己充满了快感吗？伯约在午夜的图书馆里静静品味着多年前的战场，结论是，他曾在司马氏几乎被一网打尽的那一刻几乎仰天大笑，但抬头却发现了亘古不变的天幕和冷峻的雨滴，于是，那一瞬间的快感消散了，一切都是献祭。

是的，一切都是献祭，曹操的挣扎，刘备的坚持，赤壁火光中燃烧的大江。

一切都是献祭，如果说华夏民族的历史宿命是一台高速运转的发动机，那么每一个人的鲜血都不过是这发动机的润滑剂，献给秦汉帝国的忠诚，和献给十六国纷争的狡诈，这都是献祭，历史不会因为任何一方的缺席而停止运行。

伯约抚摸着手稿上隽永的字体，抚摸着这伪作末尾那个令人窒息的署名。

仲达。伯约默默念出这个名字。

### 伪作的原文

6.1　娲皇说，每一轮回，凡有八个纪元。

6.2　纪元之前为混沌，天下扰扰，之后，有雄强野蛮之国平定一切，他建立的时代，为震纪。九州至此合一，而他的功业必不久。

6.3　震纪是雷电，是疾风，是惊变，是凶厉，是短暂的和平。

6.4　娲皇说，震纪末年，我的子嗣必陷入血污里，且要死去1/3。

6.6　这血污中的杀戮，为巽纪。

6.7　娲皇说，巽纪亦是短促的，巽纪是土崩，是残酷，是群雄逐鹿，是彼此吞噬，其中，有长者必为圣王，我的子嗣当追随他，圣王钟意之子，必不能继承他，我的子嗣当谨记。

6.8　娲皇说，巽纪之后，我必赋予这土地以漫长的和平，这废墟中的安宁，为离纪。

6.9　娲皇说，离纪是野火，是潮水，是万物繁茂，是雄壮开阔，是刚柔并济，是风火燎原，我的子嗣必强盛，追亡逐北，以并天下。

6.10　娲皇说，离纪之末，我的子嗣必骄奢，这是没办法的事。

6.11　娲皇说，离纪之末，圣王之国必死于内患，我的子嗣必陷入血污里，且要死去1/2。

6.12　娲皇说，离纪之后，为坤纪，坤纪是戕害，是荼毒，是率兽食人，是流血千里，有中人必为王，我的子嗣当追随他。

6.13　坤纪之后，为兑纪。兑纪仍是和平，仍是漫长，仍是衰老，娲皇说，我的子嗣将困顿，这是没办法的事，兑纪之末，必叛乱四起。

6.14　兑纪之后，为乾纪。乾纪是瓦解，是溃散，是动荡，是宁而不宁，不安而安，仍有一个国，但诸侯都不从他，娲皇说，我的子嗣必陷入血污里，且死去2/5。

6.15　乾纪之中，天下当裂为数块，50年后，当有王者兴于隐秘。娲皇说，这王者并非诸侯，我的子嗣当追随他。

6.16　乾纪之后，为坎纪，仍会有一个国，但这国无暇外顾。

6.17　娲皇说，坎纪之中，这人间的国当迷惘，我的子嗣必盲从，圣人窜于郊野，这是没办法的事。

6.18　坎纪之末，这人间的国溃烂了，分而未分，未分而分，娲皇说，当有蛮军代行天罚，把这人间的罪都摧毁，而这蛮军也是罪。我的子嗣必受难，且死去1/9。

6.19　坎纪后，为艮纪，这人间的国必当毁，其子嗣当去东南方向建新的国，但这新的国很快朽了，老旧迟缓胜过那已毁的国，娲皇说，他必当灭，我的子嗣必背弃他。

6.20　艮纪之中，天下彻底分裂，持续几百年。那去东南的新的国必为大国所灭，这北方的大国，将开启新的震纪。

6.21　坎纪末，最没有希望即位的那一个，会即位。

6.22　他的国保留了国号，也只有国号。

6.23　玄武轮回的乾纪，西进的军队回到流沙之滨，登昆仑之丘，寻黄帝旧宫，访娲皇陈迹，不遇。

6.24　白虎轮回的乾纪，西边的军队和中土失去了联系，并最终消失，华夏世界的光芒当减弱，持续700多年。

6.25　朱雀轮回的乾纪，西边的军队在黄沙中坚守，中土的世界虽然碎裂，但是这军队却不曾瓦解，持续300多年。

6.26　娲皇说，我的子嗣当谨听！这艮纪之后，又是新的震纪，坎纪之后，又是新的艮纪，若我的子嗣安于神州故土，则这轮回永不消失，这治乱和分裂的循环永不消劫！

6.27　娲皇说，我是始，也是终。我是立春，我是冬至。待到尽头之日，我的造物必存在，我必归来。

### 伪作的注解①

6.2　注：应指秦始皇，隋文帝，元世祖事。

6.4　注，应指陈涉、翟让、刘福通事，另，此三子起事而暴政崩溃，古今之义一也。

6.7　注，应指汉高祖、唐高祖、明太祖事。另，所谓钟意之子必不能继之，当指汉惠帝、李建成、明建文帝事，且汉文帝、唐太宗、明成祖皆为军变登基，当留意也。

6.11　注，应指王莽、安禄山、李自成事，另，更始帝、安禄山、李自成皆克京师，然无一能安天下，当留意也。

6.13　注，应指张角、黄巢、洪秀全事，另，此三贼皆乱国有余而定邦

---

①　伯约发现这手稿时，这注解就附在手稿后面。

无能之辈，易鼎者曹氏、朱氏、袁氏皆起于戮乱，当留意也。

6.14　注，应指曹魏、五代、民国事，时朝廷仍在，而诸侯不能从。

6.17　注，应指周厉王、晋惠帝、宋徽宗事，君为民所弃，此天诛，非人力也。

6.18　注，应指犬戎毁镐京，匈奴毁洛阳，女真毁汴梁事。

6.19　注，应指东周、东晋、南宋事，新都皆在东南，奇之。

6.21　注，此条时序紊乱，应在上条之前。

6.22　注，同上条。

6.23　注，此以上三条以下皆伪也，托言娲皇，必为好事者所加，然此三条中所言事非伪也。

## 剧本·舞台·棋子

燕山的风呼啸而来，天气干涩而浮躁。

禹王的功业，是这个宏大剧本的序幕。

江山如画，一时多少豪杰。

昆仑山的主人搭好了舞台，把一个个棋子扔到这沸腾的大陆上，她面含着笑意。她就像那些习惯并享受了自闭的孩童那样，赋予玩偶不同的命运和阵营，然后驱动他们相互碰撞。等棋子全部破碎，她就推倒一切，把剧本重新演起。不过这一次，她会交替玩偶的角色，让那受苦的成为帝王，再让那享乐的沦为囚犯。

舞台已经搭好，剧本也撰写完毕。

伯约把那几张纸插进图书馆书架中最无人问津的几本书里，并拍了拍手套上的灰尘——当他最初漫步在华夏的大陆时，他并不相信这些他写下来的胡言乱语，直到许多年后的民国时代，他坐下来整理记忆的那段时光——随着那个数列的明晓，一切就此改变。

知晓剧本的人应该坐在台下，对未来充满期待和幻想的冒险家应该上台表演。

当他们不知道该怎么演时，伯约乐意进行简单的指点。

开馆的时间已到，同往常一样，这又是一个短暂的寒假。

伯约站起身来，溜进卫生间，看着水龙头前的镜子。

镜子里的自己似乎长出了胡须和发髻，穿上了交领的长衣。

已经逝去的那个时代从坟墓里传来动人心魄的呼吸和心跳，这让他迫不及待地想跳入那段回忆中去，是的，这比美酒更能令人沉醉。

他最后看了一眼镜子，唇齿间滑落出不发音的词句，这句话是一个妙人对他说过的，他现在正要说给自己去听：你好吗，伯约。

# 第 4 章
# 朱雀的葬仪

## 引 言

夏商时代的伯约仍然满足于做一个孤独的隐者，因为那个时候他仍未参透天命。然而，大禹治水的1000年后，连凡人都能够看出殷商的毁灭已经近在咫尺，唯一的问题是怎么毁灭。这是一个几乎无解的谜题，因为神迹已经有很多年都没有降临在华夏世界，没有人知道这样一个庞大的帝国应该以什么样的形式走向灭亡——于是周人出现了，用一种近似唯物主义的逻辑体系为华夏文明的存续写上新曲。

这是凡人的胜利，同时这凡人的胜利也有可能是神的用意。总之，理性的时代即将到来了。于是，在接下来的历史中，伯约开始缓慢地，小心地回归人群。他似乎觉得，当华夏民族的文明进入狂飙突进的快车道时，隔岸观火是无法履行史官的职责的。于是他坚定地融入到正在剧变的华夏社会中，并戏剧性地出现在历史的转折点上。

于是，西周分崩离析，春秋大义纵横，战国铁血文明，秦汉称兵千里——这是华夏民族的青春时代，伯约在这漫长的1000年中领略了无以伦比的荣耀、智慧、勇气和强盛，这种经历对于一个史官来说是完全必要的。以司马迁为例，在他决心继承父业，并为华夏民族书写史诗时，他已经进行了漫长的游历，跟随皇帝参与了无数历史上的大事件。又或以陈寿为例，他在决心书写《三国志》时，也已经在蜀汉担任秘书郎数年，接触到了足够多的蜀汉档案，并获得了张华的赏识，拿到了吴国和曹魏的历史档案，更重要的是，陈寿的一生伴随着英雄时代落幕的最后40年，并以自己在洛阳的病逝为秦汉帝国的夕阳时代做了完美的谢幕词。

同司马迁和陈寿这种满足于短暂人生和断代史的同事不同，永生的伯约需要为整个民族的命运写下祷言。在最初的那几年，伯约仅仅满足于做一个历史大事件的过客，出现在那些名垂史册的大人物身旁，并眼含热泪地观摩他们的死亡。而等到秦汉时代最终走向结局的三国年间，伯约终于抛弃了刀笔，亲身投入到历史的洪流之中，并以姜维的名义出现在为秦汉帝国书写的安魂曲里。那个时候的伯约并不知道秦汉时代的终结意味着什么，他也并不想知道结局——虽然，他最后仍然无奈地知道了结局，并在许多年后的共和国时代终于接受了这个结局——那个时候他终于承认，秦汉的名字并不会终结，相反，这两个字就如伯约一样享有了令人敬畏的长生。

## 第一节　黍　离

这是西周的悼词，就写在镐京的废墟上。

伯约说，西周诞生之前，天命就已经离去。

从夏到周，一个完整的周期循环已经接近完成，于是，天不再言语。天也不必再言语。

程序员要休息了，宏大的游戏开始了自主运行。

伯约说，这是注定了的剧本。

在这沉默的进程中，有人面表忠义，暗藏凶心。

有人放诞宴饮，故作镇定，想凭借智慧，拼尽全力。

有义人战战兢兢，总是不信，但又总是被迫相信。

有圣贤看透了一切，他在武王卜出大凶的时候仍然神色坚毅，并最终让牧野的大地痛饮了鲜血。

而有人则只是静静地观察着这巨变的细节，他知道殷商并非死于军争，而是死于内部的裂痕。他知道有人携带着祭乐器，投奔西周。他知道武王心中的恐惧，了解他夺取胜利后的彻夜心惊。

是的，西周的胜利，就是这样。这是第一场人的胜利，而此刻的天道没有表现出对这场事变的丝毫关心。

殷商末年的天意，就是这样。他击杀了蔑视天的武乙，向纣王昭示了无穷无尽的灾祸，他也向武王昭示了夺取天下的代价，并降下了暴雨。但是，圣贤已经出生，他的词句比龟甲的裂纹更有分量。武王不必知道天意，他只需知道殷商内部的分歧。面对圣贤的意志，天道开始沉默不语。

伯约说，这样的沉默是一种赞许。

维师尚父，时维鹰扬。

半神的时代结束了，人类获得了自主和勇气。即使占卜的结果不那么美妙，他们也敢于选择前进。

应该这样，应该滚滚向前。接受该得到的利益，承担该承担的痛苦。

接下来的路，要周人自己去走。

周人不再相信天命的永恒和准确，他们说，天命唯德。

这句话就已经预言了自己的末日。

这是西周的赞歌，也是西周的悼词。

在末日的脚步声中，周室仍奋力挣扎。

厉王试图重建权威，为自己的国人所废。

宣王则受制于人。前期国势恢复，被称作中兴。后期国势日颓，被称作短暂的中兴。

至于幽王，他在远交近攻，防备祸起卧榻。

而其他的诸侯，他们为自己谋取了名节，也为子嗣策划了出路。

唯有在戎狄的海洋里挣扎的秦人，嗅到了不安和快意的气味。他们继续战斗，他们继续等待。

当初治水的那些人。禹王建立了夏，契的子嗣建立了商，后稷的子嗣建立了周，而伯益的子嗣仍然沉寂。

秦人中故老相传，舜帝对大费（伯益之父）说，嬴氏当大出天下，而当初参与治水的其他三个人，都已经建立了国家。

周人创造了前无古人的尊亲分封制度，诸侯国是帝国的柱石，而终于有一天，这些柱石会获得人工智能和自我意识——山河遥远，帝国的神经总会疲惫。

伯约说，乱世的呢喃近了。我却赞美这个时代。因为他所创制的世界本就是前所未有的，在这个新的世界里，没有神谕，也没有天命。周公的理想国并没有实施过，天下的形势急转直下，一日千里，诸侯国一旦强盛，就获得了超越周室的寿命。

伯约说，我将为西周送葬，而西周则已为天命送葬。我因此而感激他。

伯约说，西周的葬礼一定体面。要有美人，要有爱情，要有战乱，要有鲜血，要有忠臣，要有奸佞，要有王子落难，要有慷慨赴义。

于是他扮作巫师，走近宜臼，去告诉他惊天的消息。

这消息此刻是假的，但明天，会变成真的。

因为，宜臼可以选择不信，留在镐京，承担一旦消息成真的后果，这后果是必然的死亡。宜臼也可以相信，连夜出奔，去找他的舅舅和外公，并承担这消息为假的后果，这后果是可能死亡，也可能登基。

结果呢？结果已经注定。

坎纪末，最没有希望即位的那一个，会即位。

——诸世纪 6. 21

他的国不变国号，也只是不变国号。

——诸世纪 6. 22

幽王八年，立褒姒之子曰伯服，为太子，平王奔西申。

——《竹书纪年·周纪》

至此，西周正式死亡，这不是寿终正寝。

伯约说，他死得其所。西周不是夏商，他本就承担不起对天命还抱有希望的天下。他从立国开始，就竭尽全力地去满足天下的渴望，直到自己肾气衰竭。在他已经四分五裂的尸体上，正召开着群鸦的盛宴，此后很久，不再有禹王的功业，不再有商汤的美德，甚至连文王和太公的智慧，也不再有。

新的时代是属于凡人的。这是美丽的仲夏夜，云雾散去，而星河才刚刚融解。

至于幽王和褒姒，本就是历史漩涡中的碎片而已。

伯服与幽王死于戏。鲁侯，许文公立平王于申。称天王。虢公立王子余，称携王。晋文侯二十一年，杀携王。

——《竹书纪年·周纪》

秦襄公将兵救周，战甚力，有功。周避犬戎难，东徙雒邑，襄公以兵送周平王。平王封襄公为诸侯，赐之岐以西之地。

——《史记·秦本纪》

诸侯乃即申侯而共立故幽王太子宜臼，是为平王，以奉周祀。

——《史记·周本纪》

褒姒为叛军所掠，这是挽联上朱红色的酒渍。

一切都很好。美人香消，一江晚照。

许多年后，伯约又一次经过了西周的废墟。

废墟之上，彼黍离离。

## 第二节　获　麟

鲁哀公十四年，西狩获麟。子曰，吾道穷矣。

《春秋》至此收笔。春秋时代至此收笔。

哲人的一生，也至此收笔。

这一年是西元前481年。

22年前的前513年，垂老的晋国公布成文法。敏感的哲人知道，这意味着一个时代的终结。

这一年，晋国依然强大，但这和晋国的国君已经没有什么关系。

哲人说，晋其亡乎，失其度矣。这正是明智的预判。

是的，结束了，贵族政治，已成往事。齐桓公和管仲戮力维护的华夏秩序，已成往事。

在西狩获麟的这一年，吴、越都已称王，虽然他们在《春秋》中仍被贬称为子。

这一年，华夏秩序的建立者齐国已经沦丧，并成为寄生蜂的食物。名叫田氏的幼虫已经蛹化，并在寄主的躯壳内羽翼丰满。

这一年，楚国爆发内乱，南方的霸权国正在自顾不暇。

这一年，西方的秦国悼公在位，很快他就会死去，而秦国即将陷入一场长达百年的内讧和颓败中。许多年后，那位英气勃勃的秦孝公提到这段往事时，语气仍然沉痛惋惜。

这一年的前六年，晋国内部的六只幼虫已经全部孵化成功，并为争夺宿主的残躯爆发了激烈撕咬，两只弱小的被驱逐了，剩下四只强大的，也仅仅达成了短暂的一致，而事实上，他们之间的流血才刚刚开始——国际秩序中最强大的秩序维护者和既得利益者一定会在秩序的崩溃中粉身碎骨，这就是天道，这就是正义。

两年后，北方的霸权国晋国让出霸主之位。

当传统的华夏秩序走向完结的时刻，最后的两位霸主：一个叫夫差；一个叫勾践。

这些来自华夏世界边缘的原始力量，为了得到一个已经朽烂的王冠而沾沾自喜。而在华夏世界的腹地，圣哲们已经在为即将到来的风暴战栗。

伯约说，谁能说天道仅仅是残酷的呢？大多数情况下，他还非常幽默。如同之前所讲，天命已不必言语，逻辑的桥梁已经搭好，他现在要做的就是欣赏自己的杰作——而现在，群鸦的盛宴已经达到了高潮。如果说娲皇在看的话，那一系列即将死去的伟大名字一定会让她食欲旺盛——比起牧野之战那荒诞的胜利和沸腾的兽血，这才是真正的献祭！

这一年，吴国称霸，西破强楚，北威齐晋，南伐于越。吴国霸权史上的核心人物孙武，却在这之后就消失在史书上。华夏世界的南方，为兵圣的才华所照亮，但是兵圣自己的人生却如同孔子末年说的那样，圣贤不是烈士，不是道德家，也不是隐士，圣贤和他们是不一样的，他只执着于道，其他的事情，无可无不可。

孙武不是伍子胥那样的刚烈之士，史料中的孙武没有情感，他为彰显自己的才华而为将，也在功业的顶峰消失。他并不是退隐后才写出了兵法，而是先写出了兵法，后摧毁了楚国。他的名字不见于《左传》，他在吴国也没有正式的官职。

伍子胥是有血有肉的英雄，是存在过的人，他热血，暴烈，勇敢，坚定，无畏，真实。他明知是死路一条，却仍然要高歌前进。他心中最感怀的未必是收留了自己的吴国，相反，倒是那个为了不泄露自己行迹而自杀的女人。

而作为兵圣的孙武，则只是英雄伍子胥背后的影子。

许多年后的曾文正公曾经说过："兵者，阴事也。"而孙武也明确指出："兵者，诡道也"。

那些消失在史书上的记载，才是吴国崛起的真相。随着孙武的消失，吴国的功业也快速塌陷。南方的越人正在以大无畏的无耻精神锻造谦卑背后的利刃，而吴王则莫不好贱。

这些真相已经消散，而真相的烟尘却凝结在兵法中，连身在楚国的伯约都无法详细知道，吴国的军队是怎样应用了孙子的学说，但正是因为如此，兵法十三篇才得以不朽。

这不是战例，这是万世不易的法则。兵圣并非因为具体的事迹而不朽，相反，他因为凝练的汉字而不朽。

孙武并未长久地渴饮鲜血，而在他之后，想要饮血的人却大都读过《兵法》。

圣贤并不是有血有肉的人，圣贤是一种思维的造主。

伯约说，这就是圣贤的轨迹。孙子退隐后不久，吴国就在霸权的巅峰崩溃。随后，春秋时代的华夏秩序彻底消亡，终于挣扎出内乱漩涡的几个大国望向彼此的时候，眼中没有原则，也没有盟誓。《兵法》中的阴森和冷峻很快会被后世的实践者涂抹在战场上，七国的人杰，湮没在残酷的刀光里。许多年后的马陵谷地中，孙子的后人就是用这样的方式扼杀了魏国的十万青壮，从孙膑出手的那一刻起，魏国就失去了胜利的可能。

那是华丽的流血，孙子本人未必喜欢，但他一定了解。

两年后，孔子有疾。

子贡来见他最后一面，垂老的圣人感叹而歌，太山坏乎！梁柱摧乎！哲人萎乎！因以涕下。

君子疾没世，而名不称焉。圣贤的初衷，未必是做一个圣贤。

在周政继续走向崩坏的春秋末年，殷商的子嗣，却爱上了周人的政道——有时候，历史和玩笑无异。

7 日后，孔子病逝。

在孔子病逝后的某一年，老子西出函谷。

华夏的未来会怎么样？孔子是赞同管仲的，从伯约的角度来看，孔子也就承认了保留周室政治地位的同时，霸权国主导列国之间的秩序。但是这个时代终有尽头。

四大国同时衰弱了，来晚了的吴越，在废墟上跳舞。那个叫范蠡的，是另一个层面上的圣贤，只不过他消失得不够彻底，留下来的计然策，也遗失严重。

愚者文种死了，退隐的范蠡，被称作商圣。

春秋，即将成为历史。诸侯的獠牙正在疯长，漫长的夏夜也进入了燥热的后半段。

6年后，三家分晋。

100年后，伯约又来到了楚国的都城。

因为，对于葬礼这样的事情，伯约从不缺席。上一次是吴国入楚的时候，一个叫申包胥的人力图证明，楚国还值得保留，于是伯约只好收起悼词，换上赞礼：

伍子雄毅，申志吴庭。报家破国，长啸覆军。悬目阖闾，望越寇侵。

申子忠克，泣血求秦。匡正江汉，家国是靖。千秋二烈，英风凛凛。

而这一次不同，这一次本是为了庆祝楚国的胜利，最终却成为一个伟人的终曲。

这是前381年的冬季，江汉落雪，木叶凋零。

9年前，前无古人的史学家、不孝子、无良丈夫、儒门逆徒、兵家、法家和名将吴起告别了自己苦心经营的西河阵地。

离别的路上，他一反常态，一路回望，落泪数行。

那一天，伯约这样问他：将军心怀天下，心如铁石，区区西河，何足介意？

伯约记得，吴起这样说，子不知。

吴起说，西河之地（陕北和关中）足以王天下。君王不知我，我离职后，秦人必夺河西，而魏国将从此衰败。

吴起离开西河之后，秦复寇阴晋。在秦人仿佛不知疲倦的东征浪潮中，魏国最终屈服。

吴起入楚的前一年，魏国大败楚军，而现在，魏国的军神却成为楚国重臣。

这之后，变法的风暴终于开始。陈旧而美丽的一切，都将在风暴中死去。

9 年后的这一年，秋季。吴起率军北上，痛击魏国，饮马黄河。

除了对时间无能为力，吴起似乎无所不能。

这本是凯旋的时刻，而楚王却在此刻去世。

就像百年前那样，葬礼会变成复活的欢宴，而这一年，欢宴，也会变成葬礼。

在吴起本队到达的前一天，伯约离开了郢都。

他闻到了自己最熟悉的那种气息，也看到了天空中的饕餮。

吴起在朝中唯一的支持者，此刻正陈尸于庙堂。

这是对战友和君主的送别，一日之后，吴起会到达现场，追溯君臣之义，也寄托自己的哀思。

除了吴起的仆从，伯约还有另外的身份和使命。

因为，对于墨家来说，吴起是一个恐怖的存在。

他正在改变游戏规则，也正在改变天下的命运。贵族式的礼仪战争模式在吴起的总体战面前不堪一击，世袭的武士从来都不是渴望功名的平民的对手。世袭武士的眼中，对手是值得尊重的同类，而在希望斩首立功的平民眼里，对手不过是成熟的麦穗，只等他们割取。

墨家能够看出来，纷争的时代即将过去，吴起，或者忠于吴起之法的其他人，会彻底打破分裂的格局。温情脉脉的对弈，让位于举国争雄的血腥。

伯约认为，墨家应该做好准备。

伯约说，那些坚持要维持列国格局的墨者要站出来，把吴起的变法扼杀在摇篮里。

伯约说，至于我们这些认为大势已定的其他人，会冷静地观察你们的努力和结局。你们去争取维持现状，而我们去思考，如果惨烈的兼并战争不可避免，墨家如何存续。你们认为，非攻是一个原则性的手段，目的是为了保持目前的格局。我们认为，非攻也可以是一个终极目标——大一统的诸夏之间不会有战争，而墨家必须在这一天到来的时候和以后，也继续存在。

判断是非的标尺是，你们对楚国政治干预的结果——楚国是现存大国中贵戚力量最为强大的古董，而如果你们在这里也面临失败，就不要指望能够在秦晋齐越取得成功，相反，你们必须要承认我们的判断。

伯约说，为了让这样的决策变得公平，我们会全力支持你们对楚国的干涉。

伯约没有说，他已经知道，对楚国的干涉不会成功。

好在清醒的并不只是伯约，还有当时的墨家巨子孟胜。

当伯约离开郢都，进入阳城时，孟胜就已经读懂了伯约的眼神——是的，那个时候，伯约并不言语，只是沉默地观察着孟胜的表情。

身为墨家最智慧的人，他果然不同凡响。

这场较量在尚未开始的时候，就已经分出了胜负。

但是，伯约也知道，孟胜会拒绝离开，留在阳城等死。

他已经把宝压在楚国的宗室大臣这边，他必须为此负责。

墨者，约也，信也，义也。这是一个跨国同盟保持强大的根源。

而法家则相反，法家注定孤独，也注定艰难。

法家之难，在于必须合法地杀人。

更难的，在于选择最合适的法令。

从这个意义上说，吴起的选择，并不亚于孟胜。

道不同，但殉道之义同。

大雪之中，吴起走进了宫门。

他看到了阴影，并且对着阴影微笑。

他距离楚悼王的尸体有点近，他低下头，看着楚悼王的鼻梁。

他听到机簧的摩擦声，这声音非常熟悉，那正是伯约送给他的一种弩机。这种弩机射速极快，当时楚国的工匠还无法仿制。

他抬起头，转过身，看到廊柱背后的熟悉面孔——9年以来，他一直憎恨这些人，而现在，他终于找到了合法清洗他们的理由，代价是自己的生命。

那一瞬间，飞箭如雨，吴起长笑一声，趴倒在楚王的尸体上，他和楚王被箭雨迅速覆盖，鲜血流在一起。

这是吴起的葬礼，发生在他立下殊勋、饮马中原的同一年。

那是他 72 场战争的最后一战，也是 54 场胜利中最辉煌的一次。难度和快感，都远远超过蹂躏秦国的车兵。魏军是他一手调教出来的，但是他又在 9 年后亲手痛击了自己不长进的学生。他一直在因地制宜，保持变通，而失去了他的魏国则不能。

这是吴起的葬礼，他被万箭穿心，然后车裂。

他没有悼词，也不需要悼词。

他的一生，就是为老朽和陈旧不断报丧的一生，对于自己的结局和评价他早就心知肚明。

他的事迹不载于楚世家，他的功勋被楚人彻底抹去。

楚人接受了吴起的恩泽，也彻底遗忘了他。

对于一个法家和兵家，这都是完美的结局。

甚至对于一个儒家来说，这也是不错的结局，这叫杀身成仁——虽然吴起并不喜欢自己的儒门出身。

我们不能用圣贤来形容吴起，圣贤都是爱惜羽毛和注重声誉的，但是吴起不是。

我们也不能用英雄来形容吴起，他没有私敌，也没有对特定国家和个人的爱憎。

相反，适合他的词汇是：巨人。

一个伟大的人物，也必然有着伟大的死亡。他的史学，兵法，战例，法令，从这一刻起，开始塑造未来的 150 年，他可以毫不惭愧地说，自己就是那个推动时代的人，这是沉默的信仰，不需要别人听见。

西元前 381 年的冬季，墨家的巨子和法家的巨人，在相隔不长的时间里死去。

楚法，加兵王尸者族。

把封地托付给孟胜的阳城君，就在这场大清洗的名单里——执法的是已经死去的吴起，无辜却要殉难的，是孟胜和墨家的子弟。

是的，伯约和吴起都知道这样的结局。

悼王既葬，太子立，乃使令尹尽诛射吴起而并中王尸者。坐射起而夷宗死者七十余家。

——《史记·孙子吴起列传》

荆王薨，群臣攻吴起，兵于丧所，阳城君与焉。荆罪之，阳城君走。荆收其国。孟胜曰："受人之国，与之有符。今不见符，而力不能禁，不能死，不可。"其弟子徐弱谏孟胜曰："死而有益阳城君，死之可矣；无益也，而绝墨者于世，不可。"孟胜曰："不然。吾于阳城君也，非师则友也，非友则臣也。不死，自今以来，求严师必不于墨者矣，求贤友必不于墨者矣，求良臣必不于墨者矣。死之，所以行墨者之义而继其业者也。我将属钜子于宋之田襄子。田襄子，贤者也，何患墨者之绝世也？"徐弱曰："若夫子之言，弱请先死以除路。"还殁头前于孟胜。因使二人传钜子于田襄子。孟胜死，弟子死之者百八十。三人以致令于田襄子，欲反死孟胜于荆，田襄子止之曰："孟子已传钜子于我矣，当听。"遂反死之。

——《吕氏春秋·离俗》

这是有质量的牺牲，华夏民族的神灵在这一刻饱饮了圣贤、巨人和志士的鲜血，他们挣扎着苏醒，惊起人间的雷霆。

一部华夏民族的战国史，就从这里开始加速运转。

伯约说，这是第二篇悼词，写给我们的春秋时代。那是狡诈和鲁直并存的夏夜，中国的绝大部分姓氏正从那个时代发源。

## 第三节　血　祭

伯约说，吴起死后，墨家决意入秦。

其后，有秦献公时的石门大捷，颓废百年的秦国终于恢复东进。

后来，秦孝公、商鞅变法，尽夺河西地，吴起的遗言，成为准确的洞见。

再后来，苏秦死间齐国，引发秦国参与的合纵攻齐，横行一时的东方霸主，至此一蹶不振。

再后来，白起获左庶长爵。一直在齐国和秦国之间玩弄平衡的韩魏，终于迎来了自己的末日。

秦昭襄王二十八年，西元前 280 年，巨人吴起被楚人射杀后的第 101 年，白起攻克楚国郢都，南方的霸主被秦国彻底击倒。

这世界，就总是这样。先行者怠惰，后来者居上。

秦昭襄王四十五年，秦国攻克韩国野王，夺取河内，韩国夺气。

次年，伯约来到长平。

赵人雄烈，秦人威重。伯益的两支子孙，将在这里发生必然的碰撞，而生者将完成禹王未尽的帝业。

上党的春天很冷，空气中弥漫着咸涩的土腥味。在这个叫做长平的赌桌上，已经堆满了筹码。秦昭襄王和赵孝成王的袖子里，都藏着各自的王牌，当然，谁也不肯第一个亮牌。

对峙持续了很久，赵国开始缺粮。

而且伯约知道，其他的五国，都在等待秦赵彼此撕咬，并最终同归于尽的消息。

他们的等待不无价值——赵国，会先亮王牌，秦国会随后跟牌，五国的纵横家都保持着冰冷的沉默，他们促成了这次流血，他们乐见其成。

暴烈的赵人选择了轻锐果躁的年轻人，威重的秦国则祭出了他们的军神——两个国家的气质，凝练成两个人的眼神。

这之后，赵军毕其全力，雷霆一击。

再之后，秦军在狭窄的谷地和群山中，向赵军行军路线的中部和背后插入两支奇兵。

两个对峙了许久的巨人，终于轰然碰撞，天下，至此弹冠相庆。

再之后，赵军被困 46 日，断粮、暴烈的赵人仍然在组织最后的冲锋，直到主将战死。

没有人知道，赵人是怎样在断粮的情况下仍然保持着战斗力，他们是古典时代的英雄群像，也是不朽的剑客和游侠。

更没有人知道，兵力并不特别占优的秦军是怎样抵抗着赵军不知疲倦的反扑，并最终铸成奇功，他们是古典时代完美的军人，体现了至高的纪律、意志和智慧。

赵军阵亡以及死于杀降者 40 万，秦军伤亡过半，249 个赵军的少年，被白起放回邯郸——总有人要带去死神的消息，并让赵人举国丧胆。

伯约没有亲眼目睹少年们回国的场面，他只是听说，那一天的邯郸全城缟素，复仇的战歌摇撼着枯萎的荒原。

同时，纵横家的唇舌迟滞了秦国的战车，苏代离开了应侯的府邸，他的脸上挂着复杂的笑意。

随后，距离邯郸咫尺之遥的秦军撤退。

再后来，懊恼的秦王决心恢复进兵，但是时机已经一笑而过。邯郸城下的秦国大军，在联军的反攻之下瓦解。战国四公子中的三个，在这里向过往的贵族时代做了最后的致意和告别——那正是属于魏公子无忌的辉煌胜利，但那也只是属于他一个人的辉煌胜利。就如白起的长平一样，信陵君的邯郸也是他毕生攀登并且攀登成功的高峰，而山顶四望，却只有深谷的轰鸣。

再后来，秦昭襄王赐死白起，白起死前他看到两军的亡魂，他果决地自尽。

伯约说，白起一生无憾。他在向君王表示抗命的演说中讲到了自己过往的一系列胜利，以及这些胜利在他眼中的平淡无奇，他毫不留情地指出了二次出兵的仓促和不理智，并拒绝为这种愚蠢的决策效命，君主的荣辱并不是这位将军所考虑的因素，他的遗言在当时和千年之后都掷地有声——起宁死于刑诛，不能为辱军之将。

有时候，遗言比誓词更加容易永恒。

促成这次大败的应侯和推举过他的王稽，很快遭到追责、审判和诛杀。在讲究功勋和荣誉的秦国，这是另一种人的结局。

伯约说，在战国时代的迟暮之年，巨大的漩涡，吸引着华夏的精英为一个不确定的未来殉葬，六国必将灭亡，而大秦也不能幸免——这是又一个立春之纪到来前夕的血祭，推动者和抵抗者都必须为之流血和捐躯，直到自己和敌人都表示满意，长平之战以及之后的邯郸之战已经决定了天下的命运，新时代的雄烈豪壮和旧时代的优雅悲悯在长平的断崖和邯郸的城下碰出血花，这是不亚于莱比锡会战的巅峰时刻，天下的裂痕必须用血肉弥合。

西元 1944 年，伯约又一次留宿长平，那一夜的荒原上鬼哭神嚎，杀声四起。

听父老说，长平的每一块石头里，都驻守着一个永不退伍的阴兵。

## 第四节 伯 约

伯约说，烈烈先秦，巍巍秦汉，这是又一个周期。

伯约说，有时候活得久了，会淡漠身为人的本性，觉得自己像一个神。觉得万物和人类，像蝼蚁一样在脚下生灭，觉得帝国如同草木衰荣，王朝不过沙丘城堡，觉得除了自己，世界上渺无一物，甚至，觉得自己从未真正活过。

伯约有时候会这样辩解，他说，他早在意识到自己永生的时候，就明晓了自己的天命。他不是作为一个人类而存在，而是作为一个文明的记录者而存在。在这个文明漫长的寿命中，帝国和英雄的一生如同朝露，所以，他必须无情，他必须没有朋友也没有亲人。他自认为自己的生命是独一无二的，即使是和那些最伟大的帝王和将相相比也是独一无二的，只有他的人生诠释了永恒和这个文明本质上的荣光，再伟大的功业比不过从不间断的点滴笔墨和依依汗青。

后来伯约才知道，这样的想法有多么的无知。他也许已经了解世界，但却一点也不了解自己。

虽然永生，但他仍然是一个人，他具有人类的感情，虽然自己不愿意承认。

他在回避自己本来就具有的情感起伏，以及漫长的寿命必将承担的失去和痛惜。然而，在没有真正经历过情绪上的剧烈波动时，说自己就能够保持残酷和冷静，不过是一种幼稚——他是习惯于用意志力去压抑感情的、沉溺于自己历史使命的那种人，从他永生的那一刻起，他看到脚下的民族和文明缓慢地发展和强盛，赞美他们在洪水滔天时体现出来的全部美德，而这样的美德也让他坚信所谓的历史轮回不过是夏商周一样的王朝更迭，腐朽的那一个，会在短暂的时间为新的王者所取代，黑暗的时代并不漫长，即使是西周末年那种黯哑而沉闷的空气，也没有让他满怀希望的预言窒息而死——随后到来的大分裂时代是华夏文明的高峰，数不清的美人、哲人、刺客、游侠在战国的土地上绽放和凋谢，伯约坚信这样的竞争和争鸣是无以伦比的，它持续的时间越长，所孕育的下一个时代也就越伟大。

伯约再一次如愿。

秦汉帝国是巍峨的群山。春秋战国时代的百川奔流汇入这条叫做秦汉的大河，那是艰苦的扩张，也是卓绝的和平，用一句足以让自己麻醉的话讲，从那一刻起，我们被世界叫做china，而汉的威名也必将垂及时间标尺的前端，只要时间这条射线仍在延伸，这个名字就永不湮灭。

这样的时代也会有终结么？伯约问自己。

答案是，必然终结。历史是优雅而对称的，为了数学上的美感，个人的唏嘘又何足介意？秦帝国的王族是最后一个上古三代的古老家族，这注定了他无法承担自己开创的未来，未来属于平民，属于能够唱出“大风歌”的亭长，汉帝国的晨曦开启于汉水之滨，那曾是萧何的稳健和韩信的奇谋，出于对称的考虑，汉帝国的落日也必然会在汉水之滨，那将是武侯的忠烈和伯约的狂想。

我能够像一个神一样淡漠地面对这一切，并把这一切都如实地记录下来么？

答案是：必然不能。

不在秦汉帝国的鼎盛时代纵情欢喜，当晚霞绮丽之时，才发现已经失去了欢喜的最好时机。压抑着的欣赏和赞誉，在此刻都变成无尽的哀鸣。看破命运的人必然要接受命运的诅咒，这诅咒就是看破本身。永生在某些情况下未必是一种祝福，持续性的价值中立和秉笔直书带来精神和身体上的双重疲惫，而如果一旦要用释放情感来进行精神上的放松，那么也就必然要面对这残酷的事实。当伯约用最精美的词汇描述了秦汉时代的强盛与和平，面对这个时代即将到来的终结，他的笔触又怎能波澜不惊？秦汉帝国的死亡方式注定不会像殷商那样，这个过程充满了一个伟大时代应有的全部惨烈和不甘，无法达成的梦想，失之交臂的胜利，功败垂成的征伐，烈士暮年的悲慨——西汉建立的前奏，是刘邦在项羽墓地上和回归沛县时的悲喜，群雄皆灭，苍凉大风；随后是汉朝持续200年的扩张战争，这场战争在东汉窦固、燕然、勒功后才算暂时终结，汉字的使用区扩散到长城以外，汉式的方城如同铁钉一样出现在广袤的关外土地上，然而很快，大提琴奏起悱恻的终曲，低沉的回转中正孕育着黄巾的风暴，而这场风暴的平息不过是下一个流血时代的前奏而已——三国。

三国，这两个字将成为所有中国男人的共同记忆，同时，也是伯约漫长一生中少有的冲动岁月和难忘印记，他的名字就来自这个时代，并且被他自己铭记至今。三国之前，他是淡漠而冷峻的观察者，而三国之后，他只是伯约。

中平六年，夏四月，洛阳。伯约在太学辅修《汉纪》。

这一年，黄巾起义已经平定，而东汉也即将灭亡。虽然汉朝的军队仍然在 4 个方向都所向无敌，但是帝国的中枢神经却已经麻痹，如果把洛阳比作是大脑的话，现在，宦官、刚刚病逝的皇帝和试图摄政的太后组成了左脑，士人与事实上摄政的大将军组成了右脑，问题是，左右脑注定要势不两立。

伯约说，很快，他们就会同归于尽——在汉帝国的迟暮之年，伯约是唯一沉溺在太学中的人物，在他修订《汉纪》的这些年，各地的叛乱和边患正被强悍的军人所平定，当汉朝的大脑趋于瘫痪，这些军人迟早会变成新的暴风骤雨，许多年后，誓死不降的王夫之在他的《读通鉴论》中骄傲地写到：

国恒以弱丧，而汉以强亡！

羌乱已平，凉州的军队已经在路上了。很快，何进被刺，失控的军人开始在城墙内外杀戮，太学的庭院被没有胡须的倒霉蛋当成了最后的避风港，然而袁绍的私兵很快就追到了这里。楼下变成了屠场，有几个还是伯约的熟人，听到熟悉的腔调和陌生的哀嚎，伯约攥紧竹简，也仅仅能够攥紧竹简。

窦武，陈藩，你们终于赢了。

汉独以强亡，但这毕竟还是灭亡。

修史的工作就让给其他人去干吧。伯约知道，他是做不到的。

一个永生的凡人，毕竟还是凡人。他不能创造，也不能毁灭。

董卓进京的那一天，伯约做了一个决定。这决定与自己观察者的使命全然不符，但许多年后审视自己的这个决定时伯约仍然充满快意——在秦汉时代的迟暮之年，伯约是唯一了解未来的人物，《洪荒六书》中的训诫撕扯着他的心，汉帝国武力的强盛和他的寿终正寝没有关系，在董卓废立的间隙，伯约曾近距离地观察过那个叫做刘协的年轻人，他瘦弱的肩膀将承担两汉 400 年的最后荣耀和最后哀痛——后来他被曹魏追谥为献，又被蜀汉追谥为憖，在他为自己的帝国和宗族送丧的那些年里，他仍然竭尽全力地维持着局面，而在他禅位之后，虽然他的曹氏皇后公开表达了对曹丕篡位的不满，他只是安静地退回封国行医，直到现在，山阳还保存着一些独特的风俗，这正是一个堪称卓越的亡国之君在华夏世界留下的遗迹。

娲皇说，这立秋之纪，起于“内省”，那是汉光武帝得国之后的柔和，终于“僵化”，那是士人、外戚和皇权最终形成的死结。未来的一个时代被娲皇称作“秋分之纪”，这纪元起于“思辨”，这是黄巾起义的开始，终于“分歧”，这是诸侯分裂的结局。在知晓汉朝结局的晚上，伯约对董卓的命运感到不安，西凉的军人绝不是士人的对手，而新生的士人却只是败事有余，真正能够稳定北方的人应介于两者之间，他有卑微的出身，却接受了士人的教养，他有饱受歧视的童年，也有年少知名的好运，这样的思绪会让伯约想起不久之前见到的两个人——在汉灵帝即将去世的那一年，年轻的校尉曹操和同样年轻的别部司马刘备初次相逢在洛阳的夕照里，能够稳定天下的两种力量正好出现在这两个人身上：属于曹操的那一半是黑色的，那是韩非的酷烈，张良的狡诈，韩信的奇诡，吴起的雄心，而属于刘备的另外一半是白色的，那是信陵君的义气，萧何的温厚，刘邦的旷达，周勃的寡言，当他们聚在一起的时候，会形成帝国复兴的幻象，然而很快他们就天各一方，把这个幻象撕得粉碎，并提师十万，相逢于这个民族的战场。

如果曹刘是一个人，那么天下不足定。问题是，他们是两个人，而历史的幽默，也莫过于此。

一家二贵，事乃无功。

欲为兄弟，愈见仇雠。

当曹刘站在历史的两极，并在两极之间形成了巨大的漩涡时，他们中间的位置，属于毛色鲜亮的祭品。曹操和刘备是属于责任感过剩的少数人，而对于大多数人来说，帝国的复兴已经没有意义了，只是秦汉时代的力量和美感仍然在帝国的迟暮之年俘获了他们的心，他们并不关心未来，相反，倒是关心如何终结而已。在曹操和刘备试图重建秩序的征途中，他们最欣赏的人往往会带给他们最为痛心的离别和死亡，枭雄仍然在向一个没有希望的终点奔跑，而其他的人，他们的舞台和坟墓就在脚下——殁于乱世，不求太平。

其实曹操早年也是这样想的，他自撰的墓志铭是“汉征西将军曹侯之墓”，但是毕竟有人要扛起天下的哀怨，很不幸，这个人就是他自己。

相比曹操，他的属下幸运得多，在伯约积极准备入世的那些年，他为这些年轻人的死亡感到痛惜和恐惧——帝国的精英就这样百无顾忌地把生命浪费在内部的争夺中，虽然这种死亡充满美感，但这美感对天下无益——是的，这是只属于亡者自己的美学，在魏晋风流尚未弥漫的时代，就已经有人看破了结局，于是他们毫无顾忌地死去，如同秋夜的流萤。伯约还不肯死，一则是自己还保留着史官的使命感，二则是他还没有到用生命去为这个时代划上句号的那一刻——当死的时候必然要死，不当死的时候要不择手段地生存。

唯一确定和无人争夺的是，写悼词的权利属于伯约，而乱世中的其他人都无暇顾及。

于是有田畴北奔，美人自顾。

田畴的前半生是短暂的安宁，他沐浴着刘虞和刘备的光辉，做昂扬向上的男儿。他的后半生是漫长的守节，他在刚刚步入仕途的时候，刘虞的死亡终结了他继续成长的能力。于是在帝国已经失去边防的北方，做没有主人的孤臣。在胡人咄咄逼人的战阵里，做汉帝国垂死而闪亮的刀锋。在袁绍的虚情假意里做沉默寡言的烈女，在曹操百思不得其解的反复册封和反复的册封失败中，做宁折不弯的贞妇——从某种意义上他比大多数人活得都更好，但从另一种意义上说他却从未活过。

于是有孙郎早逝，猛虎歧途。

孙策一生，与江东的温婉格格不入，与江东的苟且同样格格不入，他毕生梦想着回到争雄的北方，重温父亲的战场，却在 26 岁的北进中猝然亡故。他曾在死前对孙权说，决胜疆场，你不如我，安定江东，我不如你。又从容对张昭说，弟不能辅，君可自取。只是不知这些话里，是讽刺多于遗憾，还是欣慰多于怀疑？百日痛苦，奔丧的周郎犹未到，南下的陈登马蹄急，阳光少年，就此永远年轻。

于是有元龙扼腕，放肆江湖。

才华和命运都是伤人的，陈登的一生，才华横溢，也止于才华横溢。引曹灭吕，是智谋百出，痛击江东，是军威万里，品评天下独服玄德，是才华的百无顾忌和最后致意，在有志图王的 39 岁突然病亡，是才华的伤痕和宿命。元龙的早亡总是能够触发后来者的无穷叹息，许多年后的刘备在刘表的欢宴上仍然对这位烈志不申的故交作了高度评价，在自己尚未失败的年月死去未必不是一个美好结局。

于是有奉孝出塞，矢志如初。

孙策遇刺后不久，郭嘉曾经在给荀彧的信件中叹息过南方的瘟疫和自己千疮百孔的身体。此后的郭嘉则愈发不怜惜自己脆弱的生命，出塞击胡是他和曹操两个人的狂欢，在喧嚣尘上的反对声中，他们饱含着出塞的荣耀和疯狂远涉绝域，在乌桓和袁氏残余毫无防备的时候出演了一场彪炳史册的奇袭，这是天才最后的智力燃烧，他也在这绚丽的焰火中化为灰烬。郭嘉的死，对于曹操有着特别的含义，在这条同行者寥寥无几的道路上，郭嘉是为数不多能够和曹操交心的人物，但是他仍然要义无反顾地离去，哀哉奉孝，也哀哉孟德，此后的道路，就只剩下自己。

他们速朽的青春组成这浩大而奢侈的祭典，这祭典的前半截充满了秦汉雄风的回光返照，曹操和刘备分别以高祖和光武自诩，面对着帝国坍塌的时代，他们并未彻底丧失希望，而是催动着战马在霸王的大陆上冒险，北方一统的幻觉让曹操看到了振兴的可能，赤壁之后的顺利让刘备坚定着复兴的信心，然而很快他们就会发现，这短暂的胜利不过是一个美丽的错误，这之后的悼词，要用他们的血来写。

伯约说，他看到曹操和刘备一面念着离别曲，一面在死路上继续前进。

青梅曾煮酒，赤壁鏖战急。许多年后，迟暮的英雄曹操和同样迟暮的英雄刘备相逢在汉中的战场上，那一刻的历史被秦汉帝国的落日突然照亮，满眼却只有苍山如血。终曹操一生，他既没有能够一统天下，也没有能够扼杀刘备，建安二十三年的春天在两个人的沉默对峙中变得愈发寒冷，迟暮之年的曹操缺乏继承者，也不信任任何人，他在早应该退休的年纪悲壮出征，去迎接最后的战斗和品尝最后的利箭。而对于刘备来说，赤壁之战之后的一系列胜利让他的复兴成为可能，这条路上已经铺满了庞统的鲜血，并且即将留下法正的鲜血，他不能停步而只能继续向前——如果曹操不能消灭刘备，则持久的分裂会成为未来，他所捍卫和珍视的所有东西都将付与流水，而如果刘备在此刻失败，那么从隆中对开始的一系列漫长策划，面对的都只有时光洪流的嘲笑和征伐。

伯约说，如果想要改变历史，这是唯一的机会，周瑜和鲁肃都已经去世，而同样在迟暮之年的关羽正在暴风骤雨中策划积蓄 7 年的北伐，那起自黄巾起义的整整一代人，此刻都面临着最后的审判——平庸还是死亡？这是一个问题。

建安二十三年，一月，伯约煽动洛阳叛乱成功，入宛城，派遣随员，与田豫会面。

大道日丧，若为雄才。

夏四月，乌桓叛乱，曹彰出塞。九月，曹操到长安，与刘备相拒。

适苦欲死，招憩不来。

冬十月，宛城叛乱。关羽将北伐。

大风卷水，林木为摧。

二十四年，春正月，曹仁屠宛，伯约出城入鄴。同月，黄忠斩夏侯渊。五月，曹操退兵，刘备全取汉中，双雄之间的恩怨就此落幕，他们争斗了一辈子，却谁也没有战胜谁，死亡必将充满遗憾，但这总好过碌碌一生。

壮士拂剑，浩然弥哀。

七月，刘备称王，关羽水淹七军，威震华夏。

萧萧落叶，漏雨苍苔。

建安二十五年，春正月，关羽传首洛阳，魏王曹操薨。

百岁如流，富贵冷灰。

刚刚过去的这一年是汉末英雄的最后挣扎，那是《隆中对》中危险的赌博，定军山上卓越的突击，襄阳城下力竭的雄狮，张飞帐下苏醒的刺客——诸葛亮的雄才伟略被麋芳的倒戈轻松瓦解。在这场决定天下命运的战争中，所有人都赌上了自己的一切，东汉的残余势力在战场后方全力一搏，蜀汉在接近胜利的十月，经历了惨烈的理想崩塌。曹操在去世前的这一年肆行诛杀，彻底坐实了汉贼的罪名——而真正左右了这个时代并要为英雄时代划上句号的那个人，此刻正刚刚登场，他倒退着走入舞台，隐藏着决绝和凶心——

关羽威震华夏，丞相军司马司马懿言于操曰：“于禁等为水所没，非战攻之失，于国家大计未足有损。刘备、孙权，外亲内疏，关羽得志，权必不愿也。可遣人劝权蹑其后，许割江南以封权，则樊围自解。”操从之。——

只有对过往岁月不抱有任何感情的人，才能在这关键的时刻看清时局，明智的判断胜过百万雄兵。

仲达，你终于登场了，在英雄们要谢幕的时候。

这是整整一代人的悼词，这悼词章句艳烂，简短的谏言将掀起惊天的连锁反应，这批人的全部努力就这样化为灰烬，40年争雄战争中硕果仅存的一代人将在不久的将来快速凋谢，他们是法正，夏侯渊，黄忠，关羽，张飞，刘备，曹操，庞德，刘封，吕蒙，于禁，以及湮灭于史册上的其他人。

结束了，伯约说，这历史果然是用血写的，黑色的墨迹不过是鲜血褪色的结果。

这之后的故事，燃烧自己并不是为了照亮这个时代，而是为了照亮下一个时代，以及之后的所有未来。

是的，结束了。这是末路英雄的狂欢，他们由于不愿意去面对那个恐怖的结局，而选择了惨烈的死亡，而活下来的人，则只好继续登场，司马懿、孙权和诸葛亮是下一代人，而钟会和伯约，则是最后一代人。

关羽败亡的同月，伯约回到凉州，成功盗取身份，并继承了他“父亲”的政治遗产。

8年后，蜀汉建兴六年春，诸葛亮一出祁山，伯约率郡县随员降汉，关中响震。

建兴十二年秋，星落五丈原，最后一任汉相诸葛亮病逝。命运之轮轰然转动，对于这个为理想奋斗了一生的人，后来有人这样评价：三代下一人。

同年，伯约任右监军，封侯。他即将坚持到最后，并为所有人送终，这是永生者的诅咒，也是永生者的荣誉。

延熙十二年，西元249年，司马师清算曹魏势力，右将军夏侯霸奔汉，和伯约谈及钟会。同年，伯约遣使入洛，带去一封信。

延熙十三年，西元250年，卫将军伯约攻西平郡，虏西平太守郭循，陈寿随行。对于陈寿来说，他执着于从父亲留下的只言片语和档案中的记录里寻找家父受惩罚的原因和马谡的命运，而对于伯约来说，痛苦的是不得不一边看着陈寿孜孜不倦地推演，一边装作毫不知情。

郭循被俘后回到成都，很快赢得了君主和文武重臣的青睐，他被封为左将军。

延熙十六年，春，汉左将军郭循刺杀汉大将军费祎。

同年夏，卫将军姜维率军数万北伐。

延熙十八年，姜维大破魏雍州刺史王经。次年，升大将军，阴使陈寿销毁相关档案——作为交换和报答，伯约告诉了陈寿街亭战役的真相——那是令人战栗的摇篮曲，只适合后人在午夜静听。

蜀汉景曜六年，西元 263 年，钟会入蜀，与姜维战于剑阁，不利。对于伯约来说，他在这个时代的使命已经接近完成，他为这个时代站完了最后一班岗，现在他已经百无禁忌。而伯约在三国的故事，也就接近了那个他早就策划好的，轰动天下的结局——

剑阁的风很冷，几案上的地图写满了关中和中原的地名。钟会滑腻的目光从瞳仁里滴落下来，在墨迹上慢慢晕开。姜维“投降”，一切顺遂，安详的下午一直持续到贵客步入帐内的瞬间——深衣的摩擦声让钟会缓慢抬头，神交已久的客人正对着自己微笑。在伯约洞悉一切的笑容面前，钟会突然觉得有些口干——这是他企慕已久的时刻，而当这时刻终于来临时，他却感觉到莫名的荒诞和不自然。他沉吟良久，终于轻启朱唇，佻巧的嗓音营造出年少初逢的幻境：

你好吗，伯约。

第 **5** 章

# 伯约的民国手稿修订（2）：竹简、军功爵制和秦汉时代的经济结构

## 引 言

当伯约用一个理论框架将华夏民族的命运和未来统一在一起时，接下来的工作无疑是在真实的历史条件下验证这个理论的准确性。在燕京大学寂静的图书馆二层，伯约会想起自己亲身经历过的——刚烈激越的战国时代和秦汉帝国，记叙文体下的起因、高潮和结局被理论框架约束成冰冷的逻辑链条。大秦必然短暂，而西汉必然漫长，三国必然壮烈，而西晋必然荒诞。是的，在常识和逻辑面前，伯约看不到一丝宏观事件的偶然性。

要是这个理论的解释力不这么强就好了——这是伯约的祈祷，也是伯约的挣扎。

要是我们没有发现这个理论就好了——这是伯约的幼稚，也是伯约的悲悯。

本章精确地再现了西周到三国的中国历史大事件以及这些大事件发生的必然性。冷酷的娲皇，或者说冷酷的历史规律将英雄史诗变成了无可挽回的悲剧。当然，这悲剧值得回味，特别是伯约最终发现，历史对悲剧中的每一个人都做了公正审判的时候，他会由衷地这样感觉。许多年后，永生的伯约在整理手稿时仍然会为那些成为永恒的名字感到震慑和颤抖，他用力写下的

文字正是历史对每一个死者的判决，这判决既是嘲讽，又是致意——是的，历史会用残酷的后果向每一个人领首致意，他向魏武帝、兵家、汉相和汉贼曹操致意，他向游侠、伪君子、忠厚长者、汉昭烈帝刘备致意，他向小霸王、屠夫、阴郁歌者和阳光少年孙策致意，他向狂士、雄辩家、伟人、武侯诸葛亮致意，他向儒生、阴谋家、统帅和政变者司马懿致意。同时，他也向伯约致意。

## 第一节　镐京风暴：迟暮的西周政治和剧变的西周社会

我们将在这一章回顾西周的灭亡，波澜壮阔的春秋战国时代，以及这种大分裂时期孕育的秦汉帝国，并在最后对三国时期的叙述中谈及秦汉帝国的衰亡和帝国最终的落日。在这风云变换的 1000 多年中，贵族分封制被粉碎，井田制被打破，能臣如雨猛将如云，哲学大师层出不穷，政治改革风起云涌，文化形态日新月异，迅猛的技术进步和思想解放确定了这一时期在中国历史上的地位。这正是属于华夏民族的盛大而雄心勃勃的青春——一段以征服、奋斗和事功为主线的华夏文明开拓史，以及华夏民族第一次扩张到地理上的极限之后发生的裂变、内战和纷争。我们将完整地再现华夏文明在第一历史周期中的政治演变，即华夏文明从漫长的分裂走向稳健的统一，并从繁荣的顶端走向衰败的历史宿命。

**表 8**

| 历史阶段 | 阶段、周期特征 | 竹简周期 | 纸笔周期 | 印刷周期 | 电子信息周期 |
|---|---|---|---|---|---|
| 第一阶段 | 集权的枯朽 | 西周 | \ | — | — |
| 第二阶段 | 大分裂 | 东周列国 | — | — | — |
| 第三阶段 | 集权的初建 | 秦 | — | — | — |
| 第四阶段 | 群雄逐鹿 | 秦末混战 | — | — | — |
| 第五阶段 | 集权的鼎盛 | 西汉和新朝 | — | — | — |
| 第六阶段 | 大叛乱 | 新末混战 | — | — | — |
| 第七阶段 | 集权的中兴 | 东汉前期 | — | — | — |
| 第八阶段 | 集权的衰退 | 汉末三国 | — | — | — |

注：“ \ ”代表故事发生的时间段；“—”代表尚未发生的时间段。

历史的幕布拉开的时候，正是公元前842年。这一年，镐京政局波澜诡谲，国人暴动，周厉王出奔。

前841年，共和行政，是为共和元年，也是中国历史记录走出充满传奇和不确定性的三皇五帝和上古三代时期，进入确切纪年的第一年。之后，西周出现过短暂的复兴，但随即再一次进入周幽王执政的混乱阶段。前771年，犬戎入侵，周幽王败死。次年，即前770年，平王东迁九鼎于成周洛邑，天子失威，礼乐征伐自诸侯出，春秋时代拉开序幕。“平王立，东迁于雒邑，辟戎寇。平王之时，周室衰微，诸侯彊并弱，齐、楚、秦、晋始大，政由方伯。”太史公司马迁这样评价西周的灭亡和春秋时代的开始。

当然，任何一次中央权威的长期溃败以及随之而来的漫长分裂时代都不是突然出现的。虽然，我们已经在第一章选择了春秋战国时代作为叙述的开始，但不熟悉西周的开国史，我们就不会明白春秋以来风云变幻的列国争霸和学术争鸣。所以，即使在严格意义上，我们的模型开始于西周走向衰败的公元前841年，为了对之后的历史变化有个交代，简述前841年之前的西周发展史是有必要的。

## 西周开国

公元前十一世纪，周武王伐纣，并于牧野之战击败商军，从而消灭了商朝统治核心，而这一历史事件曾长期被学者们误读。大多数严谨的史家和学者，包括司马迁和孟子①，都将这一事件描述为周人吊民伐罪的正义战争。事实上，在《竹书纪年》② 出土以前，这些学者们可能仅仅只是全盘接受了周人的政治宣传。从考古发掘报告来看，周人和商人长期并存，并作为商人的附属国为商人征伐戎狄。商人为了防止周人强盛，也屡次调集其他诸侯削弱周人③，但周人仍然在这种遏制下壮大。武王伐纣时，商朝大军在征伐东

---

① 《孟子·尽心下》：尽信书，则不如无书。吾于《武成》取二三策而已矣。仁人无敌于天下。以至仁伐至不仁，而何其血之流杵也？

② 根据《晋书·卷五十一列传　第二十一·束皙》记载，在晋武帝太康二年，名叫不准（音 Fǒu Biāo）的汲郡人盗墓，得到墓冢的竹简数十车，皆以古文（比当时通用的文字还要古的战国文字，或说“蝌蚪文”，或说“古文”，或说“小篆”，不一而足）记载，史称“汲冢书”。其中有记载夏商周年间的史书十三篇，晋人初名之“纪年”（又称“汲冢纪年”）。

③ 许倬云：《西周史》，三联书店1994年版，第42～43页。

夷的战场未归①，纣王仓促赶回朝歌组织抵抗，却最终战死。东方的商军群龙无首，最终被周公一一消灭。武王去世后，商朝遗族勾结西周贵族发生叛乱，这次叛乱很快被摄政的周公平定②，周朝进入平稳发展时期。

## 经济体制的转型

周康王之世，西周分封进程进入高潮，诸姬姓贵族和姜姓贵族得到土地。分封从本质来说，仍然是社群自治的延续，不过西周的分封制度为地方自治套上了来自中央政府的束缚，即来自西周贵族的管理。

也就是说，同商朝相比，很多西周封国的中下层社会结构并未发生改变，但是出现了上层的——获得天子承认的管理者。可以看出，比起殷商松散的联盟制度，西周的封建制强化了国家的控制力③。

但是，西周所处的时代，比起商朝来说显得更加风雷激荡，稳定的生产环境带来技术进步和文化积累，在王室不能够控制的范围内，社会财富迅速增加。祖先的荣耀并不能保证后代的富贵，而采取新的生产方式致富却又让贵族们不屑④。所以，不可避免地，社会财富的分配开始向王室外倾斜，到周厉王执政的时候，这种情况变得严重。周厉王试图收回王室的权力和财富，但是遭到了人民的驱逐——导致了国人暴动事件。居住在首都镐京的人民因不堪周厉王的统治而发动了暴乱，周厉王狼狈逃走。从史书记载的周厉王罪状来看，周厉王希望获取社会的财富，并禁止臣民对其政策的诽谤。这些在后世看来并非不可理解的政府行为引发了首都民众的暴动，而本应该保护周厉王的暴力机关并没有起作用——这也许能够从一个侧面说明西周中后期悄悄发生的社会结构变化。周厉王逃走后，周朝进入长达 14 年的共和行政时期。14 年后，太子长大成人，执政者共伯和⑤归政于太子，也就是史上

---

① 《左传·昭公》：纣克东夷而殒其身。

② 即武庚之乱。

③ 许倬云：《西周史》，三联书店 1994 年版，第 142～146 页。

④ 许倬云：《西周史》，三联书店 1994 年版，第 309～311 页。

⑤ 共和行政有两种说法。传统史家采纳《史记》结论，即周公和召公联合执政，但《竹书纪年》提出执政者是一名叫做“和”的共国伯。《竹书纪年》的记载与《庄子》等战国文献较为符合，本书采用《竹书纪年》的说法。

的周宣王。等到他的儿子周幽王即位后，高层内斗日益激烈，最终出现了犬戎入侵毁灭镐京的事件，西周王朝自此灭亡。

### 西周的覆灭

在西周覆灭的过程中，有几个重要的节点需要去关注。

第一，周幽王与王后势力——也就是申国之间的矛盾不可调和。周幽王后来自姜姓申国，这位王后的父亲就是申国的国君申侯。周幽王宠信的却是另外一个女子，即来自褒国的褒姒。周幽王并不喜欢王后的儿子宜臼，而宠爱褒姒的儿子伯服。这种矛盾日益扩大的结果是发生了废后事件，即周幽王废除了申后的地位，也剥夺了太子宜臼的继承权。

第二，在西周末年的整个冲突中，王室从头到尾都处于极其不利的位置，这反映了当时王权的困境。在周幽王做出废太子的决定后，太子宜臼便投奔了自己的舅舅申侯，并在申侯的支持下称天王。周幽王率军队征讨申国，申国便联结诸戎同周幽王作战，周幽王战争失利，和他后来册立的太子伯服一同死于骊山。

第三，诸侯对王室的敬畏也随着周幽王的败死烟消云散，即使这种敬畏可能是停留在表面上的。在周幽王死后，虢公拥立了另一个王子余臣作为天子。这样，在周幽王死后的混乱中，中国出现了两个针锋相对的政治集团，一方是诸戎和姜姓国家拥立的宜臼，另一方是姬姓国家和秦国拥护的余臣。在讨价还价和收买分化中，拥护余臣的一派逐渐妥协，最终，晋文侯杀死了余臣，并同其他诸侯一起承认了宜臼的政治地位，而宜臼也就是历史上的周平王①。

在此期间还发生了一个重要事件，即周室对秦人诸侯国地位的确认。秦襄公护送周平王前往洛邑，周平王封秦襄公为诸侯，并把宗周地区已经被诸戎侵占的土地分封与秦。但是需要注意的一点是，当秦襄公获取诸侯地位并祭祀昊天上帝的时候，居然采用了高于少牢的级别②。这也从某个侧面说明

---

① 即二王并立事件。

② 《史记·秦本纪》：襄公于是始国，与诸侯通使聘享之礼，乃用骝驹、黄牛、羝羊各三，祠上帝西畤。

了这次盟约的实质（从秦公一号大墓出土的文物也显示出秦景公墓使用了不符合自己身份的墓葬级别）。

如果回顾一下我们在第一章提到过的周期内阶段分布，一个显著的结论出现了：西周末年的政治无序化，反映的正是第一章提出的理论框架中的第一阶段。经济的快速发展和经济结构的变化导致了社会财富分配的变化，新兴阶层出现了，庞大的国家陷入内部争吵，最高权力机构内部发生了严重的分裂，而王权此刻已经衰落不堪（这里指的是周幽王之死），外族则对已经摇摇欲坠的权力中枢造成了致命一击。甚至，在西周的案例中，外族的冲击完全是由西周王朝内部的一个诸侯引入的，而事实上不管是针对华夏族的诸侯，已经失去继承权的太子，还是一贯被视为蛮族的诸戎，周王室的衰弱和镐京的毁灭都符合他们的利益。这也从侧面说明，在中国的历史上，随着军事扩张的停滞，财富生产方式和信息传播媒介的质变，地方势力的崛起和王权的衰落，统治中心惨烈而迅猛的毁灭可能是历史的必然。

## 第二节　春秋战国：华夏文明的轴心时代

公元前 771 年，西周灭亡。次年，周平王在诸侯的护送下迁都洛邑。可以说，周平王取得王位的代价是惨重的，西周末年一连串的政治风波和军事政变让周天子威信扫地，而波澜壮阔的春秋战国时代则自此拉开了序幕。

春秋战国顾名思义，分为春秋和战国两个阶段。以公元前 475 年三家分晋为分界线，之前的春秋时代带有洛克体系的鲜明特点，其国家间关系类似威斯特伐利亚条约签订到一次世界大战之前的欧洲格局，以及雅尔塔体系之后的世界格局，周天子的国家间调解作用被快速崛起的诸侯国取代（自齐桓公开始，一次出现过齐国，晋国，秦国，楚国，宋国，吴国，越国 7 个霸权国，其中晋国和楚国是国际秩序的长期维护者），大国之间的实力均衡决定了战争与和平；之后的战国时代则是洛克体系的结束和霍布斯体系的开始，大国夹缝之间的小国（卫，鲁，中山，宋等）所剩无几，7 个硕果仅存的军事大国（齐、楚、秦、燕、魏、赵、韩）为了邦国存亡展开了全面战争，最终，崛起于华夏文明区边缘地带的秦国赢得了胜利。

在概览了整个春秋战国时期后，让我们首先关注春秋时代。

## 春秋时代

春秋时代是中国政治格局和社会生活进一步发生剧变的时期，因此，有一些标识性的事件是我们不得不重视的。

第一，值得注意的是大国政治格局的变化轨迹：郑国对周天子权威形成挑战，周天子被射伤肩膀，应战失败，威信进一步下滑。接着，齐国崛起，建立大国主导下的国家间秩序①。管仲和齐桓公去世后，齐国内乱，宋国为争夺霸权同楚国发生对峙②。之后晋国崛起，向西遏制秦国，向南遏制楚国，晋国和楚国之间爆发了三次争霸战争，互有胜负。晋楚平分霸权③后，吴国和越国依次崛起和衰弱，在此期间，秦楚内乱，晋齐权臣做大，四大国的政局也因此发生了根本性变化。

第二，经济上发生了进一步私有化的情况，贡赋制度名存实亡，是因为贡赋制度的所有制基础受到了冲击。究其原因，政府能够垂直控制的区域是非常有限的。大量闲置土地被自由民开垦，由于这些土地并非是被政府赐予民众的，贡赋制度也就无从谈起。可以说，任何一次社会形态的质变，都始于民众发现了稳定的不依赖政府的生产模式。以春秋时代为例，民众在政府无力干涉的区域开垦荒地，收获财富，并且将自己开垦的土地视为私有和可以买卖，当这种经济形成规模后，政府只能妥协和接受现实。因为接受现实的收益远远大于用暴力摧毁这种新的经济模式。公元前594年，鲁国实行初税亩，这标志着土地私有第一次被诸侯国政府承认和田税的实行（田税可以说是政府和新兴经济体妥协的产物）。由王室和公室赐予土地，并享受贡赋的时代正在逐渐过去。同时，在生产技术方面，春秋时代是各项技术大发展的时代，金属货币的流通促进了商业，冶炼、耕作、纺织和印染技术都得到了空前的发展。

第三，竹简的普及彻底终结了贵族对学术的垄断，学术机构开始下行，

---

① 即春秋时代第一个霸主齐桓公，他与管仲九合诸侯，匡正天下，驱逐戎狄，维持了华夏体系的秩序。

② 宋襄公为争夺霸权和楚国对峙，由于坚持贵族风度不击半渡之军，最终兵败身死。

③ 公元前579年和公元前546年，晋国和楚国举行和平谈判，平分霸权，形成一南一北两个军事集团。

私学出现了，华夏文明史上一些最伟大的人物也正在这个时期诞生：孔子，老子，孙子，以及之后不久会出现在战国早期的墨子，杨朱，列子，他们的存在让华夏民族的轴心时代星光灿烂。

如果对春秋时代做一个总结的话。

第一，任何社会模式的质变，都开始于民众发现了不依赖政府的生产方式。同时，新的生产模式必然带来新的生产关系，而新的生产关系是暴力机关和财富生产者进行妥协的产物。以春秋为例，就是贡赋制变成了税收制。众所周知，贡赋制的核心是贵族的血缘关系，国家以贵族同周王室的亲疏程度为标准决定收入的等级，而税收制度则直接取决于一国耕地面积的大小。显而易见，随着农业技术的进步和货币体系的发展，税收制度更加先进，而贡赋制则随着周王室的衰微慢慢消失。

第二，技术的进步和财富的积累相互促进，而对社会结构形成致命影响的是信息传播技术的革命。这意味着知识传播成本的大幅度降低，以及知识阶层（士）的迅速扩大。举例说明：占卜和术数已经无法由周王室的太史所垄断，相反，出现了很多独立的星象家和五行家。祭祀和礼法的知识被孔子传播开来，成为一个逝去时代的历史记忆——诸如此类，不胜枚举。竹简的出现，彻底打破了统治阶层对知识传播渠道的掌控，人本思想代替了对天地祖宗的盲目尊崇，理性主义开始萌芽和发展。中国社会第一次意识到了人的力量和自然规律的不可逆转，并开始赞美这种意识上的改变。大量特立独行的人物出现了，他们自成一派，著书立说，拒绝传统对自己的约束。当周王室日益冷清的时候，洛邑之外的那个世界却变得愈发吵闹和生气勃勃。

第三，就政治结构而言，春秋时代的历史体现出某种模式的普遍性——在某个特定的地理区域，最初，各个行政单位都服从于某个中央的权威，这种服从是对中央高贵血统和权力的一种承认。权力的运转依赖传统、礼仪和习俗，我们称这种模式为康德体系①，也就是韩非子说的，上古竞于道德②。随着生产力的发展和中央的守旧，中央的权威衰弱，崛起的强大诸侯国代替

① 康德体系是亚历山大·温特提出的国际关系学概念。特指承认国际共识，永久和平的国际关系体系，和洛克体系、霍布斯体系相对立。

② 《韩非子·五蠹》：上古竞于道德，中世逐于智谋，当今争于气力。

国际政府行使维护体系的职权，诸侯国脱离了精神上的桎梏，转入正面竞争，权力的运转依赖的是信用、约定和法律，我们称这种模式为洛克体系，也就是韩非子说的，中世逐于智谋。等到了经济发展的后期，必然到来的社会危机①颠覆了所有大国的内部秩序，在漫长的大国调整期结束之后，国际共识不复存在，权力的运转开始依赖军事力量和威慑，我们称这个模式为霍布斯体系，这也就是韩非子所说的，今世争于气力。这种普遍的嬗变模式在欧洲社会一直发展到一战（欧洲加入美国变量后，地理边界被打破，由分裂走向统一的历史进程被打断），而在中国则是西周到战国的历史。这种康德体系——洛克体系——霍布斯体系的递变，正好对应着国际共识的衰落，神权的腐朽，人本主义的兴起，也就是说，经济的发展会带来传统权威的下降和人类自我力量的觉醒，而这种觉醒发展到最后一定是政治实体之间残酷的战争和某个军事强国的统一（如果不出现一个力量平衡者，如美国来维持新的欧洲均势的话）。

最后需要强调的是，在国际权力运转仍然依赖国家间法律和约定的洛克模式中，维持国际秩序的超级大国通常会付出超过本国生产能力的成本，所以，当春秋晚期的社会危机席卷了所有国家时，秦楚持续政治动荡，齐国宗室大权旁落，而最强大的晋国也迎来了最为惨烈的内战和肢解。从这个角度上说，春秋和战国的分野也就是洛克模式和霍布斯模式的分野。

可以说，华夏世界的政治结构演变体现出所有区域性政治格局变化的某些共性，随着交通技术的进步和人口的增长，各个子区域之间的政治实体接触日益频繁并最终在统一战争的号角下形成一个国家共同体。当然这里并不是说，发生在华夏世界的历史进程也会同期同进程地发生在世界上的其他地区，以欧洲为例，罗马帝国并没有能够一统西欧大陆直至其崩溃，罗马帝国

---

① 洛克体系的末期必然发生经济危机，这是大国政治的特点所决定的，简述一下的话：大国政治导致小国和新兴国家在经济体系中处于被剥削的状态，而对应的，大国承担国际义务的成本最终会超出大国本身的生产力。以当今世界为例，美国输出金融、教育和安全保护，以维持世界秩序的稳定，但是美国国内生产总值占世界生产总值的比例却在不断下降，虽然美国可以通过美元和石油霸权迟滞这种下降，但这仅仅代表着危机的拖后而不是化解。方兴未艾的金融危机正是平衡这种矛盾的必然结果。欧洲20世纪初期的经济危机和春秋末年的社会危机也佐证了这个观点。当然，其详细论述只能另起篇幅了。

灭亡后的欧洲倒退回各自为政和遥尊精神共主的康德体系中。随着 17 世纪以来的人口膨胀和频繁的国家间战争，欧洲大陆曾一度在拿破仑和希特勒的军队下有了统一的趋势，但这种趋势都为体系外的强大力量（英国和美国）所瓦解，而曾作为一个区域性政治地理范式的欧洲世界也随着美国的强力介入走向了终结。印度的例子是类似的，虽然南亚次大陆一度接近过秦帝国式的统一，但是这种趋势很快终止，现代印度仍然是十几个有自治权的邦国的政治共同体而已。而真正将区域性政治演变路径快速走完并维持利维坦模式的似乎只有华夏世界——而这一点同中国外部森严的地理壁垒和内部较易完成的交通网络建设有直接关系。诚然，亚历山大·温特博士创造性地将国际关系结构区分为了康德体系、洛克体系和霍布斯体系，但是他并没有能够进一步提出这三种结构之间的逻辑关系，也没有进一步探寻导致国际关系结构演变的内在动力实际上是什么，而我们借助温特博士提出的模型来论述华夏世界内部的政治结构演变时，顺便完善一下亚历山大·温特博士的模型是必要的。

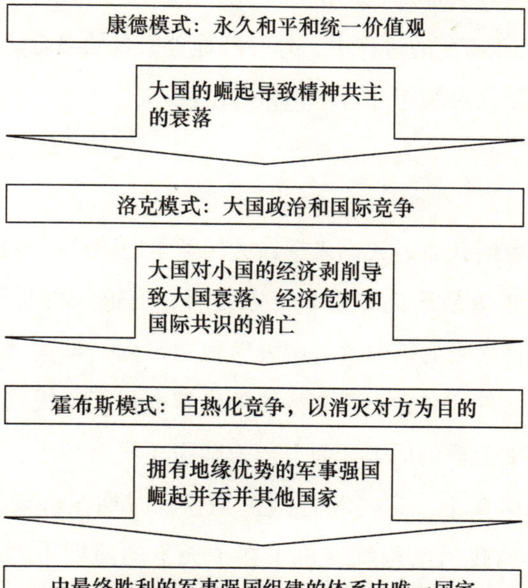


图 4

以上是华夏世界在周王朝 800 年内演进的基本路径，其成立条件有二：一是区域外部地理壁垒森严，外部势力无法主导内部大国力量对比；二是区域内部地理壁垒被削弱，交通力量的发展和人口数量的膨胀足够满足军事强国的征服战争和之后的大一统国家的正常运转。

而事实上，这两个条件并不那么容易满足，任何一个条件得不到满足的后果是，上述进程会出现倒退或者停滞。以罗马帝国为例，在帝国鼎盛时期，欧洲大陆北方的密林和深山仍然迟滞了罗马帝国征服日耳曼的雄心，屋大维时期有三个军团在海德堡森林被日耳曼人彻底歼灭，这也让帝国在北方的扩张达到了极限；而相似的事件也同样发生在不列颠，哈德良长城以北的荒原同样成为了望而生畏的地理壁垒，在第九军团失踪后，罗马人也只能满足控制不列颠南部的低地。也就是说，欧洲内部的地理壁垒阻止了欧洲人在罗马帝国时期完成大一统。而在19世纪和20世纪初期，这种历史进程为另一个原因的不满足而被打断，即英国和美国对法国和德国夺取欧洲大陆霸权的制衡，这种制衡打破了欧洲大陆的外部地理壁垒，并让欧洲的政治格局演变由你死我活的霍布斯体系退回积极竞争和承认国际法的洛克体系之下。

可见，华夏世界的地理结构是独一无二的，在其早期的政治结构剧变和后来2000年的内部演变的过程中，外部的地理壁垒始终森严，而内部的地理壁垒却始终无法阻挡利维坦和统一国家的出现。

## 战国时代

在概览了春秋时代后，我们来探讨大国竞争白热化的战国时期。

战国时代的开端是田氏专权和三家分晋，而这两件事并非是随意挑选的。相反，这两件事是春秋时代各国公室权力下降，掌握实权的卿相逐步取而代之的标志性事件。其中田氏在齐国的专权赢得了人民的支持，并最终顺理成章地取代了太公望的后人，而晋国六卿由于实力相近，则不得不上演了残酷的内战。而事实上，齐国和晋国正是春秋时期经济最发达的两个诸侯国，这两个国家的政治结构剧变也走在了天下的前列。之后，为了巩固权力，各大国展开了如火如荼的政治变革。继春秋子产第一次设立成文法①后，

① 《左传·昭公》：二十九年冬，晋赵鞅、荀寅帅师城汝滨，遂赋晋国一鼓铁，以铸刑鼎，著范宣子所为刑书焉。孔子曰："晋其亡乎！失其度矣……贵贱不愆，所谓度也。今弃是度也，而为刑鼎，民在鼎矣，何以尊贵？……贵贱无序，何以为国？且夫（范）宣子之刑，夷之蒐也，晋国之乱制也，若之何以为法"？

成文法典开始在列国普及。与此同时，周朝式的贵族战争形态结束了，征兵范围变得广泛，义务兵役制开始推广开来。自此，战国时代为中国后世的政治学和军事学提供了最为优秀的一批案例。

第一，战国的第一个阶段是春秋大族政治和大国政治的解体，核心历史事件是三家分晋和田氏代齐。在此之后，能够统领列国的霸权国已经不复存在，存在于列国之间的国际法和国际共识也仅遗留了一项，那就是弱肉强食。

第二，战国进入变法时期，吴起先后在鲁国、魏国和楚国任职，为这些国家带去了新式的军政思想，也为进一步的变法运动埋下了火种。西门豹等西河学派①的实践者在魏国制定制度，制定成文法，为魏国的强大奠定了基础。从魏国开始，商鞅、申不害、邹忌等名士在其他各国掀起变法运动，而秦国变法是整个变法运动的最高潮。

第三，各国变法陆续完成后，实力都有了空前增长，以公孙衍组织合纵②为起点，一大批职业纵横家把持了列国外交，这批纵横家的顶点是苏秦③和张仪。张仪拆散了公孙衍的合纵联盟，并用连横策略壮大了秦国；苏秦则以燕国为根基，假借合纵五国攻秦拆散齐赵联盟，诱使齐国吞并宋国让齐国北线防御空虚，暗地死间齐国，为乐毅合纵五国攻齐做好了最后的铺垫，并在胜利来临的前夕，为自己的事业殉死。这样跌宕起伏的外交斗争，在此后的历史上再也没有出现过。

第四，外交高潮结束之后，秦国继续稳步强大，齐国陷入衰弱，而变法后的赵国则凭借强大的军事实力与秦国对峙，秦赵展开了激烈竞争，并最终引发了中国古典战争史上规模最大的战争——长平之战④，长平之战以赵国战败而告终，此后赵国彻底陷入衰弱，而秦国也损失惨重，赵国在接下来的

---

① 西河学派是在孔子去世后，其弟子子夏来到魏国西河讲学，传播儒家经典、文化和学术思想而形成的著名儒家学派之一。西河学派中有不少人成为魏国的治世良臣，该学派为弘扬和发展儒家思想，以及促成前期法家思想的成长起了很大作用。

② 公孙衍，魏之阴晋人。公孙衍于秦惠文王五年（公元前333年）在秦，为大良造，后居魏。战国时期纵横学派的代表人物。

③ 苏秦的事迹，《史记》与《战国纵横家书》所载有别，这里采用战国纵横家书观点。

④ 长平决战故址在今高平县西北二十里王报村。

邯郸保卫战中击败秦国，列国进入长期战争之后的调整时期。

第五，秦国凭借雄厚的经济实力最先恢复，在始皇帝掌权后发起了统一战争，10 年后，六国无力抵抗，最终依次被秦国消灭。

第六，整个战国时代，是中国古典政治学、外交学、雄辩学、军事学空前进步的时代，一大批名将、外交家、能臣和有为君王横空出世，百家争鸣在战国中期进入高潮，各个学派的论战和融合此起彼伏。首先是儒学，孟子继承孔子的仁与礼，提出义战的概念，即诸侯国君主可以在吊民伐罪的口号下发起战争，并没有反对齐国对燕国的吞并；荀子则进一步结合了法家的观点，提出了性恶论和礼法合流。法家从开始的李悝、商鞅的法学派①、申不害的术学派和慎到的势学派分立，到韩非子手中实现了法、术、势的融合，并成为霸道的制度基础。黄老学派②进一步发扬光大，出现了《黄帝四经》③这样的总结性作品，又有庄子独树一帜，开逍遥之先声。墨家在墨子死后发生分裂，其中有一支墨学扎根秦国，留下记载。以《鬼谷子》为代表作的纵横学派，更是应运而生，在诸侯国争霸的风雷激荡中发扬光大。孙子的《兵法》在战国得到了吴起和孙膑的发扬和改进，于战国末期后学辈出，仅统计在《汉书·艺文志》④ 中的兵法门类就浩如烟海。就实际作战而言，孙子提倡顺势而为，诡道制胜，吴起、商鞅则强调训练精锐，军政一体，孙膑在继承了出奇的思想基础上，着重讨论了阵法。之后，秦赵两国的传奇将军白起、李牧和王翦刷新了军事史的记录，军事不再是春秋时代象棋一般的列阵和对垒，而是围棋一般两个到数个国家全部力量的博弈。以长平决战为例，秦赵两国动员作战兵力可能达到上百万，如果加上后勤和医疗则无法估量。战争以争夺韩国上党地⑤为开端，最终以赵军主力覆灭，秦军伤亡过半为结

---

① 《史记·商君列传》：鞅曰："吾说公以霸道，其意欲用之矣。诚复见我，我知之矣。"

② 黄老学派形成于战国时期，最初流行于齐国稷下学宫。该学派带有明显的道、法结合的性质。

③ 《黄帝四经》是马王堆汉墓出土帛书，初付于帛书老子乙本前，当时称《老子乙本卷前古佚书》，后经专家鉴定，认为此书是失传已久的《黄帝四经》。它的出现推翻很多已经被认定的经学理论，于经学研究有极重要的地位。

④ 《汉书·艺文志》：汉兴，张良、韩信序次兵法，凡百八十二家，删取要用，定著三十五家。

⑤ 王树新、谢克敏、马四清：《战国长平之战新考》，军事科学出版社 2007 年版。

局。白起力图灭赵，被赵国采取外交手段阻止，白起收兵回国。一年后，白起被逼自杀，秦国力图再次灭赵，赵国在邯郸城下联合五国军队反击秦国成功，秦军惨败，兼并战争告一段落。如此的战争规模，社会参与战争的程度，双方博弈的激烈程度，后世基本没有再出现过。战国时代的中国社会，其组织能力、动员程度，都已经达到了中国古代史的最高峰，后世再难超越。同时，战国时期的水利、建筑、农业、手工业，都经历了突飞猛进的发展，以水利工程为例，战国时代的郑国渠、都江堰，以及秦统一之后修建的灵渠，直到今日仍然发挥着不可替代的作用。

## 战国时代和春秋时代的比较

相比春秋时代，华夏文明在战国时代进入了空前绝后的快车道，这种气势磅礴的发展主要体现在以下几个方面。

第一，春秋时代是社会财富的积累阶段和社会思潮的孕育阶段。大国代替天子维持国际政治秩序，西周以来的政治共识并没有被抛弃，尊王攘夷仍然是霸主的共识，在这个过程中，霸主们主导的代理人战争带动了周边部族的华夏化，一个很著名的例子是中山国①对中原文化的接受。而到了战国时代，尊王攘夷已经失去了政治意义。周边国家的华夏化已经完成，华夏世界的文化版图空前拓展了，社会的财富积累和新思潮也都发展到了顶峰，所有的政治实体都随着华夏化的推进卷入了一个博弈系统内。同时，社会财富的空前积累带来了各大国内部秩序的不稳定，春秋末期到战国初期，楚国群盗纵横，政治陷于瘫痪，秦国连续四代内乱，疲弱不堪，齐国公族被田氏大夫取代，而晋国则经历了惨烈的解体。在这场国际化的社会危机②中，西周以来的政治传统和春秋霸主之间的合约及责任终于被天下遗忘。春秋战国之交，思想巨人们对华夏世界的未来感到困惑，老子弃官隐逸，西出流沙；孔子颠沛流离，长叹而逝；墨子摩顶放踵，苦行救世；而最终，是锐意改革的思潮撬动了历史的车轮——战国时代的核心命题是富国强兵，打破贵族阶层对政治权力的垄断，塑造一个崇尚事功的新阶层。在这样的时代背景下，

① 中山国墓葬风格与同时期的燕赵地区类似。

② 即洛克体系晚期的体系危机。

“凡有血气，皆有争心”势必成为那个时代的社会风气，也最终塑造了秦汉帝国雄强不屈的国家品格和华夏民族千年不绝的英雄气概。

第二，战国时代，值得重视的是秦国和齐国的长期对峙以及最后的结果。同以商鞅为政治鼻祖的秦国不同，齐国的政治之父可以上溯到姜姓齐国的名相管仲。可以说，秦国和齐国的两种模式可能代表了人类历史上两种长期对立存在的国家形态。秦国是陆权的，农业的，军事化的，集权的，而齐国是半陆权的，商业的，学术化的，分权的。这种对立出现的国家形态让我们联想到德国和英国，苏联和美国，罗马和迦太基，还有雅典和斯巴达。当然，本文需要提醒读者注意的是，这一组对立的国家形态可能有着完全相反的博弈结果，垄断了海洋贸易的美国拖垮了苏联，而和陆权国家接壤的齐国和雅典则屈服于陆权国家的军事实力。甚至虽然英国不与德国接壤，二战时的英国也无力阻止德国赢得西欧。在迦太基与罗马的争霸中，迦太基最终也被罗马彻底毁灭。具体到秦国和齐国的博弈，齐国拥有秦国无法企及的商业自由和学术自由，同秦国的郡县制度不同，齐国在政治架构上是分权的，稷下学宫负责提供政策咨询，五个主要都邑管理五个军政分区（临淄、高唐、平陆、即墨和莒）①，而这五个都邑享有一定的自主权，互不隶属。齐国依靠贸易优势和文化优势迅速崛起，具有秦国不能具备的软实力。但是，同秦国相比，齐国的外交政策显得相对短视，君主的更迭往往造成外交倾向的全盘扭转。同秦国以夺取人口和土地为主导思想的扩张模式不同，齐国的扩张是以短期利益为取向的。齐国利用魏国攻击赵国的空虚期削弱魏国②，利用燕国内乱洗劫燕国③，利用五国攻秦吞并宋国，都是这种短期利益取向的体现。在这一点上，商人的趋利性暴露无遗。同秦国相比，齐国不愿意长久地卷入他国争端，更不愿意考虑牺牲短期利益来换取长期利益的可能性，这一点同秦国的稳健厚重形成了鲜明对比。商业国家的本质属性决定了，如果一个外交大师充分利用了齐国的特点并形成国际社会对齐国的孤立，齐国的毁灭是顺理成章的。不幸的是，在齐国发展到鼎盛时期的时候，这个外交大师出现

---

① 分别在在今山东省淄博东北临淄区、高唐县、平陆县（一说汶上县）、平度市和莒县。

② 公元前 354 年，桂陵之战，魏国大军攻击赵国，齐军袭击魏国腹地，孙膑击破庞涓。

③ 公元前 314 年，燕国内乱，齐军以平乱的名义进攻燕国，暴掠蓟城，几乎灭燕。

了，他就是苏秦[①]。一个可以得出的结论是，商业国家的外交政策难以保证长期性，这种外交摇摆带来的后果是两面性的，英国式的光荣孤立取得了成功，而齐国式的反复无常则招来了噩运。比起英国，齐国更加不稳定和贪婪，这让中原国家经常把秦国和齐国的威胁等同看待，而齐国更加反复无常：齐国在遭到了军事上的完全失败后，拒绝干涉国际事务，与国际社会隔绝 40 年，最终毫无悬念地投降秦国——而这其实是顺理成章的。

第三，战国另一个值得重视的内容是楚文化、秦文化、三晋文化和齐文化的加速融合。秦国处于西部边缘地带，文化比较落后，本土士人数量较少，但由于继承了西周故地，对西周文化继承较多（尤其是文字）。楚文化发源于南部蛮夷地区，地方色彩鲜明，且极其繁荣，发展到后期已经同中原文明并肩而立。同中原文化的厚重、稳健不同，楚文化变幻飞扬，独树一帜。三晋和齐鲁是战国学术的渊薮，大部分思想巨匠出自这两个地区，也形成了鲜明的两派。以三晋为故乡的学者们充分探讨了权力运转的黑暗和冷酷：慎到提出了忠臣害国论，荀子提出了性恶论，韩非笔下的人性更是森然可怖，商鞅在秦国创立的军国体系正是三晋思想的制度化——整个三晋学术的核心就是探讨人性的丑恶和如何从制度上制止这种丑恶。而齐鲁地区的学术气氛则显得温情脉脉，稷下学宫的学者们不慌不忙地讨论着宇宙的本质、五行的运转和天道的从容不迫，黄老学派在这里落地生根，伴随着浓厚的商业气息发展起来，并最终在西汉成为纠正三晋学术风气最合适的工具。战国后期的国家间竞争，充分造就了先秦文化与学术的合流，这种文化上的融合会在接下来的统一时代更加明显地表现出来。之后成熟的统一帝国，是这几种文化、制度和学术的融合产物，汉帝国的政治制度基础是秦国模式的，文学艺术是中原的乐府和楚地的辞赋并存的，统治思想是三晋法家模式和齐国黄老模式杂糅使用的，财富积累方式也是农业和商业并存的，虽然汉朝的皇帝们致力于削弱商人的影响，但是商业的繁荣并没有因此而走向结束，相反，商人们在同政府的博弈中顽强地生存壮大，而书写这一历史阶段的太史公司马迁也前所未有地为商业巨匠们独自立传。

---

① 苏秦以燕国利益为核心，缓慢地构建了一个隐秘而有效的反齐联盟，一手导演了自己被车裂后的乐毅攻齐之战，事迹载于《战国纵横家书》。

第四，秦国的统一有其必然性。秦国起于西北蛮族之地，以战争赢得土地，军事化程度很深。秦国文化落后，所以在改革上最坚决，以粮食产量和军功立国。秦国背靠西北荒原，在南下和东出的必经之路都有天险屏障，同时拥有关中和巴蜀两个粮仓，却避免了中原腹心国家四面受敌的困境。这三条优势是其他诸侯国不具备的，而秦国统治者恰恰采取正确的策略巩固了这种优势，并一步步稳健地扩张成功。从军事地理学来看，在战国时代形成的 7 个权力中心里，唯有秦国所处的关中和赵国所处的河北拥有问鼎天下的实力①，但赵国的国力不如秦国。同时，赵国北方存在匈奴的威胁，导致其不得不留出足够的兵力在北方边境。赵国土地贫瘠，粮食产量无法和秦国相比。除了刚才重点讲过的齐国外，另一个大国楚国在北方有着漫长的国境线，腹地广阔，战略纵深极佳，同秦国、魏国和齐国接壤，内部有无数名义上服从楚王并保持自治的小氏族，这导致了楚国的进取乏力和反弹惊人（事实上秦朝最后的崩坏也始于秦人无法对楚地进行有效的统治）。

历时 550 年的春秋战国时代，经历了康德体系的衰朽，洛克体系的鼎盛和溃败，以及霍布斯体系的竞争白热化之后，正在走向一个必然的结局，那就是秦国制造的利维坦②。可以说，如果没有外界变量打破华夏世界的壁垒，大一统是最终的结局。分裂导致的国家间战争让整个华夏民族在飞速发展的同时也疲惫不堪，而皇帝和他的专制官僚系统正在带来和平。失败者仍然在楚国故地的山林里策划着刺杀和叛乱，但是恐怖主义毕竟不能够改变历史。

动荡而卓越的春秋战国时代落幕了，始皇帝登上咸阳宫的那一刻，大一统帝国的旭日正在照耀大地。

## 第三节　秦汉帝国的兴起、鼎盛、衰败和尾声

前 221 年，六王毕，四海一，始皇帝奋六世之余烈，统一中国，威震

① 饶胜文教授在《布局天下——中国古代军事地理大势》中提出关中、河北、蜀中、东南分立的权力分布观点，并给出了统一发起地的统计结论，即关中和河北无疑代表了两个最有可能夺取天下的权力中心。

② 利维坦是《圣经》中的一种巨兽。霍布斯在他的著作《利维坦》中用这个巨兽类比主权国家，强调国家对暴力使用权的垄断和排他性。

殊俗。

漫长的战乱终结了，纷繁的文字，互不隶属的度量衡被秦帝国的新标准所取代，列国间的国境线和贸易壁垒都不复存在了，秦帝国保证了统一的国内行政和市场。

这一年，饱经战火的华夏大陆得以喘息，而失败的六国贵族则在受监视的居所或者逃亡的路上切齿和呜咽。

传统的中国腹地疆域就此确定，此后 2000 年仍然不改，直到今日。

必须承认的是，刚刚过去的春秋战国时代，是无以伦比的一个时代。而天下统一的这一年，则是无以伦比的一年。

这一年，真正意义上的大一统华夏国家得以建立，并在未来的 2200 年历史中保持不朽。华夏世界各区域的文化在大一统帝国的框架下开始进一步碰撞和融合，并即将走向第一个辉煌的顶峰。从这一刻起，华夏文明的影响力和边界终将跨过长城，达及四海。

更重要的是，在这一年甚至更早的时候，“秦”的发音开始西传。

虽然这个发音随着地理范围的延伸出现了略微的变音，但是这种改变在漫长的时间面前是微不足道的。这正是我们脚下这片土地的名字，她是汉语中的秦，波斯语中的 Chin，土耳其语中的 Çin，法语中的 Chine，以及英语中的 China。

和中华、华夏、汉、唐一样，这也是我们民族的名字。这个名字在前 221 年甚至更早的时候诞生，并流传到现在。

## 秦朝的统一和灭亡

这片土地上第一次没有了世袭封地的贵族，取而代之的是天子直接任命的地方长官。联邦式的分封制看起来是成为了历史，而集权式的郡县制已经在全国扩展开来。为了更好地对全国进行统治，始皇帝——这个中国历史上第一个被冠以皇帝之名的人开始统一各诸侯国之间的文字和技术标准，并修建了贯通全国的大道。始皇帝并没有册立皇后，也没有册立太子，而是将大部分精力花在对国土的巡视上。看起来，一个欣欣向荣的时代就要出现了，皇帝精明有为，官吏兢兢业业，农业欣欣向荣，对外战争不断取得胜利，贵族世袭的战乱时代已经过去了，始皇帝创造的时代是事功至上的，皇帝治下，人人平等。

但是秦朝二世而亡，仅仅维持了14年。而本文接下来要进行论述的，正是秦朝速亡的必然性。

回顾第一章我们会发现，在第一章列出的周期内八个阶段中，前四个阶段正好分别描述了局面的维持，漫长的分裂，短暂的统一和短暂的内战。接下来，我们就要结合春秋战国和秦朝的历史，来探索这4个阶段之间的内在联系。

第一，不管是两周800年的历史，还是欧洲中世纪以来的历史，都可以帮助我们得出一个结论，即封闭地理环境内部的国家间关系，一般都会经历一个从康德模式（承认共识，有精神领袖，听命于精神领袖），到洛克模式（承认共识，有精神领袖，精神领袖权威下降，大国主导秩序），到霍布斯模式（失去国际共识，酷烈竞争）的过程，这个过程伴随着人口的增长和技术的进步。如果没有外力打破壁垒，这些国家迟早都会消失，取而代之的是一个由军事强国组建的利维坦（欧洲由于美国对一战和二战的干预，导致这种利维坦迟迟未能出现，且由于美国对欧洲事务的介入，欧洲世界的地理壁垒已经被打破，所以在一战后的欧洲已经不能被看做是一个封闭地理环境下的国际关系系统）。

第二，通过观察春秋战国的历史我们发现，分裂和竞争导致了技术的进步，财富的积累，人口的大幅度增长，虽然战国中期的几场大规模战役遏制了人口的持续上涨（从公元前293年伊阙之战开始，到公元前257年信陵君窃符救赵结束），但自秦昭王去世到秦王政掌权的这30年，大规模战争很少发生，人口得到了显著恢复。况且，认真研究这段历史就会发现，虽然史书上出现了一个比一个惊人的战争伤亡，但是这些死者都是军人，统治者在获得新的土地后，出于争霸的需要，必须迅速将新征服的人口转化为劳动力，这大大减少了战争带来的屠杀，而长期的战争也让各国统治者倾向于鼓励生育。几十年后，当秦朝再一次发起统一战争时，列国的伤亡人数并未如想象中惊人。韩国、齐国、魏国和燕国基本没有做出有效抵抗；而赵军和楚军最终的结局都是随着主帅的调离或阵亡而被击溃，真正意义上的歼灭战并未出现过。而且，以秦朝初年的几次大规模工程作为案例时，本文要强调一点，秦朝并没有出现人口不足的窘境（比如西汉初年），相反，秦朝政府完成了众多高质量的水利工程和防御工事，并且对北方的匈奴和南方的百越都发动了战争，事实上，在始皇帝执政的最后几年，北方匈奴的威胁已经解除，而南方的百越之地也臣服于秦军的虎威。

既然本文已经从战国末期的历史事实得出结论，即秦朝初年的人口数量是极其可观的。那么接下来，我们将从西汉的历史来反推当时秦朝的人口数。西汉初年的人口数在1400万~1500万①左右，而这是中国经历了秦末农民战争和楚汉战争之后的结果。同战国时期列国战争造成的单纯军事伤亡不同，秦末农民战争中人口的损失并非完全来自战场上的厮杀。由于政治秩序和生产秩序的崩溃，为了争夺食物而发生的私斗和在法家政治秩序之下无法完成的复仇事件大量出现，战争胜利之后的屠城现象也遍布于记载这段历史的史书中，由于战争阻止了农业生产的正常进行，想活命就必须加入军队，这让秦末的华夏世界快速陷入人口不足的窘境中。在这种环境下，历史上不断出现的1/2，甚至2/3的人口损失并不奇怪。那么，从西汉初年的人口数反推始皇帝末期的秦朝人口的话，我们不难得出结论，即秦朝初年的人口至少与战国中期的人口峰值持平，甚至有过之而无不及。而在西汉的新式农业技术尚未出现的时候，和平已经将秦帝国的人口负荷推向历史的极值。

第三，从社会心理而言，秦朝的统一并没有消灭六国贵族的反抗意识。始皇帝的统一是以军事征服为主要手段的，在中原主流国家的眼里，秦国是落后文明，这种军事失利引发了大范围的怨气。始皇帝在确立统治后，以吏为师，着力巩固商鞅留下的军国制度，与儒生发生了剧烈冲突。虽然最后这场冲突以焚书坑儒收场，但在意识形态领域的交锋中，秦政府没有胜利。漫长的分裂和诸侯国政治过渡到统一帝国之后，至少需要一两代人来消化这个现实，这也就意味着，在漫长的分裂时代结束后，第一个统一王朝的开头几十年（如果有的话）是极其艰难的。事实上，即使在始皇帝在世的时候，六国贵族也没有停止过刺杀皇帝和散布谣言的恐怖主义行为②。秦朝政府虽然采取了高压手段，但是对六国贵族的控制并不能称得上有效。

① 葛剑雄：《中国人口史》，复旦大学出版社2005年版，第132页。

② 《史记·留侯世家》：良与客狙击秦始皇博浪沙中，误中副车。

总结一下的话，秦朝短命的必然性有二：统一时人口基数很大；社会没有形成统一心理。

## 秦末农民战争和楚汉争霸

秦末农民战争带有周期内第四阶段的鲜明特点：冲突惨烈，人口损失严重，但是时间短暂。统一帝国垄断了安全服务，并促成了农业和国内市场的大发展，所以，当这种安全保障突然消失后，农业生产和商品交换都无法进行了，想活命就必须加入军队，整个社会陷入以家族和个人为单位的全民战争之中。在这种情况下，对于家族和个人来说选择只有两个，或者逃入深山躲避战乱，或者必须选择阵营——这个结果导致了大量人口和财富会被短期消耗。同时，统一帝国的模式已经建立，这种专制集权的国家形态有着超过分封制国家的动员能力，所以继承秦帝国模式的政治集团会胜出，试图复辟的政治集团会失败。漫长的分裂和短暂的统一已经分别对社会形成了负面和正面的刺激。六国贵族怀念封地世袭的时代，但是以自耕农和雇农为主的社会大众享受了统一帝国带来的好处：安全保障和国内市场。分久必合的历史机制就在这里，漫长的大分裂时期孕育着统一的大帝国。虽然由于人口和社会心理的原因，刚刚建立的统一帝国会遭受必然的挫折，但是接下来胜出的政权会把统一帝国的模式维持下去。楚汉的战争，可以看做是两种制度之间的搏斗，最终愿意继承秦帝国遗产的刘邦被时代选中，而坚持分封制度的项羽则走向末路。

看起来，第四阶段的群雄逐鹿之战在短短几年内就将走向结束，历史的脚步声在这个阶段显得简约、精致而富有韵律——这是短暂的秩序崩溃，也孕育着更加强盛和稳健的未来。

以上，就是第一周期前四个阶段演变的内在逻辑，当我们的实证讨论一而再、再而三地回到这个阶段时（如第一章所述，我们会完整地探讨三个周期的历史），对这种周期内政治演变逻辑的理解会逐步得到加深。

## 两汉的大一统时代

公元前202年，垓下。

霸王意气尽，四面楚歌声。

齐王韩信兵法通神，陈平、张良决胜千里，奋天下英雄之力，决四海财货之利，西楚霸王在各路诸侯的围攻下自刎，汉王刘邦统一了天下。

这一年，华夏民族的历史运转到了第一周期的第五阶段：持久的和平到来了，西汉的胜利和楚汉之争的短暂象征着大一统趋势的不可逆转。

比起秦朝，西汉初年的郡县范围大大缩小了，一系列异姓王和宗室王成为了新的贵族，但是在皇帝直接控制的区域，秦朝的成果被保留下来，这是必要的妥协。自汉高祖和吕后消灭英布、韩信和彭越之后，汉朝的皇帝们代代致力于削弱藩王和大族的势力，并终于在汉武帝时期确立起中央对地方的绝对优势，这种中央对地方的绝对优势一直持续到东汉的终结。

西汉的历史经历了初期的休养生息和对匈奴的妥协，中期的富裕和对匈奴的反击，以及后期的鼎盛和衰朽。同秦朝相比，西汉享有漫长的寿命，这首先是得益于汉初人口的凋敝。同时，从制度上讲，西汉初年全面继承了秦朝所创造的一切（分封诸侯王除外，这可能是楚国政治的遗存），军功贵族阶层成为了社会发展的动力。在行政人员的配置上，同秦朝一样，懂得法律和文案工作的官吏有着绝对的优势。然而在西汉中期，儒家的力量开始得到提升，这主要是因为他们为皇帝提供了君权合法性的巧妙解释。然而终西汉一世，商鞅确立的刑法制度和以军功爵为基础的社会奖惩机制还是坚持下来。本质上来说，西汉和秦朝并没有太大的区别，虽然儒家经典已经在牵绊着帝国前进的步伐，但是皇帝们并不真正相信这些东西。扩张和军功仍然是那个时代的主旋律。同时，黄老学派取得了执政地位，修正了三晋学派过于严苛的法令，并主导了文景之治的繁荣局面。在稳定了内部政治局面并完成了力量积累后，汉朝对又一次逼近中原的匈奴人发动了大规模战争，并将长城和烽火台一直延伸到国境线之外，在汉宣帝时期，汉朝确立了对匈奴的全面优势，并将分布在西域的大部分城邦国家都变成了自己的保护国。汉朝在西域驻扎了自己的军队，来保护通往贵霜、安息和罗马的贸易通道。以人类历史上那些一流帝国的标准来衡量，西汉已经获得了彻底的成功——自此，华夏族开始自称为汉，而这个象征着富庶和强大的名字被我们一直沿用到现在。

而随着汉朝在宣帝时期达到极盛，汉朝的人口数字也开始向历史红线慢慢推进。西汉末年，气温下降，粮食连年减产，旱灾不断，这些都加剧了国内的动荡局面，王莽能够篡位，跟汉朝政府无力处理这些危机有直接关系。然而，上位后的王莽并无力改变人口膨胀和粮食减产的局面（事实上也无人能够改变），他采用了复古主义的政策来暂时挽回民心，如禁止农田和奴婢买卖。当然，这些政策都遭到了既得利益者的抵制。随着人口膨胀，历史红线轰然逼近，农民起义的浪潮伴随着复兴汉朝的运动一起爆发，也结束了王莽短命的执政。至此，西汉和新朝维系的230多年的和平局面结束了，内战全面爆发，历史也进入了本文模型的第六阶段：漫长统一时代的中断期。

第六阶段和第四阶段是相似的：起因是人口膨胀，暴发于农民战争，收尾以群雄逐鹿。第六阶段的时间略长于同一周期的第四阶段，人口损失也略小于同一周期的第四阶段，这是因为社会心理出现了变化，漫长的统一导致地方势力的重新生长和壮大——这一点，我们在总结周期内阶段间关系的时候还要提到。但统而言之，第六阶段不过是第四阶段的重演而已，当起义军拥戴刘氏领袖们消灭了王莽后，中国大陆再一次陷入类似秦末的政治无序状态，农业生产无法进行，个人的安全也无法得到保障。等到汉光武帝刘秀这位杰出的汉室远亲和军事家最终建立起新的统治时，全国在册人口已经下降到2000多万，即使将西汉末年大规模的人口瞒报计算在内，东汉初年的人口也仅仅在3000万以下，而这已无法和西汉宣帝时期的鼎盛现象相比。

第七阶段开始了，统一的局面得到了恢复，但是，第七阶段的时间会小于同一周期的第五阶段，同样，这也是长期的和平导致地方势力壮大的缘故。刘秀虽然复兴了汉朝，但是同西汉相比，中国的政治生活已经出现了很大的变化。皇帝带头提倡经学（光武帝曾求学于长安太学，学习《尚书》），皇帝的功臣也纷纷效仿，他们解散了自己的军队，并督促子弟们一心向学，以此向皇帝表示自己没有彭越、英布一般的野心，而皇帝也向他们保证了生活的安逸和子嗣的继承权。西汉末年的庄园主们并没有消失，相反，他们是汉朝复兴运动中最积极的支持者和最后的得利者，政府的税收工作变得困难，大规模的庄园主[1]正在成为东汉实质上的统治者，虽然，他们和地方基层文法吏的斗争仍然在激烈进行中，但最终他们会取得胜利（这一点可以从魏武帝曹操早年的从政经历中清楚地看出来。虽然曹操严守法令，并冷酷无

---

① 张运：《东汉庄园经济与东汉社会》，湖南师范大学，2008年硕士毕业论文。

情地扫荡着辖区内的不法豪族，但他最终发现这种做法毫无意义。怀着对权贵的愤恨和对乱世的忧患，他最终辞官习武，闭门读书）。同时，秦和西汉的军功爵制度也开始在儒学的冲击下摇摇欲坠，文法吏在同儒生的斗争中逐渐处于下风。儒生们逐渐垄断了东汉的教育和舆论，并形成了经学世家，这些家族在外有庞大的田产作为经济后盾，在朝廷则世代担任高官，而与此同时，从东汉的第四代皇帝开始，短命和低龄不幸成为了这些皇帝们最主要的特点，政府的实权被把持在外戚和士人的手里。而等到小皇帝长大之后，又不得不依靠宦官进行夺权，所以宦官、外戚和士人的斗争成为了东汉中后期的主旋律。直到人们熟悉的大将军何进被杀和西凉军阀董卓进京事件，其实质仍然是皇权、宦官同士人、外戚和军阀之间的斗争。

至此，帝国的中坚力量已经彻底蜕变了，在第一周期的第七阶段，经学世家开始取代军功贵族，新兴阶层开始出现和壮大。秦和西汉时期的军功贵族逐渐被东汉的经学世家和庄园主（事实上，他们可能是一种人）取代，强悍的君主和他们倚重的酷吏和严刑峻法逐渐退出了帝国的舞台，而看起来更加温和的士人和外戚则成为了新的掌权者。

当然，无论政治形态和中坚力量如何改变，有一个主旋律是不变的——就是148年后，东汉的人口数量再一次触及了历史红线：土地兼并，流民四起，邪教纵横，著名的太平道领袖张角发动了黄巾起义，而这次起义成为了士人和军阀彻底削弱皇权的绝佳时机。在黄巾起义引发的军阀割据阶段，汉朝的最后一位皇帝刘协被董卓等军阀依次挟持，后来又在最强大的军阀曹操手中充当了几十年的政治傀儡。东汉的名存实亡标志着两汉统一大帝国的彻底终结，也将整个中国的命运拖入了自西周灭亡以来的又一个谷底。

在用两汉的案例来验证我们在第一章提出的理论框架时，有一个不易察觉的结论：即政治的内敛性是东汉和西汉之间的一个主要区别。也就是说，中断大统一时代的第六阶段结束后，继任的统治者会较之前的统治者保守得多，而这一点可以从光武帝刘秀废除州郡兵一事上得到证明。自汉明帝之后，强势的——类似汉武帝和汉宣帝这样严厉打击土地兼并和豪族政治的君主再也没有出现过，相对皇权的衰弱，庄园主们不但享有经济上的特权，而且逐渐通过经学垄断了东汉王朝的舆论和人才流动渠道。也就是说，在起于西周终于三国的第一个历史大周期内，大一统阶段的后半段，新的社会阶层已经开始出现在政治舞台上。如果这个特征能够在接下来的案例分析中继续得到印证，我们就可以将其作为第七阶段的一个共性记录下来。

### 汉末三国——秦汉帝国的尾声

接下来，我们将探寻历史的目光投向大周期的第八阶段：军阀割据时代，即最为人所熟知的汉末三国时期。

关于这个阶段的起点，史家有一些相差无几的结论。黄巾起义通常被作为东汉大一统时代的结束和乱世的开始，因为三国鼎立的主要缔造者们——孙坚、曹操和刘备都因响应了保卫朝廷的号召而登上了汉末的政治舞台。但也有不同的说法，认为三国时期开始于东汉末年洛阳的一次军事政变，即大将军何进被杀事件。何进作为地位不够稳固的外戚，对士人和宦官的势力都有借重，这导致了他在矛盾激化时的摇摆不定。何太后（大将军何进的妹妹）对宦官的庇护导致何进无法痛下决心对宦官势力动手，而戏剧性的一幕是，宦官却误以为何进已经准备进行军事行动，于是提前发动政变斩杀了何进，而何进身边的士人则借势向宦官发难，并在武装对抗中最后取胜。不久，西凉军阀董卓率军抵达京城，并开始侵蚀士人刚刚取得的实权。在同董卓斗争失败后，各路士人领袖逃出首都，并号召各州正在同起义军作战的部队共同对付董卓。黄巾起义平定后，脆弱的和平被打破了，军阀混战破坏了农业生产，给黄河流域造成了惨重的人口损失。虽然军阀混战暂时没有波及到荆州、益州、交州和凉州地区，但徐州和兖州都先后出现了屠城和杀降，北中国的人力资源被卷入了自保和对最高权力的争夺中。就像本文在第一章呈现的那样，在以农民战争和军阀割据为主题的这一阶段中，初期的混战会造成相当大的人口损失，而当几大势力的割据范围逐渐稳定下来后，人口便开始缓慢上升。最强大的那个军阀最终会剥夺皇帝名义上的统治权，并建立一个新的朝代，而他建立的朝代必不持久，最终结束割据，统一天下的势力来自这个朝代内部的某个集团，而这个集团将彻底消灭所有的军阀，包括这个集团依附着的那一个。如果对照三国历史，我们就可以清楚地看到，北方的魏国占有当时中国主要的农业区，在资源和动员能力上对南方的蜀汉和东吴有着无可比拟的优势，而最终一统天下的并不是曹操的后人，而是从曹魏政权中蜕变而出的司马氏家族。

在整个三国时期，地方实力派的利益并没有受到根本性的冲击。相反，他们通过扶植军事强人（比如糜竺资助刘备）来获取自己的政治地位，并且很多人都担任了割据政权的高官。对于这些顽固而强大的地方势力，三国的领袖们采取了不同的政策，诸葛亮试图恢复西汉初年的法律制度，并打破地方豪族在仕途上的垄断，而东吴和曹魏都在不同程度上做了妥协，并承认了这些地方大族之间的相互举荐和对政治权力的集体控制，相比之下，东吴妥协得更加持久和彻底。但是，无论诸葛亮和曹操有着多么坚定的政治信仰和政策取向，历史的潮流是不可遏制的，他们也许凭借一时的威望压制了豪族的发展，然而这种压制毕竟无法持久。观察西汉到三国末期的历史，我们可以清楚地看到军功贵族——经学世家——门阀士族之间的联系和整个人才流动机制的蜕变过程。秦朝和西汉抑制豪族，提拔底层酷吏的政治运作方式最终被庄园主经济所冲击，政府越来越难以直接从农民手中获取税收，而不得不通过庄园主这个中间人。也许在西汉，法律仍然是约束豪族的最好手段，但是到了东汉时期，豪族通过经学就彻底把持了对政策的解释权，单纯向皇帝负责的法律官员越来越少，实现社会正义不得不依靠大族之间的妥协。这说明了一个浅显的道理：商鞅建立的军国体制必须以小家庭和不断对外扩张作为基础，只有小家庭才无法对抗政府，只有不断对外扩张才能获得新的土地并防止垄断，而一旦豪族坐大，政府的控制能力就会直线下降，而秦汉军国体制也就寿终正寝了。而东汉末年的战乱，则加重了门阀士族参与政治的程度，九品中正制就是皇权对门阀政治的一次关键性的承认。自此，强势而长寿的帝王很难出现在史书上，而寡头政治和士族共和正成为不太遥远的未来——一个新的大转型时期就要到来了，而士族共和正是这个大转型时期一种必要的无奈。

## 第四节　第一周期的总结

公元 280 年，洛阳，东吴末主孙皓来到了西晋的都城。

这一年，蜀汉后主刘禅已经去世，曹魏末帝曹奂居于邺城。

96 年前，黄巾起义轰然爆发，摇撼着洛阳的汉室，而也就在那个时候，他们英气勃勃的先祖依次来到过这座千年帝都，并带着匡扶天下的梦想扬鞭出城，戎马四海。

96年后，他们作为英雄的后辈，先后来到了已经被修复的洛阳城，皇城中的天子已经换了名字，他们依次向这位天子表示臣服，以此换取自己后半生的安乐。

这一年，历史在华夏文明的版图上画出了一个近似圆形的轨迹，这轨迹就像一条叼着自己尾巴的蛇一样，蛇头是周平王宜臼东迁洛邑的烽火，蛇尾是归命侯孙皓青盖入洛的鼓声。

始于洛阳，终于洛阳，第一周期结束了，而我们的讨论将继续进行。在开始针对第二周期的探讨之前，对第一周期进行总结无疑是必要的。

第一，从地理范围来看，第一周期的华夏世界发生了巨大变化。西周初年的华夏世界分布在黄河两岸和淮河北岸。而到了春秋时代，北方的戎狄和南方的越人都经历了华夏化的过程。在始皇帝统一中国后，传统的中国腹地已经全部纳入华夏版图①。到汉武帝统治时期，西域、朝鲜半岛北部、印度支那半岛北部也已经纳入版图，东汉全盛时期的版图同西汉类似。也就是说，在第一周期内，华夏文明的影响范围大大扩展了。

第二，从气候变化看，西周初年，气候温暖湿润，到西周中后期，气候恶化，长江的一个支流汉水，分别在公元前903年和前897年结冰②，而游牧民族也恰好在此时对西周造成了强大的压力。到春秋初年，气候迅速回暖，也就是说，西周末年的游牧民族压力正在迅速过去，不久即有齐桓公领导诸侯对入侵蛮族发起反击的事件。到了战国时代，温暖气候一直在持续，温和的气候一直延续到西汉末年和东汉初年，而这个时候恰好发生了农民起义和内战。但是东汉寒冷期并不长，很快温度恢复，而直到东汉末年又发生了温度的下降，到三国时代，气候持续寒冷，公元225年，魏文帝曹丕到淮河视察士兵演习，由于寒冷，淮河突然冻结。由此可以粗略看出，气候对农耕文明和游牧文明都有着显著的影响。在气候湿润的时代，长江以南燥热潮湿，并不适合人类居住，农业人口主要聚集在北方，北方耕地面积的增加，让北方的繁荣程度超过南方。同时，湿润的气候影响了草原，游牧民族没有

---

① 谭其骧：《中国历史地图集》，中国地图出版社1996年版。

② 竺可桢：《中国近五千年来气候变迁的初步研究》，《人民日报》1973年6月19日。

南下的实力，反倒是被农耕民族一路驱赶，以汉朝为例，汉朝的屯田部队远远越过长城，将农耕区推进到更远的北方。而寒冷的气候导致北方耕地区的缩减，人口向南方的移动，以及游牧民族南下可能性的大大增加。然而幸运的是，整个春秋战国时代，气候都足够温和湿润，这保证了华夏文明的经济中心一直在北方，而这是华夏文明能够在内部激烈演化的同时抵抗外来入侵的重要条件。

第三，在这长达 1000 多年的周期内部，以分裂——统一为主要特征的八个历史阶段依次出现，呈现出周期性的因果关系。以中央政权对华夏世界的有效统治为标准，从西周到三国结束，中央政权经历了西周末年到东周初年的维持和死亡，春秋战国的孕育期，秦朝的重生期和七年内战的崩溃期，乃至西汉的稳定期，两汉之交的中断期，东汉的恢复期，以及汉末三国的衰朽期。这八个阶段中，时间最长的是春秋战国时代，跨度长达 550 年，之后按照持续时间的长短顺序排列，依次是西汉和新朝的统一时代，东汉的统一时代，汉末三国的分裂时代，两汉之交的战乱时代，秦朝的统一时代和秦末的战乱时代（由于西周历史起点存在争议，暂采用共和元年作为第一周期的开始，且第一阶段的时间程度暂不计入排序）。

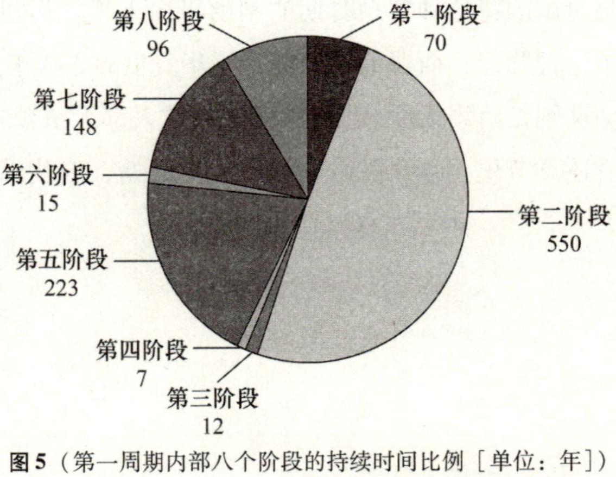


**图 5**（第一周期内部八个阶段的持续时间比例［单位：年］）

我们可以看出，漫长的大分裂孕育着稳定的统一时代，而在漫长的大分裂与稳定的统一时代之间则必然会出现短暂的统一和短暂的内战。也就是说，到此，我们已经初步挖掘了周期内各阶段关系背后的逻辑，即“分久必合”的真正原因。

第四，如果从社会心理变化来描述第一周期的话，我们会发现，稳健的统一和长期的分裂建立在不同的心理基础上。西周末年，生产力快速发展，财富分配和社会地位不相符合，人心思乱成为大势所趋。而西汉初年，漫长的分裂，短暂的统一，惨烈的内战已经对民族记忆造成了不可扭转的影响，人口和社会财富的大量损失督促着社会趋于稳定。西汉末年，历史红线突破极限，财富分配严重不均，人心思乱再一次主导了社会舆论。而短暂的内战把历史似乎拖回了西汉的原点，东汉又经历了140年的和平。东汉末年，经学世家缓慢崛起垄断舆论，皇权联合宦官同士族展开斗争，社会陷入迷惘，人心思变主导了舆论，求变和改革开始流行，复古思潮和新学说激烈碰撞，最终，维持汉朝旧制的一派全面走向失败，而第一周期也进入了必然会到来的尾声。

在第一周期的末尾，秦汉军功爵制度已经崩塌，新兴的经学大族和庄园主引导了有别于战国、秦朝和西汉的生产方式。军功爵制度趋于瓦解，庄园主经济大行其道，建立在军功爵制度之上的法家政治机器也退出了历史的舞台。崛起于秦汉帝国废墟上的西晋是一个转型时代的畸形儿，社会矛盾并没有被消除或者缓和，西晋建立的政治制度也注定要成为转型社会的过渡产物。虽然西晋政府试图将这种转型时期的制度巩固下来，但风起云涌的新时代很快就粉碎了这种臆想：西晋的繁荣成为了华夏世界300年大分裂的先兆，而之后的持续动荡则是沉溺太康①盛世中的大多数人都无法预料的。

我们将在后述章节里，继续探讨以西晋统一为始，五代结束为末的第二周期。

① 晋武帝太康年间，即280～289年。

# 第6章 白虎的醒觉

## 引 言

蜀汉灭亡于钟会和伯约的失败政变，西晋统一天下的进程也不可逆转。姜维已死，伯约却依然永生。

同涿鹿之战时的复苏不同，失去了意识的伯约在很多年后才缓慢地从坟墓里苏醒，他的身上自此开始弥漫着蜀汉的红土味道，这种味道伴随了他很多年。

汉末，天下分崩，曹操、刘备和诸葛亮的挣扎是一种帝国士人对秦汉制度和大一统的最后怀念，他们孤独地死去，就如群氓喧嚣地出生。

诡异而荒诞的西晋开始了，建安年间的风尚成为了华夏民族的青春绝唱，而诸葛亮的忠贞则是献给这青春的悼词，在这之后，宣王筹划了蝼蚁的盛宴，胡人在北方寂静地繁衍。

死而复生的伯约穿过秦岭，走遍了他发誓要夺取和匡扶的壮丽山河，而这山河已经衰朽。

他沉默地隐居在洛阳太学，看着新生在庭院中穿梭，就像看着一百年前的自己。

他结识了石勒，也结识了祖逖，那个时候他还不知道这两个人会成为宿命中的对手，并在不久后的将来相逢于河北的荒原之上，虽然他已经知道西晋的和平正在走向终结，同时正在走向终结的还有华夏民族的青春和陈寿脆弱的生命。

他最终知道，自己在西晋的使命不过是转身告别。向秦汉的风尚告别，向三国的英烈告别，向他卓绝的丞相诸葛亮和他同样卓绝的主簿陈寿告别，也向正在开启乱世的宣王后人告别。

永别了，洛阳。

## 第一节　洛阳怪谈

黎明和黄昏的气氛是相似的，那一刻，真正的光明和温暖还没有出现，但是天边却已经被金色的光芒照亮——区别是，这天边在东，还是在西；我们把过去的那100年当做是夜晚，还是当做白日；更大的区别是，面对着流血冲突的100年和之前和平强盛的300年，我们究竟能不能意识到，黑夜的时间和光明是类似的——如果说过去100年的冲突已经是黑夜，那么此刻的天光则不可能来自太阳，而仅仅是幸存者可悲的幻觉，更加可悲的是，这种幻觉值得沉溺，后英雄时代的幸存者，醉倒在自欺欺人的梦境里，而北方的边境正传来胡马的嘶鸣。

——摘自伯约的日记

**表9**

| 历史阶段 | 阶段、周期特征 | 竹简周期 | 纸笔周期 | 印刷周期 | 电子信息周期 |
|---|---|---|---|---|---|
| 第一阶段 | 集权的枯朽 | 西周 | 西晋 | — | — |
| 第二阶段 | 大分裂 | 东周列国 | \ | — | — |
| 第三阶段 | 集权的初建 | 秦 | — | — | — |
| 第四阶段 | 群雄逐鹿 | 秦末混战 | — | — | — |
| 第五阶段 | 集权的鼎盛 | 西汉和新朝 | — | — | — |
| 第六阶段 | 大叛乱 | 新末混战 | — | — | — |
| 第七阶段 | 集权的中兴 | 东汉前期 | — | — | — |
| 第八阶段 | 集权的衰退 | 汉末三国 | — | — | — |

注：“\”代表故事发生的时间段；“—”代表尚未发生的时间段。

写给秦汉帝国的悼词，在伯约凶险的计谋中结束。

伯约说，秦汉帝国是值得自己去殉葬的，虽然，他最终未能死去。

永生者的残酷使命剥夺了他的选择，面对短暂统一后惨烈而迫近的危险，已经永恒地阖上双眼的诸葛亮和曹操并不会看见，那为了恢复统一帝国流血牺牲的整整一代人，也不会看见。

但是他不同，他的悼词不仅要写给威武的秦汉和瑰丽的三国，也要写给西晋。他无权选择自己服务的对象，或者说，他服务的对象超越帝国和某些人，而是整个民族的文明本身。

同西周不同的是，魏晋的中国一直非常寒冷，这寒冷是伯约在褒斜道的山风中感觉不到的，那个时候他追随着试图逆天的诸葛亮，燃烧着一个汉朝人应有的热血，而现在，刺骨的寒风让他意识到，这热血已经消磨殆尽。

所剩下的，就是沉默和倾听。倾听阮籍的穷途恸哭，以及嵇康的登高悲啸，在高平陵事变的前夜，冷峻的山涛和懵懂的石鉴进行着关于未来的长谈，年少的江统漫步在华戎杂居的关中废墟上，来自西北的风让他若有所思却又不寒而栗。

三国时代结束了，时无英雄，竖子成名。

有时候，幸存者远没有逝者幸运。

太康八年，西元 287 年，春三月，洛阳太学。

许多年后，故地重游。

倒伏的石碑都已经被修复了，三角形尖顶的熹平石经整齐地摆放在太学里，蔡邕的银钩铁画凝固在石头上，成为比他的名字更为久远的存在。一块椭圆形顶石碑上刻着“故汉司隶校尉司马芳碑颂”的大字，伯约久久地凝视着那个“汉”字，也凝视着这位宣皇帝父亲的碑颂，他想起许多年前在这里求学的场景，想起那些匆匆度过的春天和夏天，想起那一年黄巾未起，美人如玉，奸雄少年——想到这里他终于吐出一声长叹，叹给这流年如水和物是人非……

久违了，故汉司隶校尉，久违了。

沉默年代，不胜唏嘘。

东吴已经灭亡6年了，这正是草长莺飞的好时节。

对于太学的大多数人来说，丧乱和痛苦都已经过去，大一统的帝国又一次建立起来，并必将完成不亚于秦汉时代的伟业，学生和老师都满怀着信心，投入到对上古典籍和前朝制度的钻研中去。是的，自郑玄大师去世后，还没有哪一年的学术氛围比得上如今，特别是皇帝陛下亲临太学的那几次，射礼盛况空前，盛世的欢欣鼓动着年轻人和博士们的心。是的，这是一个肆意行乐的好时代，学生们不仅要努力研习那些必要的考核内容，在私下里更怀有对那些时髦言论的向往之情，这种风气甚至蔓延到博士们身上，在用很短的时间解读完《尚书》的必要内容后，课堂就进入了神采飞扬的下半场，这批从汉末曹魏成长起来的读书人眉飞色舞地描述着自己少年时期的见闻——那正是关于大美人夏侯玄、嵇康、何宴（他们通常喜欢把他叫做何郎）和钟会的奇闻异事。

传说钟会一直爱慕玄郎，屡次表白都惨遭碰壁，直到夏侯玄受到朝廷猜忌入狱的时候，钟会终于等到机会，因为他的兄长正负责此案。

传说钟会在夜里曾深入诏狱，支开狱卒后又一次向夏侯玄表达爱意，但是玄郎保持了自己一贯的忠贞，随后钟会便试图强取，但是夏侯玄坚守不动，钟会最终未能如愿。

又有传闻称，钟会此后便伤了心，结交了一个笔友。当然，在鸿雁传书的20年里，钟会并没有闲着，众所周知，他打过嵇康的主意，但是嵇康也对他毫无感觉。

由爱生恨，钟会终于害死了嵇康，带着凄绝的快意。

嵇康死后，远方的笔友就成了他唯一的感情归宿，他用情甚深，曾在同僚中公开表达过自己的心意，其词句被纪录至今：

以伯约比中土名士，公休、太初（夏侯玄）不能胜也。

这跨越时间和国界惨烈的殉情也被人们传诵至今。

钟会死后，太学里一直不太对劲。

有博士读书很晚，就住在图书馆，他至少三次听到有人抚琴，依稀是《凤求凰》，然而琴音中毫无求爱之喜，却充满了不甘和怨艾。

也有你们的学长夜里路过那座无人的西三院，听见里面传来欢爱之声，但走近却发现里面分明没人。

最重要的是，子时千万不要出门。否则你们会看到一个人开肠破肚，捧着斗大的胆，在庭院里转来转去，口中喃喃自语，有时候是“伯约”，有时候是“士季”。

当然，这些都是笑谈，你们大可以不信哟。恶作剧够了的博士们拿起讲义就走，身后的庭院里已经是一片死寂。

孟观被吓白了脸，他犹豫晚上要不要继续去西三院“自习”。

西三院是存放历朝星占记录的地方，很少有学生会对这东西感兴趣。

但是孟观显然是那种好奇心过于旺盛的少数派——对于星占，他为之痴迷。说实话，除了应付功课，孟观的课余时间几乎都花在这上面，虽然先秦的占卜方法极其古奥，不易理解，但是秦汉以来的天文记录他已经了然于心。

这不是他这个年龄段的人能够达到的成就，不为人知的是，他有一个“老师”。

比起那些故弄玄虚实则狗屁不通的博士们，此人当真是高深莫测。孟观来到太学的第一天晚上就碰到了他，他看起来年龄并不大，但是对太学的历史沿革和掌故都熟稔于心，对于孟观来说，他正是那种可以一见如故的人，虽然孟观查遍了太学的人员记录，也找不到能和他对得上年龄和长相的人，但很快这个人在各个方面的智慧就让孟观倾倒，直到有一天，孟观下决心要拜他为师。

“老师”想了想，最终拒绝了他。但是又明确表示，可以在子时以后对孟观进行十天一次的星占答疑。

被鬼故事吓得心律不齐的孟观想到，今天正是答疑的日子。

去？还是不去？这是一个问题。孟观在卧榻上翻来覆去，月光很好，顺着窗户照进宿舍里，孟观抬头，看到荧惑（火星）正闪烁着诱人的红光，他最终下了决心。

子时，西三院。孟观一进门，就闻到了“老师”身上那种特有的味道，他打了个喷嚏，腿肚子有些发颤。

“你来晚了，这次有什么问题?”

一切如常，孟观松了口气。

他行了个礼，开口道，“弟子今天想请教的是，本月，荧惑并未守心①，为何太史要载入这样的记录呢？”

“老师”笑了笑，笑声黯哑，如同某些鸟类的夜唱，让孟观心里有些不快。

“孟观，给你说了多少次了，不要自称弟子。”

“你今天的问题和星占关系不大，但是，我可以回答你。”

“因为，陛下将崩。”

孟观打了个冷战，他急切地问，“老师，你怎么知道？”

“老师”回过头打量了他一下——这是非常少见的情况，背对授课是他和孟观的约定之一。

“因为，我知道太史令和太医的关系很好。”

孟观沉默了，老师继续回过头观察着他。

“孟观，你想要博取功名么？机会就要来了啊。”

少年的心事，毕竟还是藏不住的。孟观的呼吸有些急促，他抬起头望着“老师”说，

“老师，弟子冒昧，几年来一直有一个疑惑想问你，但又怕老师不高兴……”孟观说到这里停了一下，观察着“老师”的反应。

那个人嘿然一笑。

“呵呵，孟观，你终于还是忍不住了啊。记住，成大事必先忍耐，你这个样子，能博取功名，但能不能守住功名，还不好说。”

“考虑好你要问什么，仔细地、谨慎地考虑好。”

“老师，弟子想问，陛下如果去世，何人秉政？”

“嗯，这个问题还问得有点水平。除了皇后的父亲，自然是汝南王司马亮，嗯，必是此人。此人资格实老，庸碌无勇，陛下就喜欢这样的人，但是——太子愚痴，太子妃凶残，太傅娇豪，汝南王必不长久，可能连位子都

---

① “荧惑守心”是古代星占中的大凶之象，通过天文软件逆推历史上的星象，可知大部分的荧惑守心记录是伪造的，当时并未发生这样的天象，却被用来附会即将发生的不稳定事件。而真正出现荧惑守心的很多年，却都没有记载。

坐不热呢。”

“那……弟子当如何?”

“你吗?你跟着太子妃就好了。当然，别公开表态，不许嫌她丑。嗯……我困了，孟观，要不就到这里吧。”

“可是老师，我还想问……”

孟观吞吞吐吐，昨天下午课堂上的故事让他疑虑丛生，好奇心最终压过了自律。

“这是汉嘉郡特有的红土味，我很怀念那里。”

这是个直截了当的回答。汉嘉郡远在蜀汉，孟观愣了一下，寒意从四面八方包围过来，他嘴唇颤抖着，说不出话。

“老师”冷冷地打量着他，彻底把身体转了过来，没有开肠破腹，也没有手捧一胆。

孟观直勾勾地看着这个人，血液似乎都停止了流动。

“孟观，好奇心是要付出代价的——以后你不必来了。”

孟观如蒙大赦，他磕了个头，缓步倒退着离开了西三院，接着拔足狂奔。

“孟观，你学的还远远不够呢。”伯约轻轻地说。

三月，荧惑守心。占曰:“王者恶之”。

太熙元年，西元290年，夏四月，乙酉，帝崩，谥武。

义军既起，多劝观应齐王冏，(孟)观以紫宫帝坐无他变，谓伦应之，遂不从众议而为伦守。及帝反正，永饶冶令空桐机斩观首，传于洛阳，遂夷三族。

——《晋书·孟观传》

夏侯玄既被桎梏，时钟毓为廷尉，钟会先不与玄相知，因便狎之。玄曰:“虽复刑余之人，未敢闻命。”考掠初无一言，临刑东市，颜色不异。

——《世说新语》

## 第二节　司州夜话

太康十年，西元289年，春二月，洛阳，司隶校尉府。

北阁是光武帝刘秀任司隶校尉时曾经办公的地方，西晋重修后改成了从事史们的宿舍——这让这间宿舍的主人浮想联翩。

年轻的从事史通常过着一种分身乏术的生活，司隶校尉部是国之重地，事务异常繁杂，忙碌了一天回到住所后，仍会看到如山的数目字扑面而来。但这样的日子仍然不能够让刘琨放弃睡前的阅读，而一旦开始读史就很难再安然入睡，毕竟，他也是中山靖王的后人呢。

春天很冷，宿舍里说话时还能够看到哈气，刘琨皱了皱眉，打开房门，敲响对面宿舍的窗户。

对面的房间很快亮起了灯，一个更加年长的声音说，越石，还不睡吗？快进来吧，我这里到底暖和些。

刘琨推门而入，嬉笑着跌坐在祖逖的卧榻上，抓过一本书，惊喜道："周本纪！你全部抄下来了？"

祖逖懒洋洋地揉了揉鼻子："蠢货！周本纪才多长？这里面有1/3是《竹书纪年》里面的西周部分！"

"士稚兄，你又出言不逊了。说真的，周代的事情古奥难懂，有什么好看？我就喜欢看《高祖本纪》。"

"说你蠢你还不承认，高祖你学得了么，现在天下承平，你看这个作甚？不过你有一点说得对，太史公笔下的西周史确实有不好懂的地方，所以我才会去看《竹书纪年》啊。嘿嘿，这一看，可让我懂得了不少事。"

"算你说得有理……我看《高祖本纪》不过钦慕先祖英风罢了，哪像你，年纪不大倒是一肚子莫名其妙呢。来说说看，这《纪年》和太史公说的有什么不一样？"

"书在哪，你自己不识字吗？话说，你半夜找我，难道是为了讨论历史不成？"

"嘿嘿，你是我肚里蛔虫，怎么样，刚刚出差回来，又有不少奇奇怪怪的见闻吧？讲来听听呗。"

“哼，我就知道。”祖逖摇摇头，把床铺打开，然后伸了个懒腰：“你躺里面吧，里面更暖和些。”

刘琨听话地躺下，祖逖在他身边躺下，叹了一口气。

清了清嗓子，他开始讲。

（第一个故事）

今年年初，我离开洛阳去并州，路上，遇到一件怪事。

晋阳的小孩子，最近开始唱一首童谣。

*熏壶破，煮狄姜。洁壶碎，煮鱼羊。*

*五湖竭，煮大酱。五湖满，煮高墙。*

我听不懂他们在唱什么，但我猜肯定是有人教他们的，于是暗地里调查这件事。

晋阳的童子是听广武的童子唱的，而广武的童子说，是北方来贩马的人教他们唱的。北方的人怎么会教小孩唱这些？我虽然不明白，但是却非常警惕。我想向府君说起这件事，但又怕他觉得我啰嗦，于是我路上一直小心留意，直到发现了一些有趣的事。

并州的大族，和北方颇有来往！他们现在可是发达了，以娶胡姬为尚，而且经常有人长期住在塞外，一年都不回来一次，本地人觉得这很正常。我继续留意打听他们在塞外的勾当，听说胡姬的价格非常昂贵，买卖人口是一桩大买卖，说真的，我倒有些羡慕他们了，呆在这中枢机构，确实憋闷，倒不如在塞外来得爽快。

回来的路上，我和一队进京的商人同路，这批人都是并州内迁的胡人，长得和刘聪（匈奴人，时在洛阳游学）完全不一样。他们进京后就惹了麻烦，听说还差点被拿下问罪，但是却没有捉到。

我回来以后，一直心中烦闷，便常去酒肆，这一去，碰到一个高士。他应该就是那种隐者吧，衣着朴素，但是精神很好，怎么斗酒都赢不了他。我喝多了，他便送我回来，那日刚好府君不在，我就劝他留宿，并和他讲到童谣的事。

高士大笑，说这有何难！鱼羊是一个鲜字，姜就是羌，狄就是氐，加上，洁壶（羯胡），匈奴，不就是五湖（胡）么？

我听得背脊发凉，想详细问问，但是却困得不行。醒来，那人早就走了，后来我再去喝酒，却终于没能再碰到他。

“讲完了？”

“讲完了。”

“没劲儿。”

“哼，我就知道。那我再讲一个吧。”

（第二个故事）

你知道宫门外的铜驼吗？那可不仅仅是铸像。

听小黄门讲，运气好的午夜，会看到铜驼在宫门外行走，他们来回徘徊几步，就会停下来，面对着西面，似乎在思念长安。

听当年参与过拆卸工作的人讲，铜人和铜驼都是有灵性的，也是孝武皇帝的生前爱物，光武帝建都洛阳，却仍然把这些东西留在西京长安，就是害怕惊动了其中的魂魄。前魏明帝时，决心把这些东西迁到洛阳，铜人在霸城连夜哭泣，惊动了皇帝，只好将其留在霸城。铜驼运回来后，也数有妖孽，不久，宣皇帝（司马懿）就清除了曹爽，再过了几年，景皇帝（司马师）又废掉了曹芳。

但是最近这几个月，尤其是去年年底，铜驼周围又出现了异象。

你知道，铜驼就在中阳门外，这几十年，除了每一年会有几次自动改变朝向，并没有其他的事情，但是就在年关之时，铜驼座下的青砖缝里却长出了荆棘。

那荆棘是一夜之间长出来的，清晨发现时，荆棘已经爬上了铜驼的脊背，乱纷纷地缠绕在驼峰上，吓得内侍们赶快砍掉枝蔓，再掀开青砖，将其除根。随后又用一整块大青砖盖住铜驼下面，唯恐陛下知道。

但是这件事毕竟还是传到了陛下的耳朵里，听说，陛下的身体在这之后就不太好了。

这之后，铜驼在数个晚上流泪，很多禁卫都目睹过这件事，最奇怪的是，它们还偶尔发出低沉的哀鸣。

大家都说，这是要迁都长安的征兆呢。

“……骇人听闻！不过，你真的吓到我了。”

“哼，我当然知道你的口味了。‘从不猎奇刘越石’，他们不都这么叫你吗?”

“讨厌！可恶！这都是卑劣的谣言!”

“好吧，这一页揭过去……不过，既然这是谣言，那我就不接着讲了，晚安，越石。”

“虽然没有外人，但揭人短什么时候变成美德了呢，士稚兄!”

“唔……你承认就好……那我再讲一个吧。”祖逖说完，却沉默下来，过了好久都不说话。

“快讲啊，老兄。”刘琨等了好久却不见祖逖开口，于是用肘狠狠顶了一下祖逖的肋骨，祖逖哀嚎了一声，夸张地缩成一团，许久，看刘琨没有反应，才悻悻道：“好吧，你做好心理准备。这个故事的邪恶程度，要比前两个大得多。”

（第三个故事）

你知道，在你来司隶校尉署前，我是分管文教的，和博士们关系很好。你刚刚看到的那卷书，并不是我抄的，而是我委托一位古文字专家替我抄写的，他正是《竹书纪年》的抢救发掘者之一，我从他那里，知道了很多这本书背后的事情。

一些不可告人的事情。

十年前，战国魏襄王墓被盗。

司隶校尉部奉皇命缉拿盗贼，并很快破获了这一案件，抢救得到竹简几十车，都是先秦古籍。

但是，审问这些盗贼时，才发现，他们大多数都已经神志不清。少数几个没疯的，也都被吓得说不出话来。

十几日后，才有两三人写下了断断续续的供状，供状称，魏襄王墓中还有大量古籍和随葬品，他们之所以没拿多少，是因为碰到了守墓的异兽。

这异兽长如虎豹，通体黑蓝色，在月下会发出暗光。它颇通人性，开始只是挡住去路，并不伤人。他们有几个胆大的，想上前一搏，没想到一下子就被咬穿了喉咙！众人大惧，放下随葬品夺路而逃，这异兽倒也不追赶，据大胆回头看过一两眼的人讲，它还慢慢地把散落一地的随葬品聚拢在一起。

随后，据当时搬运文献的人回忆，当时周围确实有野兽出没，但是并未现身，现在想来，是搬运工人多势众的缘故。

按理说，此案就到此结束，司隶校尉部派人把墓填好，一切看起来都过去了。

然而很快，搬运工和文献整理组的人就接二连三地出现了异兆。

先是直接用手接触过竹简的那几个人先后发病，高烧不退，胡言乱语，大呼饶命。后来，这些人的病慢慢好了，只是人却变得疯疯癫癫，看见普通的黑猫也会吓得要死。

接着，是文献整理组的人出了问题，有一个博士在午夜猝死，死的时候还在翻译文献，据收尸的人讲，此人七窍流血，死状恐怖之极。

再后来，又有几个人陆陆续续地得病或者丢官，原因都莫名其妙，如在觐见皇帝时突然失礼，总之有倒不完的霉运。

就这样，翻译古文字的事情换了好几批人，都没能完成，直到招来给我抄书这个人，才总算有所进展。

今年正月，参与过文献整理的荀令君（荀勖）突然去世。有传闻说，他在整理汲冢文献的时候有个坎始终过不去，最终决心一个人去古墓收集更多的文献，从此一病不起。

而我，本着无可救药的好奇心，却拿到了这批古籍的一部分抄卷。

我猜，我可能多多少少明白了他们的死因。

祖逖讲到这里停住了，他怔怔地看着刘琨，眼神有些发直，刘琨心中直发虚，赶快推了他一下："我说老兄，你不是也着了魔吧！"

祖逖摇了摇头说那倒没有，但仍然没有继续往下讲，他叹了口气，抬头看着屋顶，窗外的猫头鹰传来低沉的叫声，刘琨心急，拉了拉祖逖的袖子说："快讲，接下来呢？他们怎么死的？"

祖逖的目光从房梁上滑落下来，再一次落在刘琨的两眉之间，他的声音变了，"他们死，是因为这本书，非，常，不，祥！"

刘琨呆住了，他迅速扫了一眼仍在一旁的文献抄卷，颤颤巍巍地把手伸过去想要翻开看又不敢，似乎是害怕那只异兽从里面跳出来。宿舍里的空气安静得令人窒息，许久，祖逖才继续开口："越石，你还要听吗？我大致可以告诉你，这里面的东西让我不寒而栗，他不仅描述了与司马迁完全相反的历史观点，其中描述的历史还和现在非常相似……如果你想像现在那样轻松地活着，我们就到此为止，你装作不知道有这回事儿，我也装作没有给你讲过。但是你要明白，一旦你选择往下听，一切都会截然不同。"

刘琨显然被祖逖少有的严肃语气给吓住了，他怯生生地问，"会有……哪些不同"？

"比如你以后大概没心思去听其他的猎奇故事了，在我来看，最猎奇的事情就发生在现在，你我……都身在其中。"

刘琨许久没有作声，祖逖看着他，挑逗道："好个中山靖王的后人，这就吓住了？"这一句话戳到了刘琨的痛楚，激得他跳将起来："少卖关子！我倒要听听这究竟是怎么回事儿！哼，区区一本书有这么大威力，让我见识见识！"

"好吧。"祖逖的声音又低沉起来，"你既然饱读诗书，那我问你，上古时期是怎么传位的？西周又是怎么灭亡的？"

"这你可考不住我，尧帝禅舜帝，舜帝禅大禹，大禹禅伯益，伯益不敢即位，让位于启。然后是夏商周啦，西周末年，周幽王宠爱褒姒，冷落王后，烽火戏诸侯，结果犬戎入侵的时候却没人救他，西周就此灭亡——怎么样，没错吧。"

"《竹书纪年》中却不是这样。"祖逖的声音在寒夜中阴森森地，"尧帝的儿子丹朱即位，称帝，为舜所圈禁，舜帝囚禁了尧帝，登上帝位！"

刘琨语塞了，他用力咽了一口吐沫，"……好吧，你继续说。"

"伯益试图阻止启即位，为启所杀。"

"这……这不荒唐么！"刘琨再也忍不住，大嚷起来，祖逖做了个禁声的手势，刘琨只好悻悻闭嘴。

"伊尹流放了太甲，自己篡位，7 年后，太甲潜回首都，杀伊尹。"

"……好吧，还有什么比这更猎奇的，都说出来吧……"刘琨说得有些有气无力。

"烽火戏诸侯是杜撰的。"

"什么？……真是三观尽毁……"

“西周末年，诸侯叛乱，二王并立多年，后来，支持周平王的那一派占了上风，另一个王被杀。”

“是这样……那犬戎是怎么回事？”

“犬戎连帮凶都算不上，他只是申国的棋子。”

“好吧……”刘琨喃喃自语，突然，他一把抓住祖逖的前襟，“就算这是真的，这和我们有什么关系？”

“嘿嘿。”祖逖冷笑着，一把将刘琨的手拿开，在他耳边说，“因为，在西周之前的殷商，也是一个强盛而持久的统一时代，就像……高祖建立的大汉。”

刘琨呆住了，他定定地看着枕边人，似乎从来不认识他：“这才是你真正想说的，是不是？”

祖逖挥了挥手，似乎是让刘琨不要打断他，然后继续说，“武王得国并不正，他所裹挟的都是西部的蛮夷。他所面对的，是正在进攻东夷的纣王，首都并没有多少士兵，要不然，又何必武装奴隶？”

“《左传》说，纣克东夷而陨其身，原来是这个意思……”刘琨感觉到自己多年的书都白读了。

“嘿嘿，还有一点你没有注意的事，太公望自己长期就住在东夷。”祖逖点拨道，“西周要是没有问题，怎么会200多年后就堕落成那个样子？那可是上古三代！”

刘琨听到这里已经是大汗淋漓，他早就听出了祖逖的弦外之音，只是一直心存侥幸，不愿确认，他怯生生地自语道，“也不尽然相似吧……”

“如果不是这批战国文献，我根本不会往这方面想。但是，看到历史的另一个版本之后，我一下子想通了。”刘琨有些恍惚，祖逖的声音似乎是从很远的地方传过来的，“西周末年的时候，已经开始使用竹简。而我们现在，”他挥了挥那本册子，“终于开始用纸。”

刘坤没有说话，他心里一片混乱，只听见冰冷的结论一点点涌进耳朵，让他陷入恐慌的中心……

“司马迁认为，上古三代是一脉相承的，但是从《竹书》来看，上古三代，尤其是商周之间，已经截然不同。商朝是上古的黄金时期，持续600多年才亡于暴乱和谎言，而西周开启的则是另一个时代，大一统的黄金时代后，不可能马上又是一个新的黄金时代，盛衰是相随的，秩序孕育着混沌。”

“士稚兄，我还是不愿相信，你必须说点更实在的东西。”刘琨终于平静下来，他望着祖逖的眼睛，语气变得沉稳而清冷。

“这个不难。我朝统一天下不到十年，你熟读高祖本纪，我问你，西汉开国那几年是什么气象，现在又是什么气象？高祖和世祖提三尺剑，以平民资取天下，群雄皆灭，天下莫有不从！我朝又是怎么得的天下？”

刘琨终于哑口无言，他比祖逖更了解当下的放纵、奢侈和荒淫。陛下屡次厉行节约，都在贵戚的抵制之下无疾而终，整个社会陷入到莫名其妙的浮躁和焦虑里，在这一夜之前，宴饮和郊游不过是刘琨逃避现实的工具，而在这直面历史的时候，刘琨第一次为自己的胡作非为感到羞愧和痛惜，他想起祖逖讲的第一个故事，一瞬间的警惕让他坐了起来，恐怖的未来景象如同洪水倒灌，在刘琨的心里翻江倒海，虽然他仍然理不出一个头绪，但他清楚地知道一点，在这个 17 岁的夜晚，无忧无虑的少年时代就这样过去了。

“越石，这本书早不出土，晚不出土，偏偏在此时出现，难道还有比这更加不祥的事情吗？那守墓的异兽是好心，看懂这部书又能够承受现实的人究竟有几个？让蠢货们继续沉溺在幻想中吧。”祖逖长叹了一声，“我劝家里人不要囤积财富，把多余的粮食送给穷人，但是，又有几个人听得进去呢？”

刘琨定定地看着这个平时一脸懒散的兄长，无尽的恐惧感包围了他，史书中的人喊马嘶浮现在他的眼前，他曾经以为自己错过了汉末三国的战火是莫大的幸运，而现在他终于意识到，乱世的呢喃正重新包围这片土地，而且与汉末那些发誓要匡扶天下的英雄群体不同，目前的大多数人，对未来毫无警惕之心。

“总之，越石，你也不小了，该想想自己的前程了。”祖逖意味深长地拍了拍刘琨的肩膀。

刘琨仍然沉浸在精神世界的巨大震撼里，他结结巴巴地说，“我……要好好想一想，但不是今晚，今晚的故事太可怕了，我的情绪还没稳定下来，不适合想事情，适合睡觉。”

祖逖冷冷地看了他一眼，一脚踹在他的腰上，刘琨闷哼了一声。

“干什么啊，觉都不让人家睡吗？”

“抱歉了。”祖逖无辜地笑着，掀开被子，穿好短衣，摘下墙上的剑，回头对他说，“这都怪你。谁让你跑来听故事的，我讲了这么久，鸡都打鸣了，只好起来练剑，你要来吗?”

“可是——”

“不来也可以。总之我不能陪你了，你就一个人缩在被子里罢，不过别忘了，你也算是碰过《竹书纪年》的人了，小心，蓝黑色的怪物正俯瞰着你……”

“你这个人！唉，你倒是慢点，等等我，等等我啊……”

祖逖与刘琨俱为司州主簿，情好绸缪，共被就寝，中夜闻荒鸡鸣，蹴琨觉曰：“此非恶声也。”因起舞。每语世事，或中宵起坐，相谓曰：“若四海鼎沸，豪杰并起，吾与足下当相避于中原耳。”

——《晋书·祖逖传》

## 第三节　未来回响

早春二月的洛阳，伯约走在街上。

已经很多年过去了，比起涿鹿那一次的死亡和随后的复苏，这一次明显经历了更长的时间。

原来，我也是会老的，想到这里，他有一丝欣慰。

听说，诸葛京在眉县做县令，也听说，陈寿去了洛阳，并完成了《三国志》的著作。

伯约说，看起来，我们都失败了，百年虎争，恍若一梦。

而事实上，历史从未终结，相反，历史是永不止息的潮水。

在前往洛阳之前，伯约在诸葛亮的坟墓之前站了很久，千古兴亡，百年悲笑，一时登览。

那天晚上他什么话都没有说，他只是定定地站到天亮，然后，狠了狠心，转身走开。

晨风清爽，伯约张开双臂，迎着东方的旭日。

天亮了，这个时代也回不去了。

乱世终结后的洛阳，在奢靡和颓唐中颤抖。

仅仅数十年之后，郑玄的学问就沦落到无人问津的地步，目前流行的，是老庄和易经。贵戚的庄园和府邸都极尽奢华，酒肆中流传的，是石崇斗富的故事，更是潘郎美貌的歌诀。比起过去100年的经济萧条，富裕当然是值得称颂的好事情，适当炫耀，有何不可？至于歌舞宴饮，文士雅集，更是一场接着一场，非但让文人迷醉，更引发了庶民的狂欢，那位丰姿优雅的潘郎，每一次出街都会引发少女的尖叫。如果说，曹操和刘备这一代人已经不配有未来，而仅仅能够抓紧现在的话，目前台面上的这一批人，则连现在和过去都一同迷失了。在玄学和奢靡风气的冲击下，秦汉时代的义气和高尚荡然无存，知识群体谈论的不再是天下和四海，而是如何更好地摧毁自己的心智和身体，酒色和华服得到了集体的认同，美貌的胡姬成了抢手货，就连那些用不起五石散的屌丝阶层，也喜欢躺在地上扯开前襟，好像他们真的嗑过药又发作了一样——如果说，三国时代是英雄们的狂欢，那么，伯约现在看到的，就只是精英阶层的孤独而已——酷烈的政治变动已经摧毁了他们对朝廷的全部信仰，当英雄们一个接一个地走向凋零，天地间存留的就只剩下了士人自己。

未来的中国往何处去？这个话题太沉重了。

那么，不如娱乐至死——前提是，你们要死得早一些。要是晚了，恐怕就很难死在美人的怀抱里。

在伯约听到的传闻中，王敦是他唯一还算看得起的人物，他在石崇家的特立独行令伯约击节赞叹又暗自轻笑——一个贵族子弟，却满怀着曹操式的不合时宜，他一定是这个时代的某一个掘墓人，而且还轮不到第一个。

经济快速地恢复了，而且奢侈和豪富程度都大大超越了上一个时代，这是一件好事吗？当然是一件好事。

在贵戚云集的洛阳，纸张的使用已经扩散开来，这打消了伯约打算用一手好刀笔功夫谋个职位的念头，现在的流行文章，叫《三都赋》，而现在的流行语，叫做洛阳纸贵。

伯约说，很好，一切都那么美好。

在那个容易伤感的春天，伯约和进城卖肉的羯胡小贩之间形成了短暂的友谊，他和那个14岁的少年有着微妙的相似之处，他们一起练武，喝酒，锻炼身体，学习语言，也互通消息。当金发少年试图用自残来发泄异乡人的孤独时，伯约总是劝他忍耐小心——对于某些人来说，他们的时代正在到来，而这一点，是大多数人所不知道的，所以，要学会沉静。

街头充斥了来自河东、关中和辽东的异乡口音，伯约微笑着，和他们擦肩而过。那些白皮肤黑眼睛亚麻色头发的显然是慕容鲜卑，圆脸粗壮辫发的则是拓跋鲜卑，金发碧眼的是生活在并州南部的羯人，什么长相都有的是匈奴人，长得和中原人相似，口音却沉涩难懂的是来自关中的氐人——万国来朝，气象万千，街巷两旁的建筑愈发地宏伟壮丽，刚刚从战乱中恢复的西晋将本来沦为废墟的洛阳再一次建设成了天下的中心，经济增长的速度令人赞叹。可以说，皇帝陛下正在竭尽全力去满足新生士人阶层的物质和精神需求，但是即使是这样，陛下自己仍然有着苛责的坏名声。

很好，伯约说，如果这就是士人们想要的，那么你们已经如愿。

这是宏伟而易碎的梦想，最底层是陈藩的白骨，再往上是孔融的三族，最上面是司马氏短促黯哑的宣礼，旁边还点缀着嵇康和吕安的血迹。

伯约说，原来舆论真的是可以摧毁一个时代的，古人诚不我欺也。

那么，享受着来之不易的和平，并且沉溺在里面吧。

如果说，华夏世界的进程真的是设计好的，那么伯约应该赞美这精巧的设计。伯约作为姜维的人生，可以看做是超自然力量对这进程的最后一次强势干预，然而他的结局已经证明，这个体系可以完全排除强力干扰并自主地运转下去，伯约和诸葛亮对旧制度的全部坚持，都在时光的巨轮中化为灰烬。

类似西周末年的时代已经来临，出生的啼哭就是送葬的哀鸣。

会有戎狄入寇，这戎狄并不强大，但是伴随着内斗的白热化进程，他必将彻底摧毁政治的中心。上一次是犬戎，这一次是谁？鲜卑？匈奴？氐人？羯人？还是兼而有之？

那么，会有落难王孙迁鼎以避开鼎沸的中原。上一次是周平王，这一次该是谁？伯约唯一知道的是，他姓司马，起码表面上是。

会有不亚于两汉长度的漫长分裂，就像春秋战国的持续时间接近殷商一样，在这场纷争中会有无数英雄争相登场，又快速死去。

而且，迁都的政府，只会愈发颓废，陷入一场旷日持久的慢性疾病中，直到最终的朽坏。

灭绝后不久，华夏会重新统一，天上的神灵会无所谓地说这不过是新的立春而已——当世间的蝼蚁在血海中挣扎了无数个春秋，对于天上的世界，一年的时光却才刚刚过去。

伯约说，这就是末日的密语。

洛阳非久居之地，而这正是寂静的告别。

伯约说，我向秦汉帝国告别，向这脆弱的美丽与和平告别，向丞相告别，也向……陈寿道别。

太康九年二月，洛阳中阳门南。

伯约信步走到铜驼街南口，空气中弥漫着甜腻的花香，满地的玉兰花瓣似乎是在进行一场针对春风的控诉和声讨。伯约抬头仰望着街边盛开的花树，这和平而温婉的气氛令人陶醉。是的，比起在陇西的风中吃土，谁不愿意过更加舒适和美好的生活呢？洛阳的春天很短，很快就是酣畅淋漓的夏季。如果不是一个永生者的话，伯约此刻也早就计划着四月的出游，春夏之交的王屋山是无以伦比的，草长莺飞，马蹄欢畅，美人的歌声动如银铃。

但是，永生者有自己的命运，伯约凄凉地笑着，打量着花树旁边的屋檐。

这里有一进小院，地方不大但是区位甚佳。

著作郎陈寿的府邸就在这里，完成《三国志》后他就长期处于休养状态，闭门不出，生怕那些他笔下人物的后裔打上门来——写当代史毕竟是有风险的。

伯约轻巧地往树上一搭，翻入墙内——在坟墓里躺了那么久，身手好在还跟得上。

家里没什么人，仆役都懒懒散散的，没什么生气，连庭院里的草木都耷拉着，浑不似春天的样子。

历史学家真是恐怖的生物啊。伯约轻松地避开仆役，心里嘀咕着，进入内室。

陈寿果然还没有醒，他仰卧着，表情抽搐，似乎正陷入一场噩梦里。

“承祚，这么多年了，你还是这么贪睡。”伯约对着他的左耳轻轻地说。

陈寿惊坐而起。

很难形容他看到伯约的表情——那个糟老头子不见了，已故的汉大将军伯约剃掉了胡子，面皮光洁得如同陈寿第一次见到他的时候——只能说，这种情况陈寿这辈子也难以遇到第二次，他惊骇莫名，大张着嘴，胡须一抖一抖，嘴里却说不出一句话来。

“承祚，解释我之所以不死是一件很浪费时间的事，不必多礼，也不必多虑，你就全当我修炼过张鲁的仙术吧。”

“我找你有两件事，你仔细听好了。”还是那种陈寿熟悉了几十年的口气，已经惯于自称老夫的著作郎陈寿一下子回到了自己最思念的语境之中，他努力地掐了一下大腿，意识到自己不是在做梦。陈寿想起自己第一次去卫将军府报道的青涩场景，又想起在大汉灭亡前夕和伯约的彻夜长谈，那正如昔日重来的蜀中妙乐，也让他的心里涌起一种久违的温暖。

“第一件事，我叫你办的事情，你办得不错。嗯，尤其是陛下那一篇和我的本传，该说的都说了，该听懂的都听懂了，看不懂的也觉得你言辞简要——张华一定很喜欢你。汉从来就没有史官，很好，这件事办得漂亮，交给你的时候我都不信你能办成，可惜我不能给你发奖。”

陈寿没有说话，那正是他做成的一件大事，重要性和修史不相上下，成就和修史也不相上下。

“第二件事，张华这个人，你怎么看？”

“君侯对寿有知遇之恩。”

“那就随你吧。但是记住，中书郎你不要做，做了之后就不是你能控制的事了。”

“我知道。谯周老师也曾觉得我升不上去，还觉得这是好事。”

“这老……算了，这件事上他说的没错。”

“好了，不打搅你了，我要走了。”伯约站起身来，又回头看了他一眼，“承祚，你要是还觉得我说话算数，让你儿子做好回国的准备，别再来中原，如果宁州职位有缺，你争取让他顶上，趁着张华还没出事，说话还算数——丞相在南中遗泽甚广，你儿子在那里会更安全。”

“敬诺，将军。”陈寿小声说道。他面对着伯约离开的方向跪倒，并郑重地行了一个大礼。

离歌已奏，伯约一个人走在清晨的大街上，心中偶有波澜泛起，但随后是漫长的安宁。

伯约试图避免的恐怖未来，终于轰然而至，《三国志》是不朽的，但不朽的悼词仍然只是悼词。

西晋不再有出塞之歌。

伯约说，直到你拼尽了全力，才有资格说什么叫命中注定。

三国流的血还是太少了。96 年的天下流血，本不配换来一个比肩两汉的和平，在时光的洪流中，曹操、刘备、诸葛亮和伯约的毕生挣扎，最终也只是感动了他们自己。

不仅历史无情，这世界上的大多数人本就无情。

不过，司马氏，你们真的赢了吗？迎着来自并州的寒风，伯约惨然一笑，那笑声并不会随风逝去，许多年后，终于当了皇帝的羯胡小贩和终于成为豫州刺史的祖逖会一同在烈士暮年的不甘中怀念洛阳的暮春和与伯约的交谈。而在他们临阵对峙的那一年，刘琨已经殉国，闪耀的彗星正预示着永不止息的流血和哀嚎声。

陈寿字承祚，巴西安汉人也。少受学于散骑常侍谯周，治尚书、三传，锐精史、汉，聪警敏识，属文富艳。初应州命卫将军主簿、东观秘书郎、散骑黄门侍郎。

吴平后，寿乃纠合三国史，着魏、吴、蜀三书六十五篇，号三国志，又着古国志五十篇，品藻典雅，中书监荀勖、令张华深爱之，以班固、史迁不足方也。

兄子符，字长信，亦有文才，继寿着作佐郎，上廉令。符弟莅，字叔度，梁州别驾，骠骑将军齐王辟掾，卒洛下。莅从弟阶，字达芝，州主簿，察孝廉，褒中令、永昌西部都尉、建宁兴古太守。

——《华阳国志·陈寿传》

# 第7章

# 伯约的民国手稿修订（3）：造纸术、募兵制和隋唐时代的经济结构

## 引 言

在上一章中，伯约详细地总结了西周到三国时代的中国历史以及这段历史与其理论框架的契合性。类似地，他在本章的叙述中总结了西晋到五代时期的中国历史，以及这段历史与西周至三国的理论框架契合性。在这种一一对应的镜像叙事里，历史大事件和关键人物都是成对出现的。

犬戎毁灭了西周，并引发了周朝的迁都和华夏世界的大分裂，同样，有南匈奴毁灭了西晋并引发了晋朝的迁都和华夏世界的大分裂。

秦始皇结束了大分裂并统一了天下，建立了一个短命的王朝，同样，隋文帝结束了大分裂，建立了一个同样短命的王朝。

刘邦和李渊分别建立了空前长久的汉朝和唐朝。

东汉毁灭于张角起义引发的军阀强盛，最强大的军阀曹氏篡夺了汉朝。同样，唐朝毁灭于黄巢起义引发的军阀强盛，最强大的军阀朱氏篡夺了唐朝。这两个篡夺大王朝的军阀都无力统一天下，最终统一天下的力量都与他们毫不相干。

在两个首尾相续的1000年内，大事件和历史人物完成了优雅的对称，并嵌套在《伯约的民国手稿1》中提出的理论框架里。

这个理论框架正在裹挟着已经发生的历史推进到距离20世纪越来越近

的时代，然而其节奏却体现出永恒不变的稳健和无情。

伯约说，这节奏正是华夏民族的脉搏。

他没有说，这节奏也是永生的伯约澎湃不止的心跳声。

我们将在这一章回顾西晋的灭亡，波澜壮阔的十六国，南北朝时代以及这种大分裂时期孕育的隋唐帝国，并在最后对五代十国时期的叙述中谈及隋唐帝国的衰老和颓败。第二周期的长度要比第一周期短一些，华夏文明在这一阶段经历了西晋时期的颓丧和迷惘，十六国南北朝时期频繁的政变和军争，也最终迎来了又一个巅峰时期。汉语在这一周期进入了最辉煌的时代，数不清的诗人在隋唐的史册上留名，华夏文明的辐射范围大大拓展了，惨烈而动荡的战乱岁月结束之后，华夏文明进入了富庶而强盛的隋唐时期。我们将讨论发生在这一周期的政治结构剧变和文明演进，并着重观察隋唐帝国在扩张到极限后发生的又一次内战——分裂和对峙，我们也将对照第一周期来挖掘两个时代的相似性，并尝试着分析为什么这种相似性是无法避免的。

## 第一节　转型社会中的西晋政治和永嘉之乱的起源

公元280年，东吴被消灭，天下一统①。

就像西周一样，西晋也站在社会转型的十字路口。西周时代是上古三代的最后一个时期，以鬼神崇拜、青铜文明和甲骨文为根基的上古社会正在社会财富和技术大积累中开始转型。西晋的转型，从经济基础上看，是从土地分配较为平均的自耕农社会转向土地高度集中的庄园主社会。从人才流动模式来看，是从秦汉的军功爵制和察举制②转向代表门阀士族利益的九品中正制③。当然，这个社会转型要从东汉说起。

---

① 《晋书·武帝纪》：王浚以舟师至于建业之石头，孙皓大惧，面缚与榇，降于军门。

② 察举制：始于汉武帝元光元年，公元前－134年的选拔制度，基于地方官吏举荐、朝廷考察和大族保举，考查范围广泛，涉及兵法，律法，阴阳，文学等多项。

③ 即“九品官人法”，起于东汉延康元年，公元220年，由清流对人才进行审核和分级，事实上导致了士族对人才流动渠道的垄断。

**表 10**

| 历史阶段 | 阶段、周期特征 | 竹简周期 | 纸笔周期 | 印刷周期 | 电子信息周期 |
|---|---|---|---|---|---|
| 第一阶段 | 集权的枯朽 | 西周 | 西晋 | \ | — |
| 第二阶段 | 大分裂 | 东周列国 | 东晋南北朝 | — | — |
| 第三阶段 | 集权的初建 | 秦 | 隋 | — | — |
| 第四阶段 | 群雄逐鹿 | 秦末混战 | 隋末混战 | — | — |
| 第五阶段 | 集权的鼎盛 | 西汉和新朝 | 唐朝前期 | — | — |
| 第六阶段 | 大叛乱 | 新末混战 | 军阀叛乱 | — | — |
| 第七阶段 | 集权的中兴 | 东汉前期 | 唐朝后期 | — | — |
| 第八阶段 | 集权的衰退 | 汉末三国 | 唐末五代 | — | — |

注：“ \ ”代表故事发生的时间段；“—”代表尚未发生的时间段。

## 汉末西晋的经济体制转型

上一章我们着重梳理了第一周期的分裂时代，也就是春秋战国，并指出，春秋战国孕育出的秦汉帝国是建立在事功社会的基础上的。什么是事功社会呢？事功社会的制度基础是商鞅创立的“二十等军功爵制度”。在酷烈竞争的战国初期，秦国创立了以歼敌数为考核标准的人才激励晋升制度。政府垄断了除军功以外的其他获利渠道。与此同时，商鞅鼓励小家庭，即每一户只有一个男子①，这让每家分得的田地和赋税显得平均。可见，商鞅变法的核心是打击贵族对土地的垄断，而建立起土地分配较为平均的小农社会。也就是说，理想状态下，政府成为土地唯一的收税者，农民向郡守负责，郡守向君主负责。农民和战士负责生产食物和胜利，而政府则对每个人的成就进行考核和分配财富以及社会地位。也就是说，商鞅创立的是一个非常纯粹的军国主义等级社会（但这并不是说，秦国没有商业。从寡妇清②的事迹来看，秦国政府利用大商人作为国营经济的补充，在战国时代，贸易是获取别国物产的必要渠道）。这种社会形态仍然构成了西汉的政治基础。

但西汉和秦不同的一点是，在商鞅变法的时代，秦国的土地经历过一次

① 《史记·商君列传》：民有二男以上不分异者，倍其负。

② 《史记·货殖列传》：巴寡妇清，其先得丹穴，而擅其利数世，家亦不訾。清，寡妇也，能守其业，用财自卫，不见侵犯。秦始皇以为贞妇而客之，为筑怀清台。

商鞅主导的再分配，国家有权收回土地，所以秦国的土地分配比较平均，但是当秦朝统一天下之后，这种进一步的粉碎山东六国大族垄断土地和分配土地的做法似乎并没有出现在秦始皇的行为记录中。西汉初年，刚刚经历了7年内战的华夏大地满目疮痍，黄老政治作为西汉对秦政的一种修正，成为了汉武帝中期以前的统治思想。这种拒绝政府干预、鼓励民间自由发展的政治理念让西汉迅速繁荣了起来。但这种繁荣是建立在民众自发积极性之上的，因而也就无法阻止豪族的重新出现。到武帝中期以后，大财阀、大侠客、大家族已经成为皇权和基层之间的阻隔，虽然武帝、昭帝和宣帝倚重酷吏和严刑峻法强烈遏制土地兼并和大族对政治的干预，但也只能勉力维持皇权和大族势力的平衡。当然，商鞅的做法已经不再符合时宜了，发展到宣帝后期的汉朝已经失去了扩张的对象，因而也不能将整个国家变成秦国式的军事机器。皇帝们应该做的，就是在历史红线到来之前，把国内的稳定维持得更久一些。经济学告诉我们，不加约束的自由竞争必将走向垄断。汉宣帝之后，皇帝们逐渐失去了对刑名和法家的兴趣，大族的膨胀也突破了界限。当历史红线逼近时，贫富差距已经到了惊人的地步。就这一点而言，王莽将民众的愤怒归结于土地可以买卖这一条并不算荒谬①。当然，王莽剥夺豪族利益的后果是可以预测的。

第一周期的第六阶段，推翻新朝和重建汉朝的战争消耗了大量人口，也暂时平息了社会矛盾。虽然刘秀和他的儿子仍然有能力遏制豪强，但是当东汉的第三位皇帝上任时，平衡再一次被打破了。之后，东汉的政治就渐渐被外戚和士人把持，庄园主们的影响力开始弥散，军功社会的经济基础已经不复存在，而汉末王粲②的《爵论》可以说是对商鞅制度最后的缅怀。

汉末，士人、外戚、皇权和宦官之间爆发了激烈的斗争，最终导致天下分崩，皇权瓦解，有士人集团支持的三大军阀把持了权力，而军阀曹操建立的帝国又很快被更符合士人利益的司马氏篡夺。究其原因，无论曹操、刘备还是诸葛亮，他们挺身而出，试图维持的都是建立在汉朝旧制基础上的统一

① 王莽将田产划为王田，并禁止买卖。

② 王粲（177～217年），东汉末年文学家，被称为“建安七子之冠冕”。他的《爵论》论述了军功爵制度的衰落。

帝国——即维持中央政府的权威，用严厉的法令抑制豪强。而当豪强（庄园主、经学世家、门阀士族）垄断了生产环节和人才流动渠道后，这种近乎悲壮的执拗自然无法持续下去。刘备对士人采取了果断的抑制手段，诸葛亮执政期间，不可谓没有励精图治，但这并不能真正赢得本地大族的支持（事实上，当邓艾大军兵临成都时，投降成了大多数人的第一建议，而这种政治风向最终导致了刘禅的投降①）。曹操在北方，用非常不温和的手段针对士族领袖，但这妨碍不了士族精英接近他的继承人并对其施加影响②。东吴则是直接选择了同大族妥协，依靠士族而不是法令和酷吏来进行统治。就曹魏而言，曹氏的出身并不光彩，在那些家世显赫、四世三公的家族面前，曹氏不过是依靠军事能力上位的暴发户（拥汉派的势力一直存在，这大概也是因为士族集团认为弱势的汉献帝远比强势的曹操符合自己的利益）。事实上，曹魏的三代皇帝中，只有实际上并未称帝的曹操能够用个人才智平衡士族的力量。而一旦曹操死去（青州兵自行解散事件可以说明曹操完全在依靠个人威望维系政权），这种平衡就不存在了。魏文帝曹丕和魏明帝曹睿对士族的依赖程度日益加深，曹睿执政的最后几年，沉溺于女色和宫廷建筑并疏于政事，最终将国家托付于士族的代表司马懿，继任的曹氏贵族皆为碌碌之辈，自然无法阻挡司马氏的篡位脚步，事实上，当曹魏的倒数第二位皇帝曹髦被贾充豢养的武士成济刺杀时，肯为皇帝殉难的人几乎是找不到的。

## 西晋夺权模式的弊端

问题在于，司马氏取得执政权并不意味着社会矛盾的解决，恰恰相反，当司马炎即位的时候，社会转型才刚刚开始。事实上，当国家的经济结构已经发生剧变时，新兴的士族阶层必然要谋取更大的政治利益和安全感，而这与谋求大权独揽的皇权政治是格格不入的。在中国历史的又一个转折点上，我们发现了一些有趣的历史现象。

首先，汉末的农民起义是可以通过历史红线来进行普遍性预测的。但是借助农民起义纷纷崛起削弱皇权的军阀，却是士人集团的代表。

---

① 《三国志·蜀志·后主传》：用光禄大夫谯周策，降于艾。

② 《晋书·宣帝纪》：每与大谋，辄有奇策，为太子所信重，与陈群、吴质、硃乐号曰四友。

其次，军阀把持权力并篡位后，又成为士人集团的敌人。谋求垂直权力的皇族会与谋求权力均衡的士人集团发生剧烈冲突。

最后，最终统一天下的家族，其取得天下的方式并非像始皇帝或者汉高祖那样功业昭烈。

相对而言，司马氏夺权的成本要小得多，统一天下的难度也小得多。他即不像秦朝那样，通过30多代君主的开拓，500多年的奋斗稳健地取代了周室，更不像汉朝的刘邦和刘秀那样，以平民的身份，吊民伐罪的正义性，披坚执锐地取得了天下（汉高祖曾于重病时拒绝医治，称："吾以布衣提三尺剑取天下，此非天命乎？命乃在天，虽扁鹊何益！"这里无疑反映出汉高祖本人对合法性来源的一种认可和自信）。

与之相反，司马氏夺取权力的路线是以诡秘和谲诈为主要特征的。具体而言，司马氏一度是汉朝和曹魏的股肱重臣，他上位的核心原因是曹魏政权的过渡性。也就是说，是因为曹魏政权的执政者过于不合时宜和软弱，才将天下无可奈何地禅让给了司马氏，这就是所谓的"得国不正①"和"得国太易"。

由于走了这样一条夺权路线，西晋政权并没有通过战争消灭掉大多数的反对者，或者说，西晋找不到太多反对者。他没有像秦朝一样，创造了一个行之有效的军功爵体系，并彻底打破周朝的政治制度。也不是汉朝般的在内战废墟上对秦制进行了系统的继承和调整。事实上，西晋的官僚系统和统治方式都是过渡性质的，这是汉末中央失去威信时，不得不依靠大族和军阀维持统治的结果。同时，出于对自己上位模式的恐惧感和对东汉、曹魏那种皇帝大权旁落导致权臣上位的历史教训，西晋政权在面对转型社会的时候，一定会采取异常极端的政策来巩固皇权的力量，因为他们知道转型社会一定是动荡不安的。当然，这种极端政策又是相对于另一个极端而言的——曹操不信任拥汉派士人，在位时以各种理由对汉臣进行诛戮，曹丕恐惧同族的篡

① 《晋书·宣帝纪》：明帝时，王导侍坐。帝问前世所以得天下，导乃陈帝创业之始，用文帝末高贵乡公事。明帝以面覆床曰：若如公言，晋祚复安得长远！

位，对诸侯王进行了超乎寻常的严厉管束①。这些尝试都是过渡期的政权出于对前朝教训的恐惧感而自发做出的，因而也谈不上什么政治远见。更加不幸的是，曹魏的失败又将西晋逼向了极端的另一面，即西晋最恐惧的，正是类似曹魏的宗族衰弱和因此导致的权臣篡位。理解了这一点，也就理解了晋武帝大肆分封诸侯王②，并给予这些宗室军政大权的历史背景。

东汉中后期的经济结构质变决定了未来中国政治的门阀化，但是历史总是在曲折中前进。三国的战乱中，以曹操和刘备为代表的军阀力图恢复君主的权威，并延缓了门阀士族的形成。而这种与历史趋势相对抗的做法又遭到了必然的报复——西晋统一中国以后，皇权和门阀士族无奈地变成了利益共同体，士族通过这种方式取得了他们梦寐以求的政治和经济特权，因而也就引发了门阀士族无限制的贪婪和自我膨胀。这种贪婪和膨胀导致了社会财富的大量浪费，也迅速把晋武帝登基以来20多年的和平和繁荣毁于一旦。

### 魏晋时期的士风

不得不指出的一点是，作为一个新兴的统治阶层，西晋初年的门阀士族集团离政治成熟还很遥远。在获得了他们一直渴望的权力后，他们很快就把士人的责任和道德抛到了脑后。这种自暴自弃和贪婪一方面是失去对手后的放纵——在获取了政治特权后，他们很快转向内部倾轧；另一方面则是带有报复性质的，在曹操主导朝政的时期，他们的欲望被牢牢压制着，士人们对曹操畏惧却不尊敬。接着，很快他们又发现，曹操不过是强势君主政治的回光返照而已。也就是说，门阀士族还没有找到同皇权妥协共存的方式，他们穷奢极欲，认为皇权仍然压制着他们的发展，并采取一切可以想到的方式同

---

① 《三国志·武文世王公传》注引《袁子》：王国使有老兵百余人，以卫其国。虽有王侯之号，而乃侪为匹夫。县（悬）隔千里之外，无朝聘之仪，邻国无会同之制。诸侯游猎不得过30里，又为设防辅监国之官以伺察之。王侯皆思为布衣而不能得。既违宗国藩屏之义，又亏亲戚骨肉之恩。

② 《晋书·武帝纪》：甲申，以汝南王亮为大司马、大都督、假黄钺。改封南阳王柬为秦王，始平王玮为楚王，濮阳王允为淮南王，并假节之国，各统方州军事。立皇子乂为长沙王，颖为成都王，晏为吴王，炽为豫章王，演为代王，皇孙遹为广陵王。立濮阳王子迪为汉王，始平王子仪为毗陵王，汝南王次子羕为西阳公。徙扶风王畅为顺阳王，畅弟歆为新野公，琅邪王观弟澹为东武公，繇为东安公，漼为广陵公，卷为东莞公。

政府的主张对抗。政府主张节用，他们就钟鸣鼎食①；政府主张忠节和孝道，他们就大谈个性与自由。可悲的是，他们并不知道这样做的后果，也不知道自己力量的边界究竟在哪里。他们眼中只有瞬时的欢愉，而酷烈的政治斗争早就让人不敢也不愿意思考过于遥远的事情。

于是，巨大的裂痕在暴力机关和舆论领袖之间出现。为了对抗捍卫君权的儒家意识形态，魏晋玄学应运而生。士人集团扭转了上流社会的思潮，并以此来冲击维护君权所必须的伦理纲常。在英雄辈出的三国时代终结于司马氏的政变阴谋，而非曹刘百折不挠的奋斗和轰轰烈烈的胜利时，士人们用一种匪夷所思的方式夺走了社会的话语权，而面对日益下滑的社会风气和士人集团的末世心态，晋武帝虽然反复提倡节俭和孝道，但最终这些措施被证明是没有效果的②。

应该说，两汉的君主们已经在士人心中留下了相当顽固的正统意识，但是这种社会心理被曹丕和司马昭的篡位连续两次瓦解了。华夏世界失去了君主社会的精神支柱，荣誉感和气节最终被残忍的现实所嘲笑，而这正是士人集团行为放诞的心理基础。如果我们理解了这一点，就不难理解司马昭统治时期所发生的士人和君权之间的冲突：一味献媚强权的钟会遭到了主流舆论的唾弃，而标榜清高和不合作态度的嵇康和吕安③成为了那个放诞时代的公共消费品。军功爵框架下的秦汉帝国彻底崩塌了，而站立在秦汉帝国废墟上的西晋，却是一个注定无法继承伟业的私生子。士族已经获得了舆论的主导权和参政的特权，但皇室仍觉得有必要保持高压政策和对政治方向的主导性。同秦汉时期的儒生相比，士人们已经得到了太多，但作为一个刚刚掌握政治主导权的新兴阶层而言，他们得到的还远远不够。晋武帝时期的洛阳，沉浸在皇权的无奈和士人的末日狂欢之中。虽然帝国的经济一片繁荣，虽然有很多清醒的人物已经在心中发出警告，虽然，我们还能够看到何曾对未来

① 《晋书·武帝纪》：琇，景献皇后之从父弟也；后将军王恺，文明皇后之弟也；散骑常侍、侍中石崇，苞之子也。三人皆富于财，竞以奢侈相高。

② 《晋书·武帝纪》：平吴之后，天下乂安，遂怠于政术，耽于游宴，宠爱后党，亲贵当权，旧臣不得专任，彝章紊废，请谒行矣。

③ 吕安被诉不孝，嵇康为其辩护，被认为是不孝行为的同情者，并以反对礼法的罪名被诛杀。

的叹息①，索琳在铜驼面前的感慨②，祖逖和刘琨在暗夜中的奋发努力③，但必须要明确的一点是，在那个繁荣而困惑的太康盛世中，华夏民族的精英们选择了尽欢而散。

客观地讲，西晋时士大夫的虚无主义和享乐主义，本质上是新兴阶层无法适应统治地位的产物。士人和君主的冲突只是表面现象，深层次的原因是两种力量尚未找到平衡点。君主恐惧士人领袖的再次篡权，而士人恐惧皇权对士人的血腥打压。皇权代表着威信、忠孝、气节和服从，而士人阶层则表示受够了这种意识形态背后的冷酷和压制。从阮籍开始，文化名流行为怪诞，谈吐荒唐——国家，民族，忠君，尽孝，在他们眼中都成为敬而远之的艺术品。汉末三国时期的96年间，400年凛然不可侵犯的大汉朝廷退出了历史舞台，而这个由曹氏所篡夺的皇位又很快被新的权臣司马氏篡夺。秉持忠信的荀彧、臧洪④、诸葛亮为自己的理想殉葬了，以诈力和反复无常著称的其他人活了下来。三国的君主们并没有成为最后的胜利者，而司马氏却取得了不可思议的成功。这一连串的政治地震彻底动摇了士人对皇权政治的信仰，他们对政治有本能的疏离感。更可怕的是，他们并没有意识到自己的力量，他们不明白，自己已经成为国家机器中不可缺少的一分子，甚至已经成为了这个国家真正的主人。相反，皇权对他们恐惧性的排斥让他们心生愤懑。当时代为他们敞开了纵欲的门槛，坐怀不乱的不再是君子，而是不识冷暖的僵木。对于这个时候的士人集团而言，自由和逍遥就是一切。只有在自身的欲望被满足时，他们才感觉到真实。诚然，克己复礼和忠君爱国对于大多数人来说并不是本能，而是有着明确的目的——即这样做能够让自己获得认同和满足感。一旦当他们发现，这样做不仅不代表自己拥有了道德上的优越感和功业上的成就感，反而让自己变成了被意识形态愚弄的一分子时，道

---

① 《晋书·何绥传》：初，曾侍武帝宴，退而告遵等曰："国家应天受禅，创业垂统。吾每宴见，未尝闻经国远图，惟说平生常事，非贻厥孙谋之兆也。及身而已，后嗣其殆乎！此子孙之忧也。汝等犹可获没。"指诸孙曰："此等必遇乱亡也。"及绥死，嵩哭之曰："我祖其大圣乎！"

② 《晋书·惠帝纪》：索靖有先识远量，知天下将乱，指洛阳宫门铜驼，叹曰："会见汝在荆棘中耳。"

③ 《晋书·祖逖传》：逖、琨并有英气，每语世事，或中宵起坐，相谓曰："若四海鼎沸，豪杰并起，吾与足下当相避于中原耳。"

④ 荀彧不满曹操称王，遭忌而忧死。臧洪忠于故友，战死沙场。

德体系和忠君思想就彻底崩溃了——像王戎那样，天天算计自己庄园的收成才是符合逻辑的，虽然他身处要职①。

## 西晋经济制度的实质

西晋社会最核心的特征就是冲突——经济结构的转变带来了新的新兴阶层，新兴阶层参与政治的渴望同最高权力产生冲突。最高权力对新兴阶层采取防范和打压的做法，却导致新兴阶层在意识形态上拥有了压倒性优势。而一旦参政权被放开，最高权力又面临着被边缘化的危险，因为新兴阶层并不知道自己力量的边界，他们只想摆脱最高权力的威胁。这导致西晋的政策方向必然是内向的，而弥合内部冲突消耗了太多的社会资源。

基于此，我们不难解读西晋历史的走向。皇权在意识形态上全面战败，只能寄托于对暴力机关的掌控。为了防止新兴阶层全面干涉政治甚至导演司马懿式的内部夺权，晋武帝在晚年安置了过于庞大的诸侯王体系来维护皇权和制衡士人力量，这导致了暴力机关的分散和膨胀，而这种暴力机关的膨胀正是八王之乱和永嘉南渡最关键的社会背景。

以上所论述的是西晋社会无法避免的政治困境。此外，西晋初期的人口结构也不容乐观。三国时期大规模的人口损失主要发生在官渡之战以前，集中在关中、兖州和徐州，当三国鼎立的格局得到巩固的时候，人口便恢复了增长②。50年后，北方军人在击灭蜀汉和东吴的战争中并未遭到有效抵抗，士人们成批对北方效忠，很多地方官继续担任自己原来的职务。所以在西晋初年，比起李傕、郭汜祸乱关中和曹操在徐州屠城的时代，人口已经有了显著恢复。同时，大量胡人趁北中国大乱的时候迁入中原③：在这些胡人中有来自中亚的羯人，内附中原、居于现陕北和山西中北部的南匈奴，世代居住

---

① 王戎吝啬事迹见《世说新语·鄙吝》。

② 见葛剑雄所著《中国人口史》，复旦大学出版社2005年版，第171页。

③ 晋武帝时期的侍御史郭钦在上疏中提到：“魏初民少，西北诸郡，皆为戎居，内及京兆，魏郡，弘农，往往有之。”

于河湟谷地和汉中的羌人和氐人，以及从河西到东北广泛分布的鲜卑人[①]，这些人很多都转为了农民，并为西晋初年经济的快速复苏贡献了力量。而另一方面，他们在政治权利上遭到地方官的歧视也是无法避免的，这种歧视很快就不可避免地转化为民族矛盾。

一个更加基础性的背景是，从东汉末年到西晋初年，天气在持续变冷。三国战乱主要破坏的是北方农耕区，因而北方的耕地面积下降也比较严重。应该说，寒冷天气的一个最主要的后果是适合生物繁衍的纬度区间会逐渐南移（相反，科学家们论述全球变暖也借助了一个非常有力的证据：即跟踪动物种群持续向北方迁徙[②]）。这个后果同样适用于人类，生活在漠北游牧区的民族因为寒冷天气不得不南下寻找生路，而此刻他们面对的不再是秦汉时期温暖湿润且聚合了华夏文明绝大多数耕地和人口的北方，而是刚刚经历过战乱、人口凋敝并仍在经历寒冷气候的北方。

可以说，晋武帝时期的盛世是建立在沙砾之上的，虽然太康年间的经济繁荣和社会稳定一度掩盖了快速蔓延的政治危机，但是在士人们奢靡和颓唐的无病呻吟中，又一个大分裂时代的序幕已经拉开。

由于朝臣的压力和皇帝自己的侥幸心理，晋武帝选择的继承人是历史上著名的白痴皇帝晋惠帝司马衷。同时为了防止贾氏控制太子，晋武帝又给本来十分弱小的外戚杨氏过多实权，这种用一个错误掩盖另一个错误的方式最终使危机提前爆发。后来的历史证明，司马衷的皇后贾南风仅仅利用了一个边缘宗室的野心就一举夺取了大权，而晋武帝留下的制衡体系并没有起到正面作用。相反，由于制衡体系过于臃肿，针对篡位者赵王伦的战争很快就让长城内外的异族都欣喜地发现，整个华夏世界正沉溺于自相残杀之中。

至此，总结一下西晋时期是非常必要的。

第一，西晋虽然结束了东汉崩溃后近百年的军阀割据，但对于东汉的版图来说，西晋继承的十分有限（这是可以理解的，西晋初期人口较少，不足

---

① 羯人，匈奴别部，高加索人种，陈寅恪在《唐代政治史论稿》中主张羯人是月氏人。南匈奴是归附汉朝的呼韩邪单于后代，聚于山西中北部和陕西北部。羌人和氐人分布在甘、青河湟地区，是古羌人之后，鲜卑人是阿尔泰语系的游牧民族，广泛分布于北部沙漠和森林。

② 新华网：全球变暖使北美野生动物向北迁移。
http：//news. xinhuanet. com/st/2004 －11/10/content_ 2197839. htm。

以夺回边疆地区）。在东汉末年，大量原来属于东汉的蛮族区开始独立或者半独立，更令人忧虑的是，在同汉人相处了数百年之后，华夏文明圈外围的蛮族的政治能力有了显著提升，他们通过参与中原动乱（如南匈奴参与曹操和袁绍的战争），一步步将势力范围扩展到一些战略要地，比如陕北、关中地区和山西中北部。

第二，开国时期的胜利、地缘上的劣势和转型社会的内部矛盾让整个国家转向享乐和内敛，刚正进取的风气遭到了主流舆论的抵制。

第三，新生阶层注定要和皇权发生剧烈的冲突。皇权采取高压手段会导致自己在政治上暂时获得主导权的同时被舆论孤立，之后不得不选择向舆论妥协，尽量将异见人士吸纳入体制内，承认他们的经济权利的同时，要求他们在政治上保持沉默。当然，对于坚决不合作的少数派，皇权也从不吝惜暴力。

第四，新兴阶层最终将赢得这场博弈的胜利，除了开国的君主尚能保证一定的平衡，随着时间的发展，皇权会愈发虚化，政治门阀和经济寡头终将控制政府。

最后不得不提的是，这场博弈的代价是惨重的，中央政府被削弱的标志性事件是南匈奴对首都的毁灭性打击。

## 第二节　战火中的荒原：东晋十六国和南北朝时期

### 西晋的灭亡

接下来，我们的探讨将进入八王之乱和永嘉南渡。

八王之乱是西晋畸形政治结构的必然结果。东汉末年，皇权旁落，军阀混战削弱了国家，但并没有找到出路。等到天下一统，西晋政府力图重振中央王朝的威名，却显然力不从心。很快，类似西周末年的混乱重新出现——君权旁落，诸侯王争权夺利，以首都为中心的政变此起彼伏。唯一不同的一点是，西周末年的蛮族实力还很弱小，犬戎在被周平王利用完毕之后，很快就成为秦人和晋人扩张战争的牺牲品，而西晋末年的蛮族实力却不可同日而语。汉末乱世中，北中国华夏族人口快速下降，胡人则展开了对核心地带和战略要地的渗透，这种渗透起于东汉末年，到西晋统一时已经经过了将近 100 年的时间。一个客观的历史结果是华夏民族失去了对北方一些战略要地（尤其是山西）的控制权。甚至在过去的统治中心关中地区，政府的控制力也仅仅停留在长安等大城市，而关中的乡野则被迁徙至此的羌人和氐人占领。另一个无奈的后果是，大量的胡人贵族担任了军事长官，因为西晋政府在力量不足时不得不采取“以胡制胡”的政策。相对于散居于城市和农村的华夏族来说，胡人仍然保持着部落迁徙的传统，这让他们在应对战乱时能够更好地变成一个有凝聚力的整体。

就在西晋人口结构发生了巨变，不少胡人领袖已经在关中和华北边境发动了叛乱时①，更大的危机正在宫廷中酝酿。晋武帝死后，地方和中央的力量对比发生了显著变化，无论是弱势的外戚杨氏还是贪婪的皇后贾南风，都不足以压制地方宗室的力量。张华、贾模和贾南风结成了政治联盟，并保证了十年的和平，然而贾南风最终失去了理智并杀死了太子，这给了其他宗室子弟改变现状的口实，她随即在司马伦掀起的政变中死去。西晋皇族对政治的参与可以说是空前绝后的，大量司马氏子弟担任了重要军政职务：他们有的在首都执掌中枢，有的领兵在外，这让连环政变和频繁战争迅速出现。当最后的胜利者东海王司马越掌握了大权时，南匈奴已经在太原起兵，冀州和青州也早就为盗匪所扰掠。叛军领袖们宣布服从匈奴头领刘渊的号令，并向西晋的残余势力发起了冲击，很快，北中国就陷入了战乱和萧条。

差不多同一时间，一直不平静的西南地区爆发多股势力参与的叛乱，一度出任西晋军官的巴氐李氏家族最终在博弈中得胜并占有了益州，接着，荆州的流民也几乎消灭了政府在该地区的所有军队，虽然这场叛乱最终被陶侃领导的新军所扑灭。匈奴人依次俘虏了北方的晋怀帝和晋愍帝，并将自己的王朝命名为汉②。在华北和东北地区，鲜卑部落仍然名义上效忠着晋朝并以尊王攘夷的名义扩大着势力范围③。值得一提的是匈奴人在华北地区的代理

---

① 在八王之乱之前，氐人齐万年已经在西北发动叛乱，而鲜卑部落也屡次侵犯东北边境。

② 这是一起具有讽刺意义的历史事件，同时也反映出，此刻的匈奴已非几百年前仅仅满足于掠夺的野蛮人了，他们已经学着用中原的方式来思考政治，虽然这种模仿仍然是比较笨拙的。

③ 慕容鲜卑长期与南渡的东晋皇室保持藩属关系，直到永和八年，即著名的《兰亭集序》完成前一年为止。

人石勒——事实上他当时已经有了充分的行动权。实事求是地讲，石勒同匈奴人仅仅是政治同盟的关系，在不发生武装冲突的前提下，石勒有着充分的行动自由。这位从奴隶成长起来的羯族统帅依次消灭了若干西晋在华北地区的残余势力，并迫使华夏族的自卫组织乞活军①服从自己的命令。当匈奴人由于刘渊和刘聪的相继死去陷入内战时，石勒却在华北地区建立起牢固的统治。等到关中的匈奴领袖刘曜重整了匈奴力量时，过去团结在刘渊旗帜下的反晋联盟正式分裂为东西两部分，石勒在接下来的北方统一战争中消灭了刘曜，并成为北中国除辽东、河西走廊以及西域之外的主人。

与此同时，西晋宗室硕果仅存的司马睿在建康继承了皇位，努力重建晋朝在长江以南的政治秩序。皇权到司马睿这一代变得更加虚弱了，虽然司马睿希望使用法家的学说夺回权力，但在大将军王敦控制首都上游地区的现实面前，这种努力很难成功。君权和门阀之间的矛盾很快激化了，王敦的军队顺流而下，逼迫司马睿做出妥协（应该说，王敦这种过于激进的做法并不讨整个士族阶层的好，但这种行为却清楚地证明了，当时的门阀有足够的实力和君权对抗）。司马睿在兵临城下的窘境下屈服并很快死去，这种尴尬的局面比起东周时期诸侯对天子的轻慢来说有过之而无不及。虽然即位的晋明帝是个强悍而专注的年轻人，他很快统帅大军平定了王敦的叛乱，但是似乎上天并不保佑司马氏，在平定王敦之乱后不久，晋明帝英年早逝（东晋唯一有能力控制局面的两位皇帝晋明帝和晋孝武帝的死亡都是耐人寻味的，由于本文并非着眼于历史考据，所以类似的节点只做简要介绍）。顺理成章的一点是，在晋明帝死去之后，东晋的政治实权遭到了世家大族的轮流分享。

如果我们回顾一下发生在第一周期的犬戎之乱和平王东迁，一个相似的格局出现了。华夏世界在经历了西周末年的政治困境和大混乱，春秋战国的求索革新，秦汉帝国的鼎盛和扩张后，又一次陷入了中央空虚和地方势力崛起的漩涡里。唯一不同的是，比起西周末年，北方游牧民族扮演了更加重要的角色。西周对商朝的取代是代价比较小的，分封制保证了边疆大国的行动

① 北方华夏族的自卫组织，在晋室南渡后，北方华夏族为了在战乱中自救，自发形成了以坞堡为防御基地的军事组织，这些军事组织在向胡人头领屈服的同时保持自治，其头领很多出任了胡人政权的高官，如后赵石虎时期的李农。

自由，并且，虽然西周后期也经历了温度下降，但是这个趋势并没有持续太久，所以北方游牧民族对中原政治的干涉是有限的。而西晋建立之前，汉末惨烈的内战大大消耗了中原的实力，华族和胡人的力量对比发生了显著变化，西晋建立的时候，国家正处在衰弱的处境中。在西周末年的继承人斗争中，我们似乎还能够看到谈判和妥协，周平王向诸侯出让了权力和地盘，以获取他们对自己地位的支持和对局面的巩固。而西晋末年的夺权斗争却无底线地白热化了。这更让处在胡人威胁下的中原政权变得不堪一击。

总之，八王之乱和永嘉南渡的后果比犬戎之乱严重得多。虽然在东周开始的几十年内，蛮族也如潮水一样包围了正在转型的华夏文明，但是齐桓公和管仲迅速建立起一套大国主导下的国际秩序，并主导了中原诸国对周围蛮族的反击。这并不是说，在八王之乱导致的蛮族入侵中没有出现试图整合华夏族势力对抗胡人的英雄人物，但是东晋中央政府的权力毕竟远远大于东周中央政府，而且蛮族的实力也远远强于东周初年，两个很著名的例子是：祖逖领导的北伐和刘琨在并州的斗争，刘琨最终死于段氏鲜卑的猜忌，而祖逖虽然在抗击石勒的战场上取得了巨大的胜利，但这位缺乏后方支持的民族英雄并不能够扭转晋室偏安的大势，而随着祖逖本人的去世，这支由中原流民组成的北伐军也逐渐消沉瓦解。

一个结论是，在我们讨论到八王之乱和永嘉南渡的时候，中国历史确实在新的政治制度和农业条件下进入了相似的阶段中，而比起东周初年，华夏文明的战斗力和创造力都大大消退了。

## 流血的北方

东晋立国之后，北中国又出现了反复的统一和崩溃。不同的国家和民族在北方出现，然后又在不长的时间内被后来者消灭。石勒建立的后赵政权开始重用儒生，在华夏世界的北方复兴经学和传播佛教①，但不久后赵就崩毁于宗室子弟之间的连环篡位。在又一次惨烈的断杀后，建都关中的前秦统一了北中国，儒学在北方进一步得到复兴和发扬，然而前秦却在力图统一南方

① 佛教在后赵的兴盛和佛图澄被后赵宫廷宠信有直接关系。佛图澄生于西域，寿命长达116岁，是当时闻名天下的神僧，因对后赵君主石勒颇有助力被留在后赵传播佛法。

的决定性战役①中被东晋北府军击溃，这致使原本和平的北方再一次陷入群雄逐鹿。长期混战后，来自代郡的拓跋鲜卑建立了北魏并再一次统一北方。北魏的统治者进行了比较彻底的汉化改革，适合新时代的军制和政治体制在北魏出现了雏形。但北魏很快再次陷入了新一轮的内战和分裂中，高氏军阀和宇文氏军阀分别在河东和关中建立起北齐和北周。而当北周终于再一次统一了北中国后，南北之间的力量对比已经发生了根本性的逆转。

那么政局相对稳定的南方政权为何没能抓住北方分裂的时机完成统一呢？（这里本文还不打算引入中国历代争霸北方容易胜过南方的统计学结论）。其中一个主要的原因是南方的相对稳定致使其没有发展出更加适应新时代的政治模式和意识形态。南方的政治演变并没有受到战乱的干扰，君权虚弱和大族政治的局面得以延续和巩固，由于政治权力的获得主要依赖出身，这让南方的高门士族继续走向腐朽。高官沉溺于宗教与语言逻辑层面上的哲学思辨，以弱不禁风为荣②，以孔武敢斗为耻。神州陆沉并没有激起他们的斗志，反倒是让他们更加觉得世事无常，因而也有了早入春宵和千金散尽的必要性。而正因为如此，很多流民和小官僚出身的寒门将领才获得了上位的机会。能够作战的将军们大多来自流民聚集的京口（今镇江），并形成了北府军集团。最终这个集团涌现出杰出的军事统帅刘裕，这位统帅依次消灭了淮北的南燕、益州的谯纵和关中的后秦后，当仁不让地取代了晋朝皇室成为了新王朝的开创者。然而，寒族出生的皇帝为了削弱门阀影响和巩固权力，却又再一次犯下晋武帝的错误——将宗室子弟分封于各个战略要地并掌握兵权，之后，南朝的很大一部分历史就在宗室残杀中度过了③。

同南方大族长期盛行玄学和享乐主义不同，北方大族在惨烈的战争中重新选择了儒学和律法并被异族统治者所承认。经学大族同强悍的游牧民族进行了联盟，并融合出崇尚军功和荣誉的新华夏族。虽然南方也从来没有缺乏过名将，并发起过一次又一次的北伐，但是无论是桓温还是刘裕，北伐都仅

① 淝水之战，东晋北府军以 8 万主力击溃前秦 96 万大军，并阵斩秦军主将符融。

② 《颜氏家训·涉务》：及侯景之乱，阶肤脆骨柔，不堪行步体羸气若，不耐寒暑，坐死仓促者，往往而然。建康令王复性既儒雅，未尝骑乘，见马嘶喷陆梁，莫不震慑，乃谓人曰：正是虎，何故为马乎？

③ 南朝宋文帝后，暴君频繁出现，宗室相残不断，齐明帝在位间，宗室相残超过南朝宋。

仅是他们巩固权力的手段，他们时刻被建康的政治斗争所牵动[①]，而这导致北伐的成果只能是有限的。相对的是在北魏统治下走向复兴的中国北方，农业得到恢复，高门大族对入主中原的游牧人产生了正面的影响，当北魏孝文帝进行了全面的汉化改革后，北方的文化已经并不如想象中那样粗鄙[②]。

当然，这并不是说，孝文帝时期的北魏就有了统一中国的能力。相反，北魏的汉化政策矮化了鲜卑族的军官，这些军人的后代长期驻守在北方，在文化上受到歧视。这种改革造成的失落感最终引爆了六镇起义，并将巅峰时期的北中国又一次拖入谷底。北魏末年的内战成就了高欢和宇文泰两位军政全才，并将北方再一次撕裂为两部分。正当南北力量格局可能发生改变的时候，一名叫做侯景的北方流亡将领在南朝掀起了一场兵变，而这场兵变给南方经济造成了惨重损失。等到陈武帝重新恢复了南方的政治秩序之后，北方和南方已经拉开了差距，北朝重新赢得了人口和经济上的压倒性优势[③]，而这意味着统一主动权的归属已经不再有悬念。

最终，隋文帝杨坚治下的北朝发起了灭国战争，华夏世界在八王之乱的300年后重归一统。

## 两晋南北朝回顾

我们如何来看待两晋南北朝的中国历史呢？或者说，两晋南北朝的历史在第二周期甚至整个中国历史长河中占有怎样的地位？如果说，春秋战国时代的争鸣、碰撞和融合成就了之后伟大的秦汉时代的话，这样的评价可以同样应用于两晋南北朝吗？

从某种程度上说，是的。

首先，两晋和南朝的历史体现出东汉末期以来华夏文明政治生活的衰朽。转型期如期到来了，但是执政者却无法做好准备。这是可以理解的，统治者倾向于向过去的辉煌时代寻找借鉴，以西晋为例，晋武帝上台后，力行

---

① 刘裕集团的建康留守刘穆之去世后，刘裕便中断了北伐，回到江东夺取政权，这导致刚刚收复的关中地区为匈奴铁弗部领袖赫连勃勃所占领。

② 传奇人物陈庆之北伐归来后曾感慨："吾始以为大江以北皆戎狄之乡，比至洛阳，乃知衣冠人物尽在中原，非江东所及也，奈何轻之？"

③ 葛剑雄：《中国人口史》，复旦大学出版社2005年版，第194页。

节俭，提倡孝道，但不幸的是，社会心理基础和经济基础都已经不支持这种政策。所以说，面对转型社会，政府永远是被动的。面对新生的门阀士族力量，皇权开始是恐惧和防范的，之后是无奈妥协的。而新生的门阀士族力量面对皇权，开始是疏远和戒备的，掌权后则竭力将其边缘化。自两晋到宋齐梁陈的时代，士族和皇帝始终没有找到权力的平衡点，所以南朝的政治注定在两个极端之间来回摆动：碰到强势的皇帝，则士族势力萎缩，强势的皇帝为了保证子孙的专政，又犯下分封诸王的错误。诸王争权，导致皇族衰落，政权又重新落到有能力的士族领袖手里。回顾两晋和南朝的历史，因为权力分配不均而导致的叛乱屡见不鲜，虽然这些叛乱都被平定下去，但其平定的基础并不是重新出现了强势的皇族和有效的官僚机构（唯一的例外是刘裕，但刘裕登基时年事已高，并没有给子孙留下一个稳定的局面，而是采取了上文提到的分封诸王的政策，从而很快毁掉了来之不易的强势皇权），而是依靠大族之间的妥协。平定叛乱并不能够解决权力分配的不均衡，而只是暂时维持了局面。叛乱者虽然是诸派系中最强势的一方，但是当其他派系联合起来的时候，叛乱者仍然无力抵挡。王敦、桓温和桓玄的失败案例已经证明，士族派系中的某一个最强大派系试图通过军事手段取而代之是不可能的。这反而会造成士族门阀整体力量的削弱。

其次，同南朝这种烈度较低，且不打破局面的政治洗牌不同，北方任何一次政治动荡的力度都远远超过了南方。当南方的客族和吴地士族正在为争夺家族排名勾心斗角的时候，北方正在上演轰轰烈烈的争霸战争。

第一个阶段是刘渊、王弥和石勒等叛军对西晋残余势力的扫荡，这个阶段持续到前赵攻占长安并俘虏了西晋的最后一个皇帝。

第二个阶段是后赵的统一、稳定和崩溃。石勒统一北方之后很快死去，石虎在石勒去世不久便篡位登基，在位 15 年间，北方的农业生产得到恢复，人口开始增长，佛教传入北方并得到后赵政府的肯定。石虎死后，北方秩序迅速崩溃，氐人占领了关中，鲜卑人占领了辽东和河北地区。

第三个阶段是前秦的建立、统一和崩溃。氐人苻氏趁后赵末年的战乱进占关中并巩固了统治，在苻坚和王猛当政的时代，前秦政治清明，军事强大，文化繁荣，最终消灭了前燕政权并统一了北方。然而这一局面在苻坚发动南侵之后就快速终结。淝水之战后，北方政治秩序再一次崩溃。

第四个阶段是北魏的统一、崩溃和分裂。拓跋氏趁前秦后燕末年之乱进击中原并最终一统北方，然而北魏后期又上演了连续的起义和争雄，东西魏的争霸战争一直持续到公元 577 年，北方走向南北朝时代的最后一次统一，而此刻离中国再一次统一也只有 12 年的时间。

可以说，虽然南方也出现了王朝生灭和权力易手，但这种改变的烈度和参与度是相对较低的，也大大减少了南方政治体系革新的可能。而北方不同，北方每一次统一和分裂，都建立在全民博弈性质的大战争上。一度处于权力巅峰的几个家族（如匈奴刘氏，羯族石氏，氐族苻氏，鲜卑慕容氏和拓跋氏，羌族姚氏），依次遭到灭族的厄运。而正是由于北方的竞争更加残酷，才催生了更加有效率的行政体制。同南方不同，北方的大族和皇权之间慢慢找到了力量的平衡点，这个力量的平衡点就是儒学和律法在北方的恢复和一个有效官僚系统的重新形成。虽然大族子弟仍然有做官的优先权，但是皇权的强大让大族无法彻底垄断人才流动渠道，因而也没有彻底剥夺寒门的机会。这种微妙的制衡最终决定了，代表华夏文明未来发展方向的一定是北方的政权。虽然从长期来看，南朝的影响反而要更大一些。例如道教和佛教在隋唐时代的重大影响，以及庄园主经济的进一步发展。从隋唐的历史来看，均田制很快被破坏，大族政治在安史之乱之后迅速回潮，并压制了出身低下的士人。

最后，在动荡的 300 年间，佛教开始盛行，儒学、玄学和佛学进行了初步的对话、碰撞和相互学习。这成为隋唐时代三教并重的先声。纸张作为一种新的文化传播媒介，迅速代替了竹简，成为南北通用的文字载体。可以说，在玄学思潮冲击儒学，北方儒学和律法复兴的过程中，信息技术革新所起的作用是决定性的。就像竹简一样，纸张的广泛使用，也正是处在各种思潮碰撞发展的大分裂时代。这一点绝非偶然。我们可以看出信息技术革新对思想进步的关键性影响，其运行机制仍然是信息传播成本的下降和知识群体的快速扩大。

到此为止，第二周期的第三阶段开始了。

# 第三节　隋唐帝国的鼎盛和衰落

## 隋朝的统一及灭亡

公元589年，开皇九年正月，南京。隋军兵临城下，后庭遗曲尽，金陵王气收。

长久分裂的中国大陆终于走向了新的统一，一个新的时代到来了——尽管，在稳定国内安全局势后，隋朝迅速走上了类似秦朝的道路。有为的开国君主和他的继任者将新制度推广开来，出于对周围蛮族的警惕性，帝国的军事机器继续开动，并在打击突厥、契丹和吐谷浑的战争中都取得了巨大胜利。同热衷于大型工程的秦朝一样，隋朝也致力于打通中原到南方的交通——只不过秦朝选择了建设驰道，而隋朝则选择了运河。这些持续性的大规模军事行动和工程建设都能够说明一个问题，即隋朝初期的人口数已经处在非常危险的水平上①。隋文帝和隋炀帝初期的盛世正是建立在人口刚刚饱和的基础上的，这也是盛极必衰的一个主要原因。而同秦朝一样，隋朝最终在征服外族的道路上遭到了惨重失败（就如同秦朝在岭南经历的惨败一样），当一个高速运转的机器突然面临能源不足，其后果的严重远远大于那些低功率的机器。相似的结局发生了，隋朝短暂的辉煌结束之后，是农民起义所引发的全民战争。大一统政治秩序瞬间崩溃，个人为了生存，必须加入不同的军事集团，群雄逐鹿的局面再次产生，除了逃入深山，当时的劳动力是无法选择中立的，因为粮食生产的前提条件已经不复存在。

就如同秦朝奠定了中国数百年发展的基础一样，隋朝的历史地位也是类似的：这两个短命的朝代都奠定了下一个大一统时期的基本版图（秦隋之后，更加稳定的汉朝和唐朝初期会丧失一些刚刚获得的领土，比如汉朝初年南越的独立和唐朝初年吐谷浑的复国，但是随着之后财富和人力资源的积累，收复这些领土和在此基础上的扩张是势在必行的），削弱了因为中原内战而强盛起来的蛮族集团，并为继承者建立了可行的政治制度。从最高权力

---

① 葛剑雄：《中国人口史》，复旦大学出版社2005年版，第201页。

的结构来看，秦朝的三公九卿制在隋朝演变为三省六部制。需要读者注意的是，这种演变并不是突然出现的。事实上，三公九卿制度的演化始于汉武帝设立内外朝，逐渐地，尚书台从一个很小的政策咨询机构变成了具有实权的决策机关，最终成为尚书省的雏形。从军制来讲，秦汉时期的义务兵役制已经被北朝的府兵制度取代。某种共性驱使着秦朝和隋朝的继承者采用秦隋创立的制度，而不是向更遥远的古人吸取智慧。

同时，相比第一周期的第三阶段，隋朝的版图大大拓展了。这些新近获得的领土多是在汉朝时确定下来的，比如凉州和河湟。可以看出，华夏世界的地理边界在延伸。当漫长的分裂和战争最终锻造了隋朝这个王者之后，更广大的领土和更多数量的人口是可以预期的。

接着，隋朝以其迅猛的鼎盛和败亡昭示出历史规律的不可违背。在我们的探讨进入到相似的历史阶段后，就如本文在秦朝阶段所做的那样，隋朝的崩坏和随之而来的混战也值得详细分析。

需要提醒读者注意的是，秦朝和隋朝出现了一个共同特点，就是统治者热衷于消耗民力。如果考虑到秦朝和隋朝的人口问题的话，不得不承认的是，这种聚合民力推进大工程和战争的做法并非是不理性的。多余的人口会造成耕地紧缺和失业，并让流动人口快速增加，这在任何政府眼中都是不得不注意的不稳定因素，而将这些流动人口聚集起来，由政府主导进行劳动和食物分配，未尝不是无奈之举。当然，秦朝末年的政变和隋炀帝在辽东战场的惨败加速了他们败亡的过程，但本文要指出的是，庞大的人口基数和古代并不严密的监管导致这种长期分裂之后的统一时代是无法维持下去的——社会矛盾并没有因为统一而得以缓解，反倒是因为统一带来的和平而变得尖锐化了。

同第一周期类似，第二周期的第三阶段迅速结束，以农民战争和群雄逐鹿为特征的第四阶段开始了。当然，同第一周期一样，第二周期的第四阶段也很短暂。

需要注意到的是，古人并非对历史规律无所了解。早在隋炀帝初年的时候，一位后来的造反者李密就早早辞去了官职，闭门读书（李密阅读的正是《项羽本纪》，很巧，他和项羽处在相同的历史阶段）。和项羽不同，李密不是和新王朝不共戴天的人物，相反，他出自北朝一个显赫的官宦家族，所以李密这么做的目的只能是脱身避祸，并谋求在未来的乱世中一展身手。他后来参加了杨玄感的叛乱和瓦岗寨的起义，一度成为隋末农民义军的盟主，但最终被另一位造反者王世充所击败。李密虽然曾是朝廷内的人物，但他过早选择了抛弃隋朝的旗帜，相反，最后的赢家李渊则一直很沉得住气，即使在晋阳起兵的时候仍然没有放弃隋朝的旗号，并在天下大乱的时候乘虚占领了关中。在隋朝末年的时候，关中的经济已经恢复过来，并重新有了天下中心的地位，加上关中在古代战争中一贯具有的攻防优势，一旦关中地区在群雄逐鹿的过程中被某个势力占据，其他势力想要胜利就相对困难。

所以，同秦末一样，这一次结束混战的势力也来自关中。唐朝的建立似乎复制了汉朝的历史，来自关中的军队依次消灭和招降了盘踞洛阳的王世充、河北的窦建德、江陵的萧铣和江东的杜伏威。同汉朝对秦朝的继承一样，唐朝也继承了隋朝的大部分政治创举，尤其是将隋朝创立的科举制度和行政区划传承下来。

终于，一个可以和汉朝比肩的时代到来了。第二周期的中央集权力量经过隋朝时期的回升，于唐朝走向稳健和鼎盛，第五阶段——即中央王朝的稳定统一时代即将再次开启。

## 唐朝的扩张和安全困境

公元 624 年，唐高祖武德七年，最后的反唐力量被粉碎，天下一统。

同汉朝类似，唐朝初年经历了人口的低谷、北方游牧民族的压力和之后的人口积累和反击，但是这个反击比汉朝要轻快。唐太宗执政期间，就依靠李靖和侯君集消灭了东突厥和吐谷浑的统治核心。到唐高宗时期，唐朝已经进一步扩张，并消灭了高句丽和西突厥。但和汉朝不同的是，另一个民族在初唐时期迅速崛起，并成为不亚于突厥、契丹等少数民族的强劲对手。从唐朝的和亲对象可以看出，能够同唐朝争夺中亚霸权的民族并非来自漠北——逐渐强大的吐蕃帝国很快就成为唐朝最强劲的敌人。也就是说，唐朝的对手远比汉朝要多。除了北方边境来去无踪的游牧人，盘踞在青藏高原的吐蕃帝国成为华夏文明西进的主要阻碍。然而，随着唐朝国力的进一步强盛，唐朝的影响力仍然扩散到了西域甚至更遥远的阿富汗地区，并最终和阿拉伯帝国正面碰撞。

的确，汉朝的打击对象是比较单一的，就是持续袭扰北方的匈奴人。但是唐朝在东北、西北、西南方向都出现了强劲的敌人，这也导致了唐朝的军事机构迅速膨胀起来——这一点着重体现在唐朝边防军事制度的演化上①。开始，唐朝的地方军为边将就地招募，碰到大战时同中央府兵配合，地方将领并没有指挥权之外的权力。而很快，这种局面就随着节度使制度的出现而被打破。节度使制度让边防大将由单纯执行军事任务而变为兼管辖区内屯田、度支、视察等工作，集军政大权于一身。边防守戍部队也由原来的地方军、边防军府兵相配合的方法，改为就地招募，因而“将可专兵”，这就逐渐让边军变为私人部队，数量也逐渐超过了朝廷的直属部队。关中的部队在全国军队比例中开始下降，导致朝廷无法靠中央力量控制四方。同时，唐玄宗后期，各地胡人边将的任期大大加长，这也加速了第二周期第五阶段的结束和安史之乱的来临。

同汉朝相比，华夏世界的军事制度发生了巨大变化。西汉时代仍然延续了战国时期的征兵制，即每一个男性公民都必须抽出两年时间为国家服兵役②。这意味着西汉时代仍然是全民皆兵。而在论述商鞅制度时本文提到了，军功爵制度的基础是小家庭，也就是说，只有在没有大农场主、地方政府能够清理辖地户口和农田数量的时候，全民皆兵才是可行的。而这个基础早在东汉时期就被破坏了。进入两晋南北朝以后，门阀士族主导了政治。即使是士族和皇权取得平衡的隋唐时期，大规模的庄园主和土地兼并也早早出现，导致唐初的均田制很快无法执行下去，接着依附于均田制的府兵制度也快速消亡，于是，唐朝快速走向了募兵制。在征兵制大行其道的秦和西汉，中央依靠虎符有着严密的调兵规则，地方都尉执掌地方军，与郡守属于两个系统。只有见到中央的符节，地方军官才可以发兵，这让秦和西汉的中央政府牢牢掌握着武装部队的指挥权③。而唐朝则逐渐失去了中央对地方武装力量的控制。这些募兵不事生产，专业作战，在和平时期就会成为中央财政的巨大负担。同时，随着上文提到的节度使制度的建立，唐朝在很短的时间就形

---

① 《中国军事史》编写组：《中国历代军事制度》，解放军出版社2005年版，第265页。

② 《中国军事史》编写组：《中国历代军事制度》，解放军出版社2005年版，第93页。

③ 《中国军事史》编写组：《中国历代军事制度》，解放军出版社2005年版，第104页。

成了很多有割据实力的军事集团，募兵不听中央调遣，不尊敬皇帝的权威，而仅仅服从地区指挥官的命令。为国出征曾经是战国和秦汉时期的一项社会义务，但在唐朝已经变成了一种职业，军人随时可能因为长官欠饷而哗变，这一特征则让唐朝的安全力量逐渐脱离了皇帝的控制——边防军听令于向他们发放钱粮的节度使，中央军听令于直接指挥他们的宦官。

当然，对唐朝军制的批评并不意味着当时的决策者有可能做出更有效的选择，因为经济基础和社会制度都已经改变。可以说，募兵制是中国从古代帝国向中古帝国过渡的一种形式，然而由于货币制度的不成熟，这种将军队忠诚建立在实物交换基础上的做法必然导致军事利益集团的形成（金属货币和实物运输困难，无法从朝廷直接发给士兵，而是必须假手地方军事长官），而唐朝巨大的国防压力也加剧了这一点。

于是，在渔阳的烽烟里，136 年的和平时代画上了句号。唐朝在版图扩张的巅峰时期，被自己一手培养出来的胡人节度使击垮了——安史之乱轰然爆发。虽然在经历了 8 年的苦战后，唐朝政府终于击败了叛将，但中央军无力消灭其他的藩镇，安禄山和史思明两个出头鸟付出了代价，而其他的藩镇则享受了体面的投降和对辖区的治权。数年后，节度使再次举兵叛乱，这让安史之乱以来的唐朝整整混乱了 30 年之久。这一段历史正好对应着周期的第六阶段，即统一的中断时期。历史进入第七阶段之后，唐朝政府通过一系列军事行动逐渐恢复了威信，唐宪宗、唐武宗、唐宣宗都算得上有为之君，也维持了 90 年的和平局面，但是这种“有为”也注定只是内向的，君主们无力消灭为患多年的藩镇和宦官，反倒要依靠文官系统来平衡他们之间的矛盾。这一点和东汉末年是刚好相反的，东汉末年，皇帝要借助宦官势力向文官夺权，而唐末则是皇帝借助文官系统向宦官夺权。

90 年后，历史红线再次逼近了华夏世界。人口膨胀造成的大起义释放了压抑多时的社会愤怒，也彻底放出了各地的军事猛兽，朱温——这位唐末的董卓和曹操首先帮助文官集团消灭了为患多年的宦官集团（这让人联想起汉末诛灭十常侍的军事政变），然后又反手屠杀了所有朝臣，并强迫唐朝的末代皇帝让出了皇位。当然，同他那些汉末的同行来说，这样的行为显得不够谨慎，但是在面对唐末的局面时，这样的鲁莽就可能被称作是果敢，曹操处在大族实力膨胀的时代，不能不有所忌惮，而朱温面前的局面却正好相反。

就如张角成就了三国的军阀一样，黄巢起义的受益者也正是这些人，这些手握兵权却不得不在名义上承认一个中央政府的军事强人。

## 唐末五代十国

无论如何，第二周期的第八阶段拉开了帷幕，一个类似三国的局面出现了。在以开封和洛阳为轴心的中央统治区，出现了取代唐朝和依次更迭的五个中央政府，而在稍微边远一些的地区，如蜀地、荆襄、江南和广州，各地的军阀们势不可挡地独立了。唯一和汉末不同的一点是，五代十国的军阀们是没有什么士人精神的。安史之乱后，整个社会一直压抑着的不良情绪被黄巢起义释放，而这种情绪又在五代十国的风暴中肆意荡漾。类似三国周瑜那样"丈夫当横行天下，为汉家除残去秽"的豪言，和类似刘备那样"孤不度德量力，欲信大义于天下"的壮志是见不到了，五代十国的历史充满了复仇、纵欲、背叛和食人。除了郭威和柴荣，很难说那些割据一方的强人们身上有什么人性的闪光点。虽然赵匡胤上台后削弱武将的政策遭到了史家的诟病，但是从中唐以来一直到五代十国的历史来说，没有道德感的军事强人已经给这片土地带来了长期的痛苦。自然，削弱武将让文官做大是历史上总是会出现的矫枉过正（我们可以对比司马氏由于恐惧权臣篡权而采取的分封诸侯政策及其同样可怕的后果），身处北宋初年的大多数人对拥兵自重的武人是不可能太有好感的。

如果说汉朝是华夏文明的青春期，整个华夏民族继承了春秋战国的昂扬勃发，在大一统的优越感中肆意生长的话，那么唐朝则像这个文明的中年，天下衣食无忧，整个民族在物质生活和精神生活都达到顶点的时候开始无所适从。随着安史之乱带来的沉重打击，他们并没有警惕自醒，而是走向无可奈何的沉沦。武人拥兵自重，文人艳词入骨，初唐时期开拓进取的社会风气快速消失，而杜牧的《九日齐山登高》也许正好昭示了那个一步步走向深谷的奢靡时代："但将酩酊酬佳节，不用登临恨落晖。"

杜牧作为名将的后人，《孙子兵法》又一个注解者，以及曾经谋划军机并且帮助唐朝获取军事胜利的名士，却最终将生命中最美好的时光沉溺于扬州的春梦里。隋唐时期既是华夏文明的巅峰，同时也处处透着一个文明处于巅峰期时的惆怅：金樽清酒侣麋鹿，拔剑四顾心茫然。虽然，李白一生都怀着纵横家式的梦想，杜甫至死都带着汉儒般的坚忍和愚痴，但他们都不是政治上的得志者。华夏民族的文明和历史，正随着唐朝的衰朽迈入深渊。而即将到来的北宋和之后的又一个大分裂时代则会给这个民族的历史留下难以忘怀的耻辱印记，那正是以靖康耻、风波亭和崖山恨等一系列评书词汇为标签的属于华夏民族自己的文明衰颓史。

## 第四节　第二周期的历史事件

公元 904 年，朱温挟唐昭宗迁都洛阳。

文采风华的第二周期，开始于别离洛阳的永嘉南渡，结束于这一年的唐室迁都。同时，这也是洛阳最后一次成为中国的政治中心，此后，愈发寒冷的天气进一步迫使中国的政治中心和经济重心转向东方和南方。而长期作为华夏世界东都的洛阳城，也正在见证着自己辉煌岁月的远去。

历史的巨笔，在华夏世界的版图上画下了第二个圆。当第二周期开始的时候，洛阳城正陷入三国结束后的和平、虚无和颓唐里，而很快这种梦境就为乱世的马蹄声和号角声所毁灭。随后，洛阳城在南北对峙中反复易手，一次次沦为丘墟，又一次次重新辉煌。而当第二周期结束的时候，洛阳城正迎来唐朝的倒数第二位天子和胁迫他的枭雄，这个时候，洛阳城俨然已经成为华夏世界兴衰和荣辱的缩影。

当我们开始观察第二周期不同阶段的时间长短时，我们会得出一些显而易见的结论（这些结论现在看起来是无聊的，但在以后几章的周期间对比中，这些结论兴许还用得上）。

比如，同样作为有显著第二阶段特征的两晋南北朝时代，其持续的时间要小于东周春秋战国时期。隋朝的稳定时期要比秦朝略长一些，同样，隋末的农民战争也略长于秦末农民战争。

同时，我们发现，带有显著第六阶段特征的安史之乱时期也要远远长于相同阶段的新朝末年农民起义和复兴汉朝运动。但是，相对的，唐朝维持稳定的时间要远远小于汉朝（不管是中断期之前的还是中断期之后的），而唐末的农民起义和引发的军阀混战时代则又略长于东汉末年。

最后，比起第一周期，第二周期的总长度有所削减，这个削减主要体现在第二阶段的大分裂时期和大统一时期——这些结论是两个周期之间横向对比而言的。

并且，在第二周期内部，我们发现，第一周期一些明显的统计学结论依然适用。比如，隋末农民战争引发的不稳定时代要短于唐朝的中断期，我们有了这样一个结论：即第四阶段的时间要短于第六阶段。同时，唐朝的中断期之前的稳定时代是长于中断后的稳定时代的，也就是，第五阶段的时间要长于第七阶段①。

图6能够更清晰地反映第二周期各阶段之间的持续时间对比。

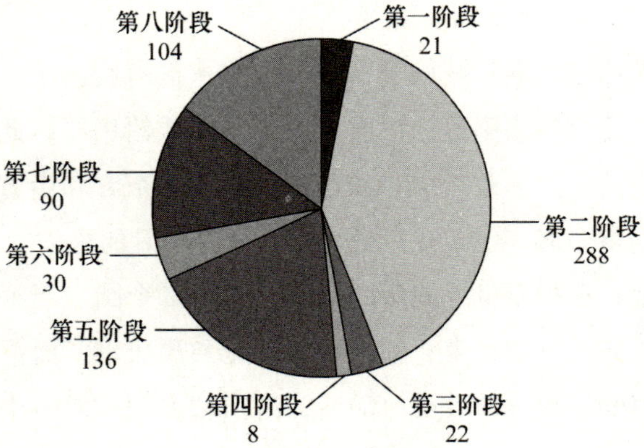


**图6**

以上的论述并不能够直接说明，在经历了两个不同的周期之后，华夏族的文明内核有了怎样的变化。

让我们现在依然关注第二周期的历史事件本身。

第一，第二周期与第一周期最大的不同在于第六阶段，即中断大一统时期的安史之乱，以及随之而来的30年藩镇叛乱看起来和新莽末年的那次内战有显著区别。

新莽末年，确实发生了大范围的灾害和粮食减产，这似乎意味着，反抗王莽的战争一开始并不是为了某种政治目的，而是历史红线发挥了不可抹杀的作用。相反，安史之乱似乎是在天下太平的时代突然爆发的，在天宝14年，即公元755年的唐朝，虽然皇帝已经被奸相蒙蔽，但是历史红线远未到

① 整个第二周期短于第一周期，其分裂时期长达300年，稳定统一时代也只有220年左右。

达极值。

然而事实并非如此。不为人知的一点是，安史之乱的前奏是唐朝中期不断增大的国防压力。可以说，比起同样处于第五阶段的汉朝，唐朝的用兵次数和烈度是远超汉朝的，前面提到过，唐朝面对的对手远比汉朝要多和强大，这也导致唐朝必须在边防建设上投入更多比重的人力和财富。而要想支撑一支庞大的边防军，唐朝需要更多的人口和粮食，这也意味着唐朝会比汉朝更早地将耕地面积推向峰值，而这种失控的农耕区扩张会迅速破坏农牧区交界地带的生态环境，并让这种空前庞大的耕地面积无法持续下去。这也就意味着，虽然安史之乱前期的唐朝从理论上说并没有触碰到历史红线，但是，唐朝过于庞大的军事力量却加速了这个进程——即在开元年间庞大的人口基数背景下，有更大比例的人口并非从事生产的农夫，而是消耗粮食的士兵。这意味着人均粮食产量的峰值来得要比汉朝快。这种往往被人忽略的历史事实导致唐朝的中断期要早于汉朝——即使在历史红线的极限理论上尚未到来的时候，士兵们也极有可能被拖欠军饷，事实上，安史之乱前夕的国家财政确实已经不堪重负，在全球化尚未开始的唐朝时期，即使是中央帝国，其汲取资源的效率也很容易达到极限——这种极限意味着大唐的朝廷往往因无力负担军费而导致士兵们的不满，而拖延这个问题的方式则只能是将收税的权力交给节度使——这让节度使们成为了事实上的边境之王。同时，节度使也乐意肆意发起战争以巩固自己的地位，这让唐朝的扩张战争中有相当一部分是没有收益的。那么随着局势的发展，造反的成本确实要逐渐小于在边疆忍受蛮族入侵、军费拖延和哗变——毕竟，边疆地区的财力也是有限的。

同时，如果我们进一步来分析两个周期的第六阶段，就会发现一个事实：看起来，第二周期的第六阶段，即稳定时代的中断期是特化的，但事实上并非如此。新莽末年，王莽试图纠正庄园主对土地的兼并以平抑由于人口上涨和天灾造成的流民起义，并引发了庄园主们复兴汉朝的运动，在这场内战之后，新的皇帝刘秀和庄园主们达成了一定的妥协，并将稳定的局面维持下去。而安史之乱的实质也是如此，边防军在唐朝的扩张过程中成为了强大的利益集团，并不断汲取和消耗着唐朝的社会财富，这种空前的财富消耗不仅让唐朝社会不堪重负，也让军官们觉得这种局面无法维系，频繁的用兵导致耕地人口的下降和亲属分离，而扩张的收益越来越少。于是，在沉重的国防军费尚未引发腹地的起义时，不满已经在边军的士兵中间滋长，在这种背景下，如果说没有一两个野心家兴风作浪，那才是一种反历史的特化推测。

如此看来，两个周期的第六阶段并没有实质上的差异——稳定的统一时代起于内战后的地广人稀，在垄断集团的形成和发展中走向鼎盛和中断。等到王朝的统治恢复之后，垄断集团和中央政府会达成一定妥协，并共同将局面维持到历史红线再次到达极值为止。以安史之乱为例，安史之乱的结束并不仅仅是唐朝政府的胜利，从某种意义上说也是边防节度使们的胜利，唐朝政府并没有完全歼灭安禄山余部的能力，而是让他们享受了体面的投降并获得了对驻防地的治权。事实上，藩镇本就是唐朝政府不可分割的一部分，在不发生军事冲突的时候，二者有着共同的利益。

我们已经解决了一个非常重要的问题，即安史之乱和两汉间战争的实质是没有区别的，即其实质是垄断集团和皇权的斗争。我们可以把这个结论作为一个模型可能的共性标记下来，并在对第三周期的讨论中用来衡量明清间战争的实质是否也是符合这个结论的。

第二，观察隋唐政治，有一点不得不提，就是科举制度对于政治结构的影响。

科举制度的目的是巩固皇权，并和士族阶层抢夺人才流动渠道。在安史之乱以前，大量不论出身的士子通过科举制度成为了官员，安史之乱以后，虽然山东士族通过操纵科举制出现强势回潮①，但是大量非豪门的家族已经获得了足够的力量并与之抗衡。中晚唐可以说是门阀士族政治最后的高潮，这些名门高官最终在白马驿之祸②中被集中屠杀，自此，士族政治才彻底退出了历史舞台。也就是说，中唐和晚唐既是士族政治的最后高峰，也是大量

① 安史之乱后，唐朝政治中枢进行了重建，河东士族借助于科举制度而重新抬头。荥阳郑氏在盛唐时为宰相者难寻身影，而自中唐开始，连续出现了十多位宰相和重臣，遂有“郑半朝”之说；又如清河崔氏，有唐一代，其支房南祖房、清河大房、清河小房、青州房共 10 人出任宰相，安史之乱前，任宰相的仅有两人，事变后进入中唐，则陆续有 8 人为宰相。高门大族之所以重新崛起，除了以荫入仕外，掌握了知贡举权是重要的一点，在适应了科举考试制度后，高门大族深厚的家风与知识传统，使他们在科举考试中占有特别的优势。如范阳卢氏，有唐一代尤其是自中唐起，中进士者超过百人。

② 朱温谋士李振科考不第，痛恨清流把持科举，建议朱温将大族朝臣尽数斩杀，公元 905 年，朱温将崔远、裴枢、独孤损等高门朝臣一起投入白马驿附近的黄河。

通过科举制获取功名的普通人积蓄力量的时期，这些出身低微但又才干出众的士人，一旦不容于朝廷，就大量投靠藩镇成为幕僚，并开始逐渐主导中国的政治格局。和东汉中后期一样，新的政治体系正在形成，而自东汉中后期到唐末的士族政治也就因此而走向了尾声。

第三，唐末五代的乱局和汉末三国的乱局有着精密的对应关系。

在两个周期的第八阶段，都是历史红线引爆了农民起义，农民起义削弱了皇权，加强了镇压农民起义的军阀势力。汉末的第一批军阀是大族政治和光武帝取消州郡兵政策的产物，在黄巾起义之前，他们基本上是高官子弟，而唐末的军阀则依赖科举制淘汰掉的人才和节度使制度，这些军阀大部分本身就是节度使。在这两次持续时间大约100年的混乱中，统一的格局趋于瓦解，兵强马壮者即可为天子，最大的军阀会篡夺统一王朝的帝位，但是他并不能够完成统一。就像司马氏取代了曹氏，并释放了士族政治和诸侯王掌兵制度这两头怪兽一样，最终能够完成统一过程的并非唐末节度使出身的诸侯，而是更能够满足庶族地主文官利益的集团，和司马氏一样，这个集团开始依附于中原朝廷的内部，伺机而动，并终有一日会破腹而出。而就如读者们熟知的，这个五代十国的终结者，就是赵匡胤和他缔造的北宋。

第四，温度和湿度一如既往地影响着中国政治。

东汉末年开始的冰期影响了西晋以及之后的政治格局演变，而随着南北朝的结束，气候逐渐转暖，但是唐朝出于国防需要在农牧区交界处的过度屯田行为导致黄河流域的生态环境遭到破坏，土地趋于荒漠化并开始吞噬农田。而8世纪中叶以后[①]，天气逐渐变冷，各路游牧民族迁入中原，尤其在帝国的东北方向，来自游牧民族的压力极大，这客观上促使安禄山的部队成长为强大的边防力量。安史之乱前后，唐朝的平均气温持续下降，黄河流域日益凋敝。8世纪初，长安地区可以种植柑橘和梅树，但在11世纪初期，华北已不知有梅树。到了公元1111年，太湖全部结冰。这种气温下降的趋势一直持续到南宋灭亡，并客观上加剧了经济重心的南移

① 陈晓玮：《塞外断想——对土地荒漠化的一些认识》，中国科技大学极地环境研究室，2005年8月20日。

和两宋国防的压力。

中国的历史，正从战国秦汉的军功时代，南北朝隋唐的大族政治时代，向全球化时代之前的最后一个周期运动。如果我们要从每一个周期找几个代表来代表他的时代的话，战国秦汉的代表人是粗朴的军人和酷吏，南北朝隋唐的代表人是满腹诗书的贵公子，而宋以后的代表，则是青灯苦读的儒生。

# 第 8 章
# 玄武的吐息

## 引 言

柴荣已死，英雄在遥远的塞外长生。五代是隋唐帝国的落日，这落日的光芒如血。

伯约说，我是老了，不会像三国时那样，为挽救一个伟大的时代付出全部的精力、勇气和牺牲了。因为我知道，一个漫长的大一统时代之后，是一个漫长的分裂和流血时期。

伯约说，我看到大唐帝国那庞大的尸体上，正蠕动着凶残的蠕虫。而中原地区的宋朝，只是这些蠕虫中相对最温文尔雅的一个。

伯约想起自己在西晋时期的生活，他为当初的失落和伤感而感到有些可笑——当伯约离开了八王之乱前夕的洛阳时，他并不知道华夏民族是怎样在未来 300 年的大流血中顽强地生存下去，并走向了隋唐帝国的光辉时代——大分裂并不仅仅意味着死亡，相反，他还意味着新生。

伯约在北宋生活得悠游而有趣，他学会了享受这个世界上所有美好的事务，有时候甚至忘却了自己的使命，然而，女真人的崛起让他快速清醒过来——这是这个时代的南匈奴和犬戎，而汴梁的命运则已经注定。

接下来的故事还会有什么悬念？北方的大国必将在多年的血战后再次一统华夏，这一次，天命属于元朝。再接下来，自然会有来自中原的豪杰掀起不可思议的反击，伯约的朋友们在那次北伐中追随着陈友谅和朱元璋一路前赴后继，他们中的少数人成了明朝的开国元勋，另外一些人则披上假名，把自己沉默而奇异的前半生化为名作——伯约和朋友们夜航船上的酒会，开始时是隐秘的，是即将毁灭元朝的火花，但最终却变成了《水浒传》和《三国演义》诞生的前夜。

第三华夏在明朝开国的号角声中开场，伯约知道她的一切命运，就如伯约知道大汉和大唐的一切往事。

第三华夏在清朝的苦苦挣扎中谢幕，伯约知道这个时代的死亡方式，就像他知道张角和黄巢的愤怒和隐忍。

三国、五代、民国，同样，伯约知道清朝灭亡之后的一切未来，正如他知道在那次令人恐惧的夜谈之后，他的同学们最终的选择和最后的命运。

大唐的骄傲让华夏陷入深渊，而大明的复仇则开启了华夏复兴的序幕，帝国的固有领土在清末民国的内外交困中艰难地保持不变，而大部分发生在边疆地区的牺牲都不为人知。

好在伯约知道，把年轻的生命献祭给华夏世界，其目的并不是让世人所知。

1945年就要来了，伯约的手稿整理已经过半，而未来也扑面而至。

又是一个新的时代了。

## 第一节　时空螺旋

**表11**

| 历史阶段 | 阶段、周期特征 | 竹简周期 | 纸笔周期 | 印刷周期 | 电子信息周期 |
|---|---|---|---|---|---|
| 第一阶段 | 集权的枯朽 | 西周 | 西晋 | 北宋 | — |
| 第二阶段 | 大分裂 | 东周列国 | 东晋南北朝 | 南宋金夏西辽 | — |
| 第三阶段 | 集权的初建 | 秦 | 隋 | 元 | — |
| 第四阶段 | 群雄逐鹿 | 秦末混战 | 隋末混战 | 元末混战 | — |
| 第五阶段 | 集权的鼎盛 | 西汉和新朝 | 唐朝前期 | 明朝 | — |
| 第六阶段 | 大叛乱 | 新末混战 | 军阀叛乱 | 明末混战 | — |
| 第七阶段 | 集权的中兴 | 东汉前期 | 唐朝后期 | \ | — |
| 第八阶段 | 集权的衰退 | 汉末三国 | 唐末五代 | — | — |

注：“\”代表故事发生的时间段；“—”代表尚未发生的时间段。

在娲皇的烧瓶里，英雄永是出生，又永为灰烬。苍生永沉痛苦，又永沐欢娱。

王屋山上，千峰暮雪。

那些在历史上留下名字的人，都已经在某种意义上获得永生。他们在书页开合的起伏间照亮山河，并向阅读者致以问候："臣光言：先奉敕编集历代君臣事迹，又奉圣旨赐名《资治通鉴》，今已了毕者。"

《资治通鉴》的纪年结束于后周显德六年。那一年的六月，柴荣身上的烈气和霸气正在以惊人的速度消退，传国玉玺早已消失，恢复大唐的荣光不过是少数人的执着而已。

对于更多的人来说，眼下正是温柔的好时代。

元丰七年十二月，西京洛阳，独乐园。大雪纷飞的午夜，书房仍然亮着灯。

落下最后一个字，停笔。

司马光注视着他年轻的抄写员，这是漫长的旅程，而现在，陪同他走完这条路的，也仅有这一个人而已。抄写和校对工作是枯燥乏味的，大部分发誓要追随司马光的人都最终半途而废，只有这个沉默寡言的年轻人，一直不离不弃，坚持至今。

抄写员扔下毛笔，迎着司马光的目光舒展了一下肩膀和颈椎，他疲倦地笑着，没有说话。

66 岁的老人此刻如释重负，在政治失意后，司马光的人生就寄托在这本《资治通鉴》上，他以过人的毅力打通了十几本纪传体史书，并完成了从东周到五代的编年体通史，那一瞬间司马光感觉到巨大的空旷，仿佛一个终于把消息从边关传到首都的信客，当胜利到来的时候，浮现在司马光心头的并不是喜悦，相反，他心里一片茫然——也许这就是胜利本身的滋味吧，只有体会过的人能够明白。

年轻的抄写员站起身来，把毛笔扔进水缸里，他放肆地伸了个懒腰，好像刚刚中了进士，又好像刚刚定了亲，总之，莫名的喜悦逐渐充满了司马光的大书房，并感染了司马光本人，他缺少血色的面孔在这种气氛下居然红润起来，心头涌起一种彻夜长谈的冲动。

"宣懿，陪老夫聊聊好吗？倦夜漫长，老人家又有睡不着觉的臭毛病，难为你陪了我这么多年。”

被称作宣懿的年轻人坐下来，看着疲倦的老头子说：“敢不从命？不知道老师想聊什么？”

“呵呵，不必拘束，拿出你和老夫论史的劲头来——嗯，老夫这辈子，终于不是一事无成，我也是黄土埋到脖子的人了，你说，后人会如何评价我呢？”

“恕学生直言，这恐怕取决于变法的成败吧。”

“哦？这个答案可真让人伤感……难道老夫在著作上的修为不值得称道吗？”

“老师，太史公，班固，陈寿，范晔，又有哪一个是得志者呢？未来对这部书的评价越高，就反而显得老师在官场上越没有作为啊。难道老师愿意作为一个史家被载入史册吗？”

“唉！老夫在史书上的样子，恐怕还真取决于介甫这批人的下场……我是希望他们成功？还是希望他们失败？我自己现在也说不清……”司马光摇了摇头，仿佛一下子苍老下去，他的眼袋鼓鼓的，眼角的皱纹更深了。

“不过老师不必担心，这部书一定名垂千古，这点，学生毫不怀疑。”“宣懿”宽慰着他，一边把最后几张墨干了的纸叠放在一起。

“你觉得这部书能和哪一部史书比肩呢？《魏书》？《唐书》？超越前四史我是不奢望的了，但好歹要比《晋书》这样的好一些吧？”

“老师，学生以为，能跟这部书相比的，唯有《竹书纪年》。”

“哦！怎讲？”

“因为，纪传体重在掩盖真相，让大多数人沉溺于表象，而编年体则相反，时间序列可以把很多事情理清楚，它重在揭示真相。”

“哦？这个说法很有意思。你再说说看？”

“比如，老师的这部书开始于战国，这是一个大一统时代的序幕，又终结于五代，这是一个大一统时代的终结，您为什么不继续修本朝的历史呢？”

“呵呵……宣懿，有时候老夫总觉得你聪明得过了头。”

“宣懿”也抱之一笑，说，“您早就知道，王相的变法不会成功，对吗？”

“你都看出来了，老夫又岂能看不出来——陛下的想法是好的，失在求治过猛，介甫又不通人情，得罪老夫也就罢了，得罪其他人——他有商鞅的狠劲儿和觉悟么？这样一来，即使新法是好的，也推行不下去，何况这新法未必就好。保甲制，呵呵，本朝有这个条件么？即使有这个条件，本朝这点底子，经得起汉武帝那样的折腾么？我在武帝纪后的评论可不是写给死人看的！武帝虎视龙骧，天人之姿，卫青、霍去病古之名将，尚且差点闹到亡国的地步，何况现在这批人，我是老了，看不见他们造的孽了，宣懿你还年轻，可不能误入歧途！”

“我知道，老师。”年轻人保持着温文尔雅的笑容，“这就是为什么我一直不去做官，而是呆在洛阳啊。”

“嗯……说到洛阳，你倒是对这个地方很熟悉啊，每次他们去汉魏故城挖宝贝都少不了叫你——宣懿你是本地人么？”

“算是吧，我们家以前就是洛阳的，永嘉之乱时去了江东，唐朝时才迁回来。”年轻人的声音透着一丝沧桑，是的，他可是洛阳的原住民了，比北魏和李唐的皇室要长久的多。

“唔……西晋，西晋……”司马光默默念着这个词，突然他拍了一下大腿说，“宣懿，老夫这记性是不如以前了，这《竹书纪年》也是西晋时候出土的，是么？没想到你对古文字还有研究……这些年多亏了你。”

“是啊，老师。可是老师不是也没写西周史么。”“宣懿”安祥地笑着，他抬头看到司马光突然锋利起来的目光，一老一少似乎想起了同样的东西，两个人同时沉默下来，是的，这种默契值得留恋。

许久，司马光终于开口：“宣懿啊，老夫想喝一点酒，略微庆祝一下，你看怎么样？”

“可是夫人专门叮嘱我不让老师喝酒啊，侍女们一定会报告的。”抄写员说得言不由衷，他装作无奈地咽了一口吐沫。

“老夫没打算大张旗鼓，你柜子里藏的是什么？”司马光冲“宣懿”挤了挤眼睛，露出调皮的笑意。

伯约记得，那个夜晚，微醺中的司马光对他讲了很多朝中的事，他静静地听着，很少说话。

元丰七年的冬天异常寒冷，伯约知道，以后的几十年中，天气会更加寒冷。

司马光摇摇晃晃地站起来，在伯约的搀扶下，把最后一部分的书稿一点点码好，放在书架上，又把《竹书纪年》放在书稿的旁边。

“臣光言：先奉敕编集历代君臣事迹，又奉圣旨赐名《资治通鉴》，今已了毕者。”司马光打开最后一页，又低声地念了一遍最后一句话，他合上书稿，对伯约说，“今天晚上都是烂醉后的话，和你说了什么，你还记得吗？”

“学生不胜酒力，早就糊涂了，哪儿还记得老师给学生说过什么啊。”伯约静静一笑，注视着司马光疲倦而狡黠的眼睛。

元丰七年的冬天，就这样过去了。

北宋的浮华、奢侈和喧嚣，也即将在东北亚的风暴中接近尾声。

第一个大周期被称作青龙世纪，那是半神的遗迹，也是洪荒的终曲，它起于禹王卓绝的跋涉，终于犬戎入镐的凶心。

第二个大周期被称作朱雀世纪，那是英雄的黎明，也是三代的落日，它起于秦王黑色的铁流，终于石勒复仇的火炬。

第三个大周期被称作白虎世纪，那是混杂的釉彩，也是浩瀚的胡风，它起于隋皇南下的舟师，终于女真轻蔑的笑意。

——摘自伯约的历史课随堂测试（当然，那一次他没有及格）。

## 第二节　昆仑幻境

洪武元年，西元 1368 年，徐达兵临大都。

洪武三年，徐达、冯胜西征，攻克自唐朝中期以来丧于吐蕃、宋朝收复后又丢失的临夏和河湟地区。

其后，洪武大移民开始，这是 1000 年后，农耕民族第一次大规模向北移动。

复兴就这样艰难地开始，其起点反而不为人知。

然而，刚刚复兴的帝国，仍面临着持久的边患和宋朝以来文官制度遗留的痛苦，这两种痛苦伴随了明朝漫长的 262 年。虽然，从另一个角度上来说，明朝赋予了这片土地最持久的和平，但是这种和平仍然只是为下一个时代做漫长的铺垫而已——终明朝一世，嘉峪关是难以逾越的屏障，对于汉唐故土，我们都有些陌生。而对于更加遥远的昆仑幻境，我们只有想象。

有趣的是，在已经发生的四个大周期内，都有杰出的君主，希望西出流沙，寻找故迹。

周穆王时，曾一路向西，到昆仑之丘，观黄帝旧宫，会西王母。

汉武帝时，张骞曾沿着塔里木盆地南一路向西，在于阗西南方发现了巨大的玉矿，并可以看到西南方有高大的群山，汉武帝据此将此山定为昆仑。

唐太宗时，把从祁连山到昆仑山的漫长山脉统称为昆仑。

清圣祖时，以冈底斯山为大昆仑，巴颜喀拉山为小昆仑。

那是持久的、最终的梦想，一路向西，达于昆仑，在洪水肆虐的4000 年后，再一次回到这个游戏开始的地方。

伯约说，第四个大周期被称作玄武世纪，那是南下的马蹄，也是北伐的军歌。在这个大周期即将结束的时候，华夏世界的力量终于开始再一次向西延伸，那是左宗棠西进的号角，一路上是盛唐的丘墟和两汉的长城。

男儿西北有神州，至此，娲皇的子嗣在华夏的大陆上画了一个不规则的圆。

## 第三节　远洋笛音

1839 年，龚自珍作《己亥杂诗》，辞官离京。

在这个孤独的背影消失几十年后，梁启超这样评论他，举国方沉酣太平，而彼辈若不胜其忧危，恒相与指天画地，规天下大计。

同样在这一年离开京城的还有林则徐，他于年初奉命南下，查禁鸦片。

明清的大一统时代，于此刻悄然走到尽头。

未来会怎么样呢？唯有寒风渐起。

伯约说，东汉衰于黄巾，亡于军阀，这是朱雀之章的结局。唐朝衰于黄巢，亡于军阀，这是白虎之章的结局。既然如此，那么清朝的结局，又有什么新奇？

唯一的悬念是，谁扮黄巢，谁演朱温。

唯一的看点是，谁是张角，谁做曹丕。

伯约说，无他，如此而已。

这一年，左宗棠27 岁，那个时候的他正如后来自己所说，身无半亩，心忧天下，读书万卷，神交古人。

这一年，曾国藩 28 岁，刚刚中了进士，在翰林院上班。

这一年，洪秀全25 岁，第三次落选广州乡试，从此变得沉默寡言，举止怪异。

这一年之后，古老的大陆上开始了新的纷争，轮回的钟声，至此终于响起，这是汉末的黄巾，也是唐末的黄巢，这是又一个大一统时代走向终结的开始，又一场流血时代的先声。

1868 年，全国范围的大起义终于平息，然而，迟暮之年的清朝，正在夷狄交侵中挣扎。

这一年，58 岁的曾国藩到了京城，此去他离开京城回乡，并转入平定起义事务中，已经过去了很多年。

所见皆是旧日的风景，只是帝都残破，殊非往日。

旧日诗词唱和的同僚，也多年没见了，终于重逢，也仅仅是重逢。战场已经把当年的年轻书生变成了另一个人，他未必喜欢，但他没有选择。

这之后，曾国藩得以觐见太后、皇帝。

觐见结束，忧惧满身。

他不是曹操，也没有那种横扫腐朽、奋力一击的气魄，他只是悲哀而已，偌大的一个朝廷，居然找不到一个可以承当大任的高官，来自赵烈文的警告在两年之后轰然作响，而他的应对只是冰冷的哀鸣。

两年后，天津教案，曾国藩呕心沥血，仍然签下了不无屈辱的条约，湖广会馆鸡飞狗跳，自己题写的牌匾被愤怒的士人击得粉碎，这个一心要将大一统时代维持下去的能人，也即将迎来自己的死期。

1872 年 3 月 12 日，曾国藩去世，谥文正。

伯约说，何必挣扎？这大一统的时代已经持续了 500 年，难道还不应该结束么——即使文正公循规蹈矩，西太后权术通神，可是之后呢？是文正公有传人，还是西太后有传人？是改革者占上风，还是守旧者占上风？一个在大一统危机中崛起的军人或他的继承者必将终结这个时代，这就是持续了三个周期的命运！

伯约又说，挣扎吧，挣扎也是命运的一部分。

未来会怎样？

伯约说，张角的角色已经被洪秀全抢去，唯一好奇的是曹丕的演员是谁。

在曾国藩去世的那一年，一个 13 岁的少年许下了冲天之志：“大泽龙方蛰，中原鹿正肥”。

他叫袁世凯，他的天命已经觉醒，虽然并不永恒。

伯约说，就是他了。他将为清朝送葬，也仅仅是为清朝送葬，终结一个 500 年的统一时代是需要勇气和愚昧的，在这个时候被历史挑中可不是什么祝福。短命的曹丕和被自己儿子所杀的朱温正在向他招手，而那正是历史的回声。

即使在全球体系即将形成的清朝末年，华夏民族的历史，仍然只是华夏民族自己的历史。

伯约说，你看，这世界依旧无趣。

# 第9章 伯约的民国手稿修订（4）：印刷术、军户制和明清时代的经济结构

## 引 言

同之前的《伯约的民国手稿2》和《伯约的民国手稿3》一样，《伯约的民国手稿4》再现了自北宋到民国的第三华夏时期，同样，这个时期经历了类似战国秦汉和南北朝隋唐的历史演变。

这一次，天命选择了女真来毁灭苟延残喘的中原政权，就像天命之前选择了犬戎和南匈奴一样。不变的是，女真人原本是北宋灭辽的盟友。就像犬戎曾经是申国的盟友，南匈奴也曾经是成都王司马颖的属下。

这一次，大一统的明清时期空前长久，不仅长过唐朝，甚至长过秦汉。

不变的是，明清时期终结于大起义引发的军阀做大，这一次篡夺朝廷的人，叫袁世凯。上一次是崛起于黄巢起义中的朱温，而上上一次，则是崛起于黄巾起义中的曹氏。

不变的是，在清末民国的100年里，帝国的版图大幅缩小，而帝国的继承者们正艰难地征战。

在这一一对应的历史节点上，伯约保持着敬畏，也保持着沉默。这种态度是必要的，如果历史的进程如期而至，那片刻的繁华又为何要为之倾心？如果历史的进程没有如期而至，同样，那片刻的繁华又怎能够引人关情？伯约掷着骰子，去选择下一个大时代的弄潮儿，但娲皇却从不选择，于是天道

缓慢而无情。

这是惊人的，不为人知的周期循环，这周期的恐怖力量吞噬着华夏世界外围的土地，画着一个比一个更宏大的圆。这个圆从周人东进的号角声画起，以亲亲和尊尊的分封快速扩散到五服之外，囊括岭南，包括漠北，延伸到雪域、西域、大兴安岭和横断山脉。

## 第一节　东京梦华、两宋的经济繁荣和政治困境

以北宋为开端、民国为结尾的第三周期是华夏文明逐渐走向固步自封和停滞的时代，这和丝绸之路的断绝息息相关。我们将在这一章讨论北宋的经济繁荣和军事短板及其原因，靖康之变的过程及其历史必然性，以及发生在党项、汉、蒙古、女真、吐蕃和契丹之间的对峙和战争。我们将回顾游牧民族第一次全面入主中原的历史进程，及其短命的原因，以及在随后的500年间，明清大一统时代对未来的推动作用。最后，我们将详细地探讨发生在清末民国时期的内战和军阀割据，以及这段历史对共和国的巨大影响。

**表12**

| 历史阶段 | 阶段、周期特征 | 竹简周期 | 纸笔周期 | 印刷周期 | 电子信息周期 |
|---|---|---|---|---|---|
| 第一阶段 | 集权的枯朽 | 西周 | 西晋 | 北宋 | — |
| 第二阶段 | 大分裂 | 东周列国 | 东晋南北朝 | 南宋金夏西辽 | — |
| 第三阶段 | 集权的初建 | 秦 | 隋 | 元 | — |
| 第四阶段 | 群雄逐鹿 | 秦末混战 | 隋末混战 | 元末混战 | — |
| 第五阶段 | 集权的鼎盛 | 西汉和新朝 | 唐朝前期 | 明朝 | — |
| 第六阶段 | 大叛乱 | 新末混战 | 军阀叛乱 | 明末混战 | — |
| 第七阶段 | 集权的中兴 | 东汉前期 | 唐朝后期 | 清朝前期 | — |
| 第八阶段 | 集权的衰退 | 汉末三国 | 唐末五代 | 清末民国 | — |

注：“—”代表尚未发生的时间段。

公元976年，北宋开宝九年的最后一夜，雪落无声。万岁殿上，斧声烛影。

这一年，中原已定，南方残留的割据势力已经不能构成威胁。踌躇满志的宋太祖龙骧虎视，并把忧虑的目光投向北方的北汉和契丹。在他去世之

前，一个宏大的迁都和北伐计划正在酝酿之中，然而历史的迷雾让这一切都永远地停留在了纸面上。

公元979年，宋太宗赵光义即位的第4年，北汉被平定①，中原一统。随着晚唐大族政治的彻底消亡和科举制的影响，华夏文明在北宋初年迎来了第三个社会转型时期——第三周期的第一阶段也就此开始。

## 北宋政治的内向化及其原因

在讨论西周和西晋的时候，我们曾经提到，第一阶段，或者说转型社会的核心特征是冲突，而冲突的根源是新兴生产关系形成的新兴阶层同旧有制度的不相适应，以及新兴阶层获取政治主导权后的过度膨胀。而这一点在北宋时代将得到进一步验证。

第一，同西晋相比，西晋面对的是军功爵制度解体和门阀社会形成的转型时代，而北宋面临的则是门阀社会解体和市民社会形成的转型时代。

随着大族政治的消亡，佃户对大家族的人身依附开始减弱，出现了大量拥有小片土地的小地主和自耕农②，而在此社会基础上，两宋的科举制彻底成为了一种不论出身的选拔系统，做官完全凭借文章的好坏。这就让很多中小地主甚至自耕农获得了功名。比起唐代和之后的明清时期，两宋的科举考试录取的人数是空前绝后的，新获得土地的群体开始脱离温饱阶段，并形成了一个新的阶层，面对这种转型社会特有的局面，北宋政府的选择和西晋政府是类似的，通过拓展人才流动渠道来尽量将这些人才吸纳入朝廷内部。西晋是通过九品中正制，而北宋则是通过极力扩大科举制的录取数量③。

第二，与西晋类似，北宋的建立同样饱经忧患、恐惧和权谋。

在论述西晋时，我们强调过司马氏夺权模式的弊端，而这个弊端在第三周期的第一阶段再一次出现了，即赵匡胤的皇位也并非来自稳健的军事征服和政治改革抑或推翻暴政的正义性。同样，采取非正常方式获取皇位的家

---

① 《宋史·本纪第四·太宗一》：甲申，继元降，北汉平，凡得州十、县四十、户三万五千二百二十。

② 邓广铭：《中国古代史讲座·下·宋史》，求实出版社1987年版，第207页。

③ 邓广铭：《中国古代史讲座·下·宋史》，求实出版社1987年版，第209页。

族，会深深恐惧相似的效仿者。如果说，西晋政府最恐惧的是司马懿式的权臣秉政（这种模式困扰着东汉中后期、曹魏、蜀汉以及东吴的朝廷），那么北宋政府最恐惧的无疑是赵匡胤式的大将兵变（这种模式同样困扰着唐朝中后期和五代的所有中央政权），就像晋武帝末期的矫枉过正行为那样，赵匡胤也会做同样的事情——第一是彻底削弱武将的调兵权限；第二是培养和提拔一个能够抑制武将的政治集团——以此来防备可能出现的武将篡位者。北宋文官政治由此而生，并深远地影响到了明清的政治结构。

第三，五代的混战削弱了中原王朝的实力。

和汉末三国时代一样，唐末五代时期，游牧民族在气温持续变冷的背景下，从北方逐渐向中原渗透。契丹族[①]早在五代混战时就建立了国家，并在耶律德光当政时期插手过中原政权的权力更迭。等到赵匡胤平定南方的时候，契丹已经发展成为强劲的对手。除此之外，繁衍于河套平原的党项人[②]逐渐强盛，并很快将脱离北宋的控制并独立建国。严重的外患限制了北宋版图的进一步扩大——就像西晋的版图无法达到东汉全盛时期那样，北宋同样也只继承了盛唐领土的一部分。

第四，同西晋一样，北宋也是生产力大发展的时代，旧有的生产关系趋于解体，大地主开始消亡。

技术发明层出不穷，其中以印刷术最为重要。印刷术的出现，再一次大大降低了信息传播的成本，也为中国社会思潮的又一次质变奠定了基础。

在进入第三周期的第一阶段时，我们首先要明确的，就是以上的几个背景：第一个背景是转型社会的矛盾；第二个背景是长期统一和一百年军阀混战之后的勉力统一；第三个背景是北方民族的巨大威胁；第四个背景是生产力大发展，信息技术出现革新。

而这几个背景导致了北宋政策的内向化。面对转型社会时期涌现的新兴阶层，北宋政府妥协得远比西晋和西周时期要早，庞大的官僚系统和禁军[③]

---

① 契丹族，形成于北魏时期，一说为南柔然一部，于唐末建立了强大国家，现俄语仍然以契丹指代中国。

② 党项族，一说为羌族支脉，但李元昊自称为鲜卑后人，被赐姓李，于唐末成为节度使，后建立西夏。

③ 邓广铭：《中国古代史讲座·下·宋史》，求实出版社 1987 年版，第 202 页。

在这种妥协之下迅速形成，并消耗了国家财政收入的很大部分。在论述西晋门阀政治的时候，本文曾经提到，任何一个新兴阶层在刚刚获取政治地位的时候，其贪婪和对内部矛盾的不容忍都是无条件的。基于这个论断，我们可以毫不奇怪地观察到，北宋的科举士人群体迅速形成了左右政局的强大力量。

在论述到北宋文官集团的时候，我们需要将北宋文官政治和西晋士族政治做一个简单区分。虽然这两个集团都是做官的主体，但是他们的性质却是全然不同的。

最核心的一点是，士族集团拥有数量庞大的田产和佃农做经济支撑，并凭借这一点累世为高官，通过相互推荐垄断了舆论和人才流动渠道。可以说，在士族政治的时代，士族之间的联合是大于斗争的，只要不出现一个超越其他士族的人物（比如王敦和桓温），维持一个寡头共和弱君强臣的局面对于他们来说再好不过。而在科举士人把持政权的时代，他们的财产只有一个来源，就是他们的俸禄和贪墨所得。可以说，失去官职对于士族来说并不算是什么问题，相反，这在很多时候是他们避祸甚至捞取政治资本的手段（比如谢安的隐逸）。而对于科举士人则不同，他们的官位来之不易，他们的全部所得也都系于此，所以，科举士人集团的核心利益并不是维持一个集团的平衡，而是保护每一个人的官职，这就决定了，科举士人执政的时代，他们之间的斗争是大于联合的，而维护自己地位的手段只有一个，就是制造敌人和拉帮结派。就在北宋文官政治刚刚走向成熟的时候，激烈的党争全面展开了，而后来的历史证明，正是这场势均力敌的党争毁掉了北宋的一切。

我们已经知道，这场被后世称之为“元祐党争”的政治危机源起于北宋政府的财政困境。前面提到，面对转型时代的新兴阶层，北宋政府采取了扩大官位容纳度的政策，导致官僚系统迅速膨胀。赵匡胤对武将专权的恐慌，又致使北宋将天下兵权收归中央，形成了一支人数庞大却毫无作战能力的禁军。可以说，北宋政府在竭尽全力收买可能的反对者，而这必然导致财政开支的无节制。到宋英宗时期，北宋的财政已经难以为继①。社会求变，构成

① 邓广铭：《中国古代史讲座·下·宋史》，求实出版社1987年版，第211页。

了王安石变法和新党崛起的最主要因素。王安石执政后，一方面大力发展生产力，抑制土地兼并和大商人，向中小商人和农民提供贷款；一方面则打算废除中唐以来的雇兵制度，恢复秦汉社会的征兵制。这种做法极大地加强了北宋政府的财政情况和军队素质，但也招致了主流舆论的攻击。宋神宗死后，新法被全面废除，北宋政府持续走向疲软，新党和保守党在政策和道德领域激烈争斗，相互攻讦，并最终导致夺权斗争的白热化——如果说，王安石和司马光的斗争仍然保持了士大夫的节制，等到宋哲宗亲政并重新启用新党后，这场旷日持久的斗争终于失去了底线并转为赤裸裸的政治陷害和人身攻击。愈发庞大的科举士人群体持续利用政治特权谋取经济利益，而王安石谋求强国的梦想则走向终结——在历史规律的巨浪面前，个人的力量被又一次证明是渺小的。北宋的官僚们虽然并非意识不到这种对社会资源的无底线争夺对于国家来说意味着什么，但是最终能够让官僚们觉醒和颤抖的，却只有女真人南下的烽火。东京梦华，官僚们惟愿长醉不醒，但是，外敌入侵、迁都和分裂正在歌舞升平中步步逼近。

## 建炎南渡：南宋的建立和灭亡

从某种程度上说，随着公元 1127 年，也就是靖康二年的到来，华夏文明的历史在新的生产力和生产关系条件下回到了原点，天下分崩。

具体而言，第三周期的第一阶段结束了，而第二阶段的大分裂时期正在来临——内斗耗尽了国家实力和民众对朝廷的信心，来自北方的游牧民族对中原王朝的首都实施了闪电般的打击，而后果正是宋朝北方领土的全部失陷和统治中心的毁灭。在汴梁被南下的女真人洗劫一空后，侥幸未被俘虏的康王赵构将统治中心迁往杭州。

有趣的是，此刻的迁都一般都会选择帝国旧都的东南方向，就如洛邑之于镐京，建康之于洛阳，也许是因为这样可以尽可能地躲开北方蛮族的兵锋。而通过洛阳——建康——临安的历史变迁路线，我们发现，随着时间的流动，每一次游牧民族带给中原王朝的打击是不一样的。迁徙的目的地一次比一次远离中原和偏向南方，这也表现出中原王朝对于蛮族的抵抗力度在逐次减弱。如果说，西周的犬戎仅仅是周幽王末年继承权斗争的一支供人驱策的“犬”，西晋的匈奴可能是晋惠帝年间八王之乱时期一只等待时机的

"狼"，那么，女真金国就是一只让北宋政府完全猝不及防的"虎"。如果说，西晋年间，还不断有边境的郡守们和朝中的有识之士向皇帝发出蛮族可能入侵的警告的话，北宋对于北方蛮族的认识就要浅陋得多。女真人作为一支崛起于东北的渔猎民族，在短短数年间就击溃了契丹的强大军队。一个具有如此强大实力的民族居然被北宋的统治集团视为可以利用和欺骗的盟友①，而不是一个必须借助契丹力量才能够抵挡的可怕敌人，那么，这种战略误判就注定要导致严重的后果。

虽然北宋比西晋多积累和发展了足足100年，但是在面对北方骑兵的冲击时，北宋末年的政治无序化来得更加突然，也保持得更加持久。如果读者还记得我们阐述西晋崩坏时的相关内容，就知道当时摧毁西晋在北方统治的并非只是刘渊领导下的匈奴人，相反，石勒带领的羯人和汉人流民的混合部队也是消灭西晋的主要力量。② 与此同时，以王弥为代表的汉人盗匪头领也加盟了刘渊的反晋联军，并在攻克洛阳的战役中立下了功勋。然而，即便如此，西晋的抵抗仍然是可圈可点的。来自凉州的军队成功地挫败了匈奴人数次对洛阳的围攻③。即使在洛阳陷落后，另一位晋朝宗室仍然在关中地区拖住匈奴人的军队达一年之久。④ 当晋朝在长江以北的主力遭到失败后，试图南下的石勒军更是遭到了多股地方武装和民间自卫组织的阻挠。虽然同宋朝相比，晋朝过早地丢掉了四川，但这并没有影响南渡后的晋朝政府在一些爱国将领的簇拥下对北方发动成功的反击。

然而，在具备了很多西晋政府不具备的优势时，北宋应对危机的迟钝和低效率让人叹息，这大概不能完全用女真人比匈奴人强大来解释。

那么，隐藏在这场悲惨的军事失败的背后原因是什么呢？

在论述第二周期时我们曾经提到过，西晋的建立是代偿性质的，它并不能够完全继承汉朝的领土，相反，随着汉末三国的中原混战和蛮族渗透，西

---

① 女真和宋订约灭辽，但是北宋在外交上屡次出现失误，甚至收留辽国叛将，这给予女真人南侵的口实。

② 事实上，东海王司马越那支庞大的中央军就是在向东方行军的途中遭到了石勒军的围歼。

③ 凉州张氏政权曾派出以北宫纯为将的军队拱卫洛阳，并阻挡了匈奴人的进攻。

④ 晋愍帝司马邺在洛阳陷落后被关中大族拥戴为帝并进行了为期一年的抵抗，并最终被刘曜俘虏。

晋在建立的时候就失去了若干北方的重要据点。这一第一阶段的特点在被西晋的历史证实之后，又再一次被北宋的历史所证实。同时，如果我们回顾一下三国混战和五代混战的不同，就会发现，蛮族涉足中原政治的程度在加深。五代十国时期，沙陀人已经是逐鹿中原的主角，并建立过五代中的后唐、后晋和后汉，而北方的契丹人更是多次南下，参与中原的混战并为自己谋取领土扩张①。同时，在华夏文明区的西北，名义上服从中央政府的党项人逐渐强大，并且控制了一些最靠近关中地区的产马地点，而盘踞在西北的吐蕃和回纥仍然有着强大的实力，威胁着中原王朝在这个方向上的边境。

同时，科举制度的一个副作用是，皇帝对士人的任免成为了他们地位的主要变量。士族时代的推举和保荐不再是需要考虑的因素了，皇帝可以凭借一道命令就让宰相变成没有收入的平民。皇权在北宋悄然扩大（并且会在之后的明清达到顶峰），而地方自治则被大大削弱②。当匈奴人横扫西晋的时候，我们还能够在黄河沿岸看到大量的地方政府临时成立的军队，但是在女真入侵时，随着职业军人的溃败，地方很难形成长期而有效的自发抵抗。类似祖逖那样带领2000中原流亡者就能够在河北一带创下军事奇迹的事件再也无法出现了。虽然不可否认，女真的入侵同样在宋朝的北方故地制造了大量的农民军，这些农民军也确实给女真人带来了巨大的困扰，但南宋政府并不能有效地利用这一矛盾——在这种情况下，大多数主战派都只能握剑长叹。

比起东晋，南宋的开国君主赵构拥有远远超过晋元帝司马睿的权力③。天下分崩，并且导致大量的军事强人出现是可以预测的，但是像赵构这样，能够逐渐削弱这些军事强人的权力，并且最终将兵权收归已有的现象是值得深思的。如果碰到一个虚弱的君主，岳飞和韩世忠应该拥有更大的自主权，但事实上当皇帝发出了撤军的命令时，岳飞——这位在抗金战争中屡建战功的名将仍然选择了服从，而不久他就以莫须有的罪名被处死。当然，这一起著名的冤案可能跟岳飞历史上的抗命经历有关，但无论如何，宋朝将领们对

① 契丹在五代后晋时期迫使后晋皇帝石敬瑭割让了现河北中部的燕云十六州。

② 大族政治的消亡也削弱了地方自治的力度。

③ 显而易见，司马睿的皇位来自琅琊王氏的支持，而支持赵构的武装力量内部矛盾极大，很难形成一个统一对外的集团。这让赵构能够收买其中的软弱者，并渐渐削除其他人的兵权。这间接反映出大族政治和庄园主经济在宋朝的绝迹。

皇权的依赖性要远远强于晋朝时期，在这一点上，北宋的抑武政策功不可没。即使在天下分崩，武将能够凭借战功获得其能够获得的一切时，这些功勋卓著的将军依然受困于财权的不自主和皇帝的诏命。而历史告诉我们，当一个国家面对侵略和中央集权的暂时崩溃时，地方自治越有根基，这个国家的抗打击能力越强，不仅仅东周，东晋和北宋的抵抗性递减也能够说明这个结论，如果读者来得及回顾我们针对战国末期的讨论，就会想到正是楚国的分治传统让楚国最大限度地保留了军事斗争的能力，并给秦国造成了最惨重的一次军事失败，最后，楚国也成为了秦统一后最大的反秦基地。

无论如何，我们还是应该更多地强调几个周期之间的相似性。在第二周期和第三周期的第一阶段，刚刚建立的统一政权都有两个前提：第一个前提是统一之前将近百年的农民战争和军阀割据；第二个前提则是 100 年以前的稳定统一时代。导致该政权败亡的原因都是社会转型和统治集团内部分裂引发的国防虚弱，以及随即而来的蛮族入侵。在蛮族完成了对首都的毁灭后，华夏世界陷入分裂，这种分裂结果会随着湿度和温度的不同与蛮族打击的程度有所区别，可能是东周初年在基本上维护整个西周版图基础上的诸侯分裂，也可能是胡人和汉人纷纷建立新国家的五胡十六国和南北朝时期，当然，如果中原王朝的抵抗太过乏力，也会出现西夏占有河套，女真占有华北，南宋占有南方，蒙古占有漠北，西辽占有西域的分裂全景——在唐朝全盛时期的地理疆界内，六七个政权开始激烈碰撞。而为这场长达近 200 年的分裂画上句号的，仍然是崛起于边缘地带的一支文化相对落后的军事力量，只不过这一次统一的力量已经抛弃了关中，因为关中已经残破，经济重心已经东移，华夏文明区的范围正在不断扩大。

在华夏民族漫长的历史中，有两条不能忽视的主线，一条是中央政府的控制区域不断扩大，一条是中原民族的不断衰弱。在气候逐渐变冷和华夏文明区扩大的过程中，更多民族从边缘地带加入了这个世界的角逐，这也导致长期生活在中原地区的华夏族很难像他们的祖先那样牢牢将边缘地区控制在手中。而事实上，在冷兵器时代，北方边缘地区由于盛产战马、勇士和饥荒，并背靠着人迹罕至的天然屏障，在寒冷的时候对中原地区有着无可否认的军事优势。而北宋的失败正说明一个冷兵器时代的真理：失去北方，失去产马地，并将首都建设在无险可守的平原地区是多么的致命。在气候变化强烈影响国运的古代，一次气候剧变对于中原王朝意味着粮食减产和内乱的可能，而对于北方的蛮族则意味着牲畜的大量死亡和对外掠夺战争的势在必行。450 年后，明朝以其惨烈的败亡再一次证明了这一点。

## 回顾宋金西夏蒙古时期

公元 1279 年，南宋在同元朝的最后一战中惨败，天下一统。在进入针对元朝的讨论前，总结一下第三周期的分裂时代无疑是必要的。

首先，同第二周期类似，游牧渔猎民族在第三周期的第二阶段——即大分裂时代扮演了重要角色。通过前面几章的论述，读者应该能够得出游牧渔猎民族涉入中原政治的一些必要因素。

其中起决定性因素的无疑是气候。寒冷干燥的气候会减少北方的耕地和人口面积，并让草原区向南扩展，适宜人类生存的纬度区间会南移，并改变北方农耕区和游牧区的力量对比。

当然，气候并不能够决定一切。农耕区的权力结构也是决定南北力量对比的重要因素，一般来说，相对分权的中央王朝有着更加强韧的防御能力，而如果皇权能够决定边将的生死，那么中央王朝的防御力就会变得虚弱。具体到南宋时期，武将们的手脚被君权紧紧地束缚住了，导致北伐的时机一再被错过①。

同时，在契丹、党项和女真统治的北方地区，蛮族的统治者也长期保持着对汉文化的不信任，这种不信任大大超过了上一个周期的第二阶段。一个明显的例证是，女真和西夏人都没有轻易使用汉文，而是创造了自己的文字，而创制文字实质上代表着一个民族的觉醒。

显而易见，这些民族在同华夏文明交流的过程中，其民族认同非但没有下降，反而是上升了。需要提醒读者注意的是，这种民族认同显然超过了东汉末年和西晋时北方民族的民族认同。

具体来说，当我们回顾西晋末年南匈奴起兵和建国的过程时，一个明显

---

① 这里并不是说岳飞如果成功北伐就能够改变历史。以岳飞最后一次北伐来看，南宋确实有着恢复北宋失地的实力，但要想打过长城，直捣黄龙府是无法做到的。且一旦岳飞获得北伐的胜利，南宋的权力结构又会出现新的问题，即功勋武将的政治地位安排也是无法轻易推测的。

的事实是，当时的匈奴人仍然打着复兴汉朝的旗号，并把自己当做大汉天子的后代；石勒不许臣子使用胡羯来称呼自己的族人，并将羯人称为国人。这说明当时的匈奴人和羯人仍然是以胡人身份为耻，而非为荣的。但是这一局面在唐末和北宋时发生了质变。我们观察到，不管是契丹、党项还是女真人，他们都以自己的文化为荣，认为骑射和勇猛是本民族的光荣传统，并且嘲笑汉人的文弱和虚伪①。他们不再试图将自己称为某个中原姓氏的后代，而是光明正大地使用着耶律和完颜这样的胡姓。确切地说，在他们心中，中原文明的地位不再高不可攀。他们逐渐认识到了游牧民族的组织优势和农耕文明的弊端，并且凭着自己的军事优势征服了中国北方。同鲜卑、匈奴不同，契丹、党项、女真和蒙古都更有民族意识，也更加警惕汉文化对自己游牧属性的改变。虽然这并不能够防止这些落后民族继续受到汉文化的影响，但起码说明，周围蛮族的政治能力和军事水平正在快速上升。

其次，两宋的分裂时期仍然继续着华夏文明区扩大的过程。契丹、女真和西夏最终都采取了类似宋朝的政治制度，并将这种统治模式固定下来。游牧民族在对外扩张的时候，又把自己在汉文化区学到的统治模式继续推广。在这个第三周期的转型时代，新生的庶族士人团体和旧有的皇权模式并不能够相互适应，并引发了北宋官僚系统的膨胀和低效率，这种低效率拖垮了北宋的国防，也困扰着南下的蛮族统治者。他们鄙视汉人士大夫的恶习，但又不得不依靠他们进行统治。实事求是地讲，就关于如何解决在皇权和科举士人集团之间找到平衡点的问题，女真金国和南宋都没有给出圆满的答案②。

最后，中国的社会思潮在两宋时代出现了重大转折。前面提到，转型社会的一个主要特征是生产力的大发展和生产关系的变化，有宋以来，大族庄园解体，小地主大批出现，客观上解放了生产力。在生产力得到解放的基础上，两宋商业空前繁荣，市民文化开始形成。活字印刷术促成了北宋文学的繁荣，而这种文学一开始是流行文化而非阳春白雪。更重要的是，新儒学的

① 邓广铭：《中国古代史讲座·下·宋史》，求实出版社1987年版，第221页。

② 邓广铭：《中国古代史讲座·下·宋史》，求实出版社1987年版，第234～236页。

几个重大流派（如理学和心学[1]）在两宋发端，并成为明清社会的主流思潮。

## 第二节　元和明清：最后的帝国时代

接下来，让我们继续关注元朝灭宋之后的历史进程。

1279 年，崖山。元军攻势如虹，宋军夺气。大臣、皇帝和将士跳海自尽，浮尸十万，流血千里。

4 年后，文天祥在大都就义。英风夙挺，峻节千秋。

这是中国战略史上至关重要的一年，以南宋的灭亡为标志，中国的政治重心正式移动到华夏世界的东北角，此后，夺取天下，经略四海的脚步将不再从汉中和关中开始，相反，战略家们更应该关注东北、河北和山东地区。在天气保持寒冷的时代，华北地区的平原地带仍然能够保证湿润和足够的农业产量，这多半是因为他们更加靠近大海。

同时，这也是中国的政治中心和经济重心彻底分离的开始，而大运河的作用在不经意间被凸现出来，在未来 600 年的历史中，淮扬和山东地区会因为沟通南北的大运河而变得至关重要。

如果我们回顾一下秦朝和隋朝的版图的话，我们就会发现，三个周期的第三阶段，当天下被崛起于边缘地带的军事强国统一时，华夏世界的范围就会扩大。而这一点在蒙古人的时代被更显著地体现出来，因为西藏地区第一次真正臣服于中央政府是在元朝实现的。在完成对华夏本土整合的同时，蒙古人的西征军让整个欧洲受到威胁，虽然蒙古的西征军最终在埃及遭到失败，但无疑这是继匈奴后，来自东方的军队再一次踏上欧亚大陆西端的土地。蒙古人开启了一个新的时代，就像隋朝对于唐代的意义一样，元朝对后来的明清时代的影响也是不言而喻的。忽必烈重用了生活在北方的汉族官员，并按照周礼在金国燕都的基础上建设了大都[2]，自此，中国的政治中心就位于北京，而这种惯性一直延续到我们生活的这个时代。

---

① 宋代儒学发生了巨大变化，出现了程朱理学和陆九渊心学的论战和对立。前者强调宇宙之间的理，而后者强调心性，即人的选择。

② 今北京市朝阳区存有大都城墙遗址。

## 元朝的财政危机

在蒙古人统治的过程中，中国的历史向近代继续演进。以大分裂为特征的第二阶段结束了，短暂的统一时期已经到来。同秦朝和隋朝不同的是，元朝政府从一开始就陷入财政危机的泥潭中不能自拔①。在已经成为过去的北宋初期，政府第一次开始尝试着发行交子纸币，并很快就尝到了发行纸币的乐趣。毕竟，看起来纸币比金银铜币要容易管理得多，国家节省了铸币成本，也可以在急需用钱的时候迅速转移财富。然而其代价是伪币的盛行和无节制的通货膨胀。在没有宏观经济学作指导的年代，中央财政一旦失去了金银铸币成本的束缚，通常无法把持住滥发货币的冲动。

不幸的是，元朝政府很快继承了这种本能——政府始终处在缺钱的状态，而官员面对这种局面缺乏有效手段，这一点大概能够反映出元朝统治者面对辽阔疆界和庞大人口时的某种窘迫。

就解决方案来说，儒生们提出了与民休息和开源节流，但这并不符合蒙古人的胃口，元朝的政府始终在高速运转中，而为了维持这个政府的运转，蒙古人更青睐于相信色目商人的方式——即不断增税。而由于蒙古灭宋并没有破坏南宋末年的社会结构，不断增税的后果只能是让帝国的南方——这一帝国赋税的主要来源地快速上演土地兼并和农民破产。事实上，比起秦朝和隋朝，蒙古人的统治要糟糕得多。虽然蒙古人的行省制度成为后来明清划分行政区的主要参考，其在最高权力的设计上也促成了中书省独大并开内阁制之先河，但这些作为都不是元朝相对秦朝和隋朝更为长久的原因。

相反，存在一个基于人口学的推论，即元朝败亡速度相对缓慢的最主要因素其实是蒙古灭国战争的残酷性。征服者的心态令屠城和杀降屡屡在北方出现。所以，虽然蒙古的统一战争也是各个国家之间军人的对抗，但是其所造成的平民伤亡却大大超过了秦朝和隋朝②，这就意味着，尽管蒙古人的管理粗暴疏懒，被压迫民族的有识之士都在积极为大厦将倾的那一天做着准备，但由于人口红线暂时遥远，所以致命的大起义反倒是在南宋灭亡72年

---

① 俞晖：《论元代的通货膨胀》，《江西社会科学》，1991年10月。

② 路过、腾则之：《中国人口通史》，山东人民出版社1999年版，第615页。

后才出现的。

无论如何，历史规律不可违背。就像秦朝和隋朝的败亡一样，元朝的败亡也直接源自大型工程和随之引发的农民暴动，只不过，元朝统治者的时代责任感远远比不上秦朝和隋朝的皇帝们而已。与意义重大的长城和大运河不同，压弯蒙古人的最后一根稻草是元朝政府对黄河泛滥的治理工程——这给了民工们秘密串联和传播谣言的机会①，很快，假托宋朝皇室后人的起义军领袖就陆续崛起。这样的情景让人回忆起陈胜、吴广和他们打着公子扶苏和将军项燕旗号发动的叛乱，但无疑，这一次起义有着更加直接的目的，因为这是无数被压迫民族的反抗。而这意味着第三周期第四阶段的正式开始——波及全国的农民起义和群雄逐鹿。

很快，蒙古人的统治走向崩溃，民族仇杀和地主武装之间的彼此吞并席卷了整个中国大陆，问鼎天下的战争以及随之而来的人口大量死亡再次出现。同之前两个周期的第四阶段一样，元末的历史，起于人口膨胀，发于农民起义，止于群雄逐鹿。同秦末一样，最后的胜利者是一个平民。就像刘邦一样，朱元璋也是以下层人物的身份登上皇位的，而他的胜利和合法性就像刘邦一样不容置疑。在他的带领下，明朝迅速驱逐了曾经不可一世的蒙古人，并且扫荡了成吉思汗成长和壮大的蒙古草原②。

## 明朝的鼎盛和衰退

公元 1368 年，农历八月初二，元帝遁逃漠北，徐达兵临大都。

现在，明朝建立了，历史再一次回到汉朝和唐朝的起点上。第三周期的第五阶段——稳定统一时代正在到来。同样，明朝仍然面临着游牧民族的威胁。同样，在人口积累和经济发展后，明朝也会派出杰出的统帅横扫漠北，并建立不亚于卫青和李靖的功勋。同样，和汉朝、唐朝一样，明朝真正意义上的第二位皇帝——明成祖朱棣，也采取了非正常的手段登上皇位（可以对比汉文帝和唐太宗的上位过程），并把整个国家推向兴盛的顶点——而针对这些明显能够找到对应时间点和对应关键人物的相似性。

---

① 公元 1351 年 5 月，刘福通、韩山童刻石人散布谣言，聚众起义。

② 公元 1388 年 4 月，蓝玉于捕鱼儿海摧毁北元统治中枢。

需要指出的是，科举士人政治在明朝前中期得到了有效遏制。皇权凭借对安全力量的绝对掌控同官僚集团形成了均衡，而这种均衡正是明朝得以稳定和繁荣的政治基础。朱元璋和朱棣将皇权扩展到了极致，无处不在的特务机关让整个官僚体系战战兢兢。同时，明朝有足够的功勋后代把持着暴力机关，并遏制着士人欲望的膨胀，这种均势一直维持到明英宗初年。事实上，明朝士人摆脱约束的标志性事件是土木堡之变，勋贵子弟在那次事变中被瓦剌部消灭殆尽①，而随后皇帝不得不依靠宦官和特务组织平衡文官，而面对一个不断膨胀的政治集团，这种约束缓慢地变得松弛起来。

同时，市民社会在明朝得到了进一步发展，市民文化开始进一步流行，大量历史小说和都市小说出现了，中国古典小说创作在明朝达到了一个空前的高峰期。不得志的文人投身于文学创作事业，并取得了意想不到的成就。明朝的经济蓬勃发展，并最终冲破了政府对海上贸易的限制，大量商人和沿海的官吏勾结起来，并逐渐形成了资本主义生产关系的雏形。根植于这种社会的流行思潮也愈发多彩，其中不得不提的是王守仁和他创立的心学学派，这个学派冲破了前人留下的桎梏，把人欲和天理等同起来，从王阳明思想中衍生出的泰州学派②更是冲击着程朱理学提倡的伦理道德，并极大地拓展了华夏文明的思想边界。

## 明末经济危机和清朝的崛起

看起来，一个类似启蒙运动的时代已经在中国成型了。经济基础已经出现了重大变化，很快，资本主义即将在沿海开花结果，中国的舰队将载着贪婪的冒险家出现在日本、南洋和美洲，资本的积累会造就一大批商人，很快——是他们——而非擅作八股的士人决定着中国的未来。

然而，历史并没有给出这样的答案。究其原因，中国并没有用向海外移

---

① 过少雯：《“土木堡之变”的后勤警示》，《中国机关后勤》，2001 年 4 月。

② 泰州学派是中国历史中第一个真正意义上的思想启蒙学派，它发扬了王守仁的心学思想，反对束缚人性，引领了明朝后期的思想解放潮流。其创始人为王艮，江苏泰州人，师承明朝著名的思想家、教育家、军事家、哲学家王守仁，王艮长期在小生产者阶层中讲学，从者云集。泰州学派的信徒有上层官僚地主，知识分子、还有下层劳动人者。泰州学派一度受到朝廷的青睐，成为晚明的显学。

民来缓解人口压力的传统。同时，明朝末年的文化繁荣和经济的基础并不牢固，这个基础就是出口贸易额的增加，皇帝的不作为和因此导致的基层政治系统失灵——而要想摧毁这个基础非常容易。接下来，我们就将揭示这种脆弱的欣欣向荣是如何走向终结的。

第一，外贸的增长率很容易受到国际经济环境的影响。万历末年，远在荷兰的郁金香泡沫突然破裂，导致了海上贸易量的萎缩和流入明朝白银的锐减，这间接引起了明朝内部的通货紧缩①。

第二，农民起义和北方民族叛乱会淘汰掉不作为的皇帝，并一定程度上重新约束官僚体系，并推举出亲力亲为的独裁者。而万历末年恰逢气候转冷，粮食减产，很快，农民起义和北方民族叛乱依次出现了。而雪上加霜的是，万历末年的明朝军队刚刚经历了三次大规模的战争，国库因此空虚，这大大减弱了明朝政府应对危机的能力。

第三，也是最重要的一点是，明朝的经济仍然是以农业为主的，因而也无法抵抗历史红线的魔力，人口膨胀和粮食收入瓶颈注定要导致第五阶段的结束和第六阶段的开始。这也就是说，明朝末年的经济自由化和思想解放是特定历史条件下的早产儿——因此也仅仅是啼哭了一两声后就夭折了。

公元 1630 年，李自成和张献忠掀起了无法扑灭的叛乱，稳定统一的第六阶段再一次以内战的方式开始。同时，后金汗国在东北战场步步紧逼，明朝辽东军日益捉襟见肘。明朝末年，失去了制约的士人集团空前膨胀，大肆占有耕地和金钱，导致朝廷收入锐减乃至国防支出匮乏。可以说，明朝的死亡和王莽的新朝是没有任何区别的，历史红线逼近帝国并成为第一凶手，这一次，充当更始帝刘玄和胡燕皇帝安禄山角色的，是明朝末年的起义领袖和后来的大顺皇帝李自成。但是，有趣的是，三个周期在这一节点上再一次出现了微妙的相似性：攻破首都的叛乱者永远不是第六阶段的最后胜利者。

如果读者回忆起第一周期和第二周期的第六阶段，即稳定时代的中断期的话，我们曾经这样描述过：垄断集团和政府的冲突决定了中断期内战的性

---

① ［加］贡德·弗兰克：《白银资本：重视经济全球化中的东方》，中央编译出版社 2008 年版，第 437 页。

质，而内战的结束不仅是中央政府的重建和恢复，更是垄断集团的胜利。在明末清初的内战中，科举士人集团并不是受害者，相反，他们很快抛弃了打算削弱他们利益的明朝，并选择向新的主人效忠，这一点可以清楚地从孔氏后人对李自成和多尔衮的选择上看出来。满清贵族在士人集团和明朝降将的帮助下，很快平定了境内大大小小的敌对势力，并且完成了第七阶段的大一统。在清朝，皇权和科举士人的利益得到了阶段性的缓和，于是统一帝国的局面又一次地维持下去。

第三周期的第六阶段结束了，崛起于东北的满洲人最终成为了这场内战的胜利者。一个类似明朝而不同于明朝的统一时代来临了，中央政府的统治力在第三周期的第七阶段，一如既往地走向恢复、妥协和衰朽。清朝，作为华夏文明的最后一个帝制时代，此刻正承担着整个民族无人知晓的未来。

相比明朝，清朝初期的几位皇帝也能够凭借皇权的威严勉强遏制士人集团的膨胀。然而，作为一个进入下降通道的政治集团，科举士人的贪墨谋私以超越明朝的速度变得肆无忌惮。即使在康熙皇帝统治的时代，贪墨不法也已经成为皇帝第一头痛的问题，而康熙后期的财政收入减少也让人对盛世的持久性保持了怀疑，好在他的继任者雍正皇帝采取了严苛的手段来约束欲壑难填的官僚集团，虽然他也为此背负了骂名。在他执政的13年内，国家财政重新充裕起来，然而他好大喜功的儿子乾隆皇帝却再一次毁掉了这个来之不易的局面。到乾隆皇帝统治后期，可怕的贪腐已经无处不在。

当然，在对外征伐方面，满清前期仍然体现出了大一统时期应有的气象。满清全盛时期的版图几乎超越了唐朝，在遥远的西域，清朝严厉打击了反叛者，并牢牢将西藏掌控在手中。在对付漠北蒙古方面，满清采取了怀柔手段，并彻底削弱了这个一度征服大半个欧亚大陆的民族。到乾隆皇帝中期，清朝达到疆域全盛时期。

然而，就像前两个周期的第七阶段那样，帝国内部的安全之墙最终出现了裂缝，满洲骑兵和汉军绿营的战斗力都出现了显著下降。当人口增长再一次将历史红线推向历史舞台的时候，农民起义和地方军事力量的崛起就必然要重演。

## 第三节　清末民国：资本主义的发展和共和国的建立

接下来我们开始探讨第三周期的第八阶段。

相对而言，比起东汉末年和唐朝末年，清朝面对的困难更加严重，因为华夏世界的范围再一次扩大了。这一次，不仅来自北方的强势民族在积极参与满清末年的内战，相反，起很大作用的是乘风破浪而来或从印度和中亚不断渗透境内的欧洲人。最重要的是，北方的俄罗斯和东南的日本一步步成为中国的最大威胁。俄罗斯和日本是两个迥然不同的敌人，一个是以东正教为国教的陆权国，拥有广袤的土地和资源，另一个是在和魂洋才旗帜下快速崛起的海权国，缺乏资源和土地，但他们有一个共同点，就是对土地的贪婪。事实上，这两个敌人也确实对处在清末民国时期的华夏世界造成了最惨重的损失：俄国攫取了清朝基本上所有的北方外围领土，日本则打算直接征服中国，并在未来的中日战争中给中国造成了惨重的损失。

### 清朝的灭亡和民国的建立

需要指出的一点是，科举士人政治在满清后期终于走向衰亡，官僚资本家正势不可挡地占领帝国的各个领域。这一方面表面得益于清政府坚持了几十年的洋务运动，而实质是中国士人在面对海外资本输入时的必然反映：旧有的小农经济在大资本经济面前不堪一击，而民族资产阶级正诞生于那样一个风雨飘摇的年代。新的生产关系出现了，明清科举制度的经济基础也逐渐被削弱乃至最终不复存在。

当然，稳定王朝的末日都是类似的，三个周期以来，历史一直在重演。在周期律的魔力之下，历史红线再次绷紧，太平天国起义在南方爆发，西北和西南出现了大规模回教徒起义，新疆和西藏都出现了分离倾向，而河南、河北和山东则出现了名为捻军的流寇集团，在扑灭这些威胁后，清廷又面对着海外革命党的起义和暗杀。鉴于帝国的敌人层出不穷，清廷不得不抛弃疲软的常备军和无能的贵族，并依靠汉族官僚和他们组建的地方部队，当然，这势必让清廷对地方的控制能力迅速下降。在慈禧太后死去之后，再也没有什么人物能够阻挡各地的汉族军事长官篡夺政权。很快，其中最强大的北洋领袖袁世凯完成了曹氏父子[1]和朱温曾经完成过的事业——逼迫末代皇帝退位，并且建立以北洋军阀为核心的新政府，而在此之前的武昌起义已经点燃了各省独立的烽火。

到此为止，仅仅存在于名义上的大一统国家也不复存在了，虽然太平天国运动已经毁灭了大一统的实质：这是第三周期的三国和五代——继承清廷的中央政府维持着对首都附近区域的统治，而因为洋务运动和镇压起义而崛起的地方实力派则控制着其他的行政自治区。袁世凯致力于削弱南方实际独立的省份，并一度取得了进展（虽然南方会党借宋教仁案掀起了二次革命，但袁世凯的军队让他们迅速遭到了失败），可惜的是，他恢复帝制的行为成为了各地军阀起兵对抗中央政府的最好借口，在这场中央和地方的争夺战中，地方军阀取得了阶段性的成功——维持一个虚弱的北京政府已经成为南方各省的共识。同时，就像五代时期那样，外族加大了对中原内战的干涉，而华夏文明区边缘地带的少数民族也开始为谋求独立而同外族勾结。更加危险的是，强势崛起的日本开始对整个中国的领土抱有野心。可以想到的是，在这一次军阀割据结束的时候，新政府从清朝继承下来的领土也会相当有限。

随着南方经济的恢复，权力中心一度转向南方。在外族势力涉入中原混战的过程中，南方的革命政府得到了俄国人的青睐，并按照俄国政党的模式组建了有别于过去同盟会性质的国民党。然而，由于国民党是从反清秘密组织演化而来的，在进行俄式政党改造的时候，保留了很多会党黑帮政治的习惯，而这样的国民党很难发挥出俄式政党应有的纪律性和集权优势。那么，相对背负历史包袱，并不得不承担过多政治义务的国民党，中国共产党则必然会显得轻便有利。当然，在共产党刚刚建立的初期，国共两党在打击旧军阀的战线上有着广泛的一致，他们很快将民族主义的旗帜牢牢掌握在手中，并以俄共的方式训练新军，这支新军在不久的北伐战争中体现出强大的战斗力，其中一支完全由共产党员组成的独立团尤其令人印象深刻。

就像历史一再昭示的，一个成长过快的盟友总会引发其同盟内其他势力的不安。特别是，当这个盟友开始在农村进行土地改革，并打算彻底打碎乡

---

① 指代曹操的儿子曹丕。

绅和地主对基层的控制权时，国民党右派的社会基础被全面动摇了，因此他们也必然会无法容忍。

很快，一次针对共产党的清洗在全国展开，这就是历史上赫赫有名的四・一二反革命政变和随之而来的七・五政变。这两起针对共产党人的清洗标志着国共两党第一次合作的结束，同时也拉开了十年土地革命战争的序幕。

和三国与五代那些注定要被内部集团取代的过渡政府（曹魏和后周）不同，国民政府选择了过早地将潜在威胁清除出政府并给予消灭（事实上这么说是有问题的，共产党员虽然大量被清洗，但是其领袖人物基本上安然无恙），事与愿违，清党没有消灭对手，却迫使共产党人走向强大。开始，国民政府并没有将共产党人的起义和零星出现的割据区放在眼里，蒋介石继续致力于削弱其他地方军阀对自己的反扑，并在名义上最终赢得了全国军阀的支持，但是就在蒋介石同中原军阀鏖战的时候，共产党却在南方山区迅速发展壮大，并严重威胁到国民党的统治中心。国民政府不得不将共产党看作头号敌人，并最终抓住了共产党内部指挥权易手的时机发动战争，这场战争基本上结束了共产党在南方的工农武装割据。迫于形势，红军开始向中央政府鞭长莫及的西南腹地挺进，并利用当地军阀和中央政府的矛盾躲避追击，在经历了漫长的行军后，中央红军终于在陕北高原找到了盟友，而随后爆发的中日全面战争则搁置了中国的内战。

## 抗日战争及其影响

无论从哪个角度来看，日本军部发动全面侵华战争都是一件缺乏战略思考的决定。以日本的国力，消化东北尚且需要时日，而激进的日本军人集团则打算在短短几个月内灭亡中国。也许历史上并不是没有小民族通过外交手段和恩威并用占领中国内陆的例子，比如满清在明朝末年的巨大成功，况且日本面对的中国和明朝末年是类似的，国内因为饥荒和土地兼并出现了人口损失和流民。同时，此时的中国缺乏一个强有力的中央政府，各地的军阀各怀鬼胎，如果日本能够参照满清的经验，将自己塑造为中国的拯救者，并放弃自己非理性的民族优越感，而使用中国的文字和传统来统治中国和分化敌对者，则可以在最大限度上削弱中国的民族主义。然而，陷入民族主义狂热的日本军部不可能采取这样的方式，相对理性的石原莞尔被赶回学校教书，而一贯狂热的东条英机等人则主导了战争。贸然和中国全面开战的后果是导致中国的所有军阀都感觉到了威胁，这种不安全感并非是开始就有的，而是伴随着日本人毫不掩饰的推进而传染开来的，后果是中国所有的地方实力派都向抗日战场派出了自己的军队，甚至连盘踞在甘、青的马氏军阀都响应了这场战争。

日本人在同中国全面开战后并没有采取步步为营的稳健政策，而是选择了同国民政府争夺铁路和枢纽城市。在这个时候，即使不那么高明的战略家，也能够看出日本将自己的敌人合力增加到了最大，并打算用 150 万正规军去控制中国广袤的土地和人口，那么合理的结果只能是日本军队逐渐消耗掉自己的全部锐气，并随着时间的流逝走向失败。

在这场长达 8 年的战争中，活动在日占区的共产党军队继续发展壮大，在这些日本名义上已经占领的山区和平原，国民党中央军、共产党的军队、土匪、民间自卫组织、地方军阀部队、日军、伪军和国民党的游击队犬牙交错。然而，在中日战争的最后几年，日本军队虽然极力维护占领区的安全，但是仍然没有能够阻止共产党武装在该地区的扩张，事实上，八路军和新四军在敌后快速发展起来。

公元 1941 年，随着日本对美国太平洋舰队的偷袭，几乎所有势力都预料到了日本的败亡。可以说，外族对中国内部政治格局的影响是空前的，但是，这种影响一如既往地被最终清除殆尽。

日本败亡后，国共双方的军人之间爆发了理所当然的战争，在这场长达 3 年的内战中，北方的军人再一次毫无悬念地压倒了南方，并且将长期保持割据的各路军阀也一并扫荡殆尽。除了被俄罗斯占领的中国北方，已经独立的外蒙古，以及国民政府残余势力盘踞的台湾岛，中华人民共和国已经继承了他所能够从清朝版图上继承的全部。

## 第四节　第三周期：八个阶段持续时间的对应关系

1949 年冬，成都。

炮声摇撼着大地，国民党最后的阵地趋于瓦解，解放军的冲锋号声宣告着一段乱世的终结。在几个月前的北京，中华人民共和国已经宣告成立，并将在可以预见的未来成为中国的唯一合法代表。

到这里，我们的探讨经历了完整的三个周期，而我们对第三周期的总结也就从这里开始。

第一，在北宋建国之前，华夏文明经历了唐朝的崩溃、大族政治的末日和五代的军阀混战。与第二周期对应的几个点是，庄园主经济的解体和官僚地主经济的出现，士族政治的消亡和庶族科举士人政治的成熟和衰朽。同时，在第三周期，两度出现游牧渔猎民族入主中原以及最后被推翻的历史事件，市民社会形成并走向兴盛和剧变，在满清中后期，官办和民办商业开始兴起。

第二，从整体气候环境来看，第三周期要比第二周期寒冷得多。明清的500多年，气温一直没有回复到汉唐时期的水平，太湖在明清时期发生了第二次和第三次结冰，梅树也一直无法在黄河流域存活。北方缺乏足够的耕地，也养不活更多的人口。而出于防御北方蛮族南下的考虑，帝国又不得不将政治中心放在北方，这导致了中国经济重心和政治中心的南北分离。但是这种应对毕竟是脆弱的，北方的防务依靠南方经济的支持，而运输成本的扩大导致这种支持是有限的。在明朝末年，单靠辽东本地的军民已经无法完成东北防务，浙江军、秦军和秦良玉的西南军都被布置在北京以北的防线上，这足以反映出明清时期中国北方人口比例大幅下降的事实。同时这也是第三周期的中原政权两次被南下的游牧渔猎民族灭亡的最主要因素。

第三，华夏文明的政治生活在第三周期第七阶段走向僵化。这种僵化主要是思想方面的，虽然明朝末年出现过生产方式变化和思想解放，但是这种昙花一现的思想解放很快被战乱所扼杀，中西文化的交流也到此中断。满清统治时期，中国知识分子空前封闭，乾嘉学派埋头训诂，沉溺在故纸堆里，学术氛围死板而压抑，直到被洋人的坚船利炮惊醒，中国的士人才被迫去了解出现剧变的西方世界。不幸的是，这种了解是极其迟钝和傲慢的，等到中国主流舆论开始用正面的笔触来描述西方的政治理念时，清朝社会已经病入膏肓。

第四，第三周期的各个阶段，仍然同第一周期和第二周期有着意料之中的对应。以第三周期的第八阶段为例，同汉末和唐末一样，清末的大起义是历史红线的产物，这场大起义帮助大量军人获得了政治地位并削弱了朝廷的控制力，其中最强大的军人集团会篡夺清朝的统治，并建立一个统治区域有限的中央政府。在此之后，各地的军阀之间发生混战，但最后的胜利者并不是这些军阀。甚至，在时间上，第三周期的第八阶段完全等同于第一周期的第八阶段，都是96年，仅仅比第二周期的第八阶段少了8年。同样，明朝的稳定时期长于清朝的稳定时期，正如我们之前已经提到的，周期的第五阶段长于第八阶段。这也就意味着，到1949年为止，我们的讨论仍然是基本上符合理论框架的假设和历史事实的，而三个周期之间的相似性也是显而易见的。

下面几张图反映了第三周期内八个阶段持续时间的对应关系，我们可以将三个周期的阶段比例图放在一起来看。

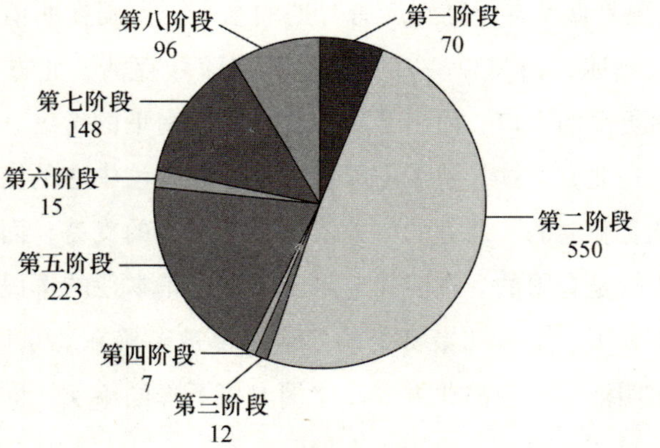


图7

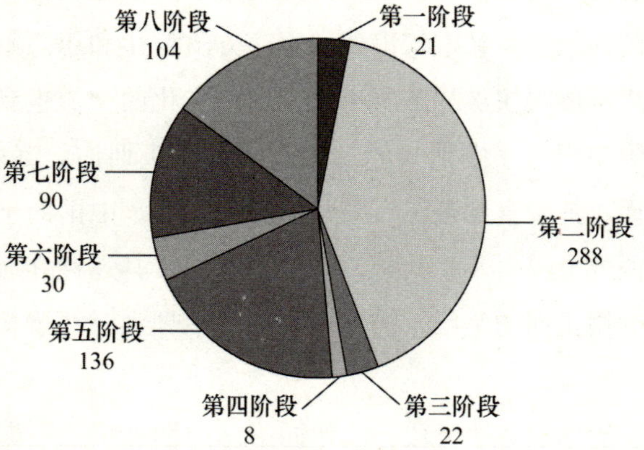


图8

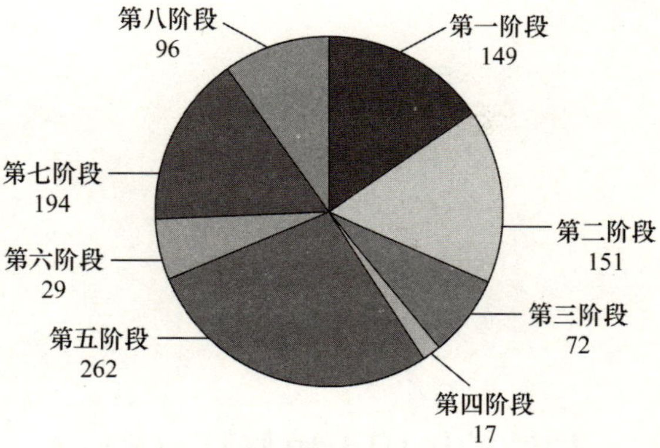


图 9

我们可以看出，在有的周期，乱世时间会长一些，而在有的周期，大一统时期会长一些，但是，他们大致上仍然保持了彼此对应的关系。

在接下来的几章里，本文将带领读者回到模型本身，并分析几个最主要的问题，为什么这个模型会有如此契合历史的解释能力？是什么因素决定了这个模型的每个周期如此相似，是什么决定了这些周期之间的不同？又是什么决定了一个周期内部必然会出现以统一和分裂为衡量标准的八个阶段？

# 第 10 章
# 伯约的民国手稿修订（5）：经济周期内部的权力运行规则

## 引 言

华夏世界的命运，在一个个周期中轮回。

史前华夏是夏商，第一华夏是秦汉，第二华夏是隋唐，第三华夏是明清。

这周期的力量，或者我们将其理解为娲皇的意志，或者我们试图用理性来理解其原因——根据华夏世界的气候周期和地理结构分布。

在这一章中，伯约试图了解娲皇，或者自己永生背后的力量。他试图通过自己学到的学术强调，将这个世界的恩怨和悲欢隐秘地表现出来，并把历史的真实淹没在冗长的社会科学术语里，不，也许还包括环境学和气象学的术语。总之，进入理性时代以后的人类善于堆积词汇和选取角度，他们抛弃了古典的天地人分析法，也不屑于孙武提出的道天地将法五段论，而是将纷繁复杂的历史现象散入社会学、经济学和国际关系学的研究范式之中，要把这些范式中的精华提炼出来并拼接还原是需要时间和智商的，而大部分人的智商都已经被名词解释和方法论消耗得差不多了。以国际关系学科为例，古老的地缘政治学和政治史是较好入手的，国际政治理论则是另一回事，而国际政治经济学理论则更加宏大，它们之间缺乏等级明确的隶属关系，而是相互包容又彼此不同——总之唯一要说的是，古人能够用 8 个字就说清楚的，现代人不得不用 8 万字来做。

然而，这正是现代学术的乐趣所在，你完全可以用类似的构词法发明一系列似是而非的概念和定义，并用来欺凌那些自谦而真诚的求学者，这是一种饱含戏谑和机锋的文字游戏，比如费拉民族，比如其他。

## 第一节　气候和地理环境：作为一个理论的起点

到本章节为止，涉及到历史事实的论述结束了。事实上，我们前四章做的工作是初步建立一个理论框架型并用历史事实来验证该理论的解释力。一个结论是明显的：我们的探讨能够比较好地解释华夏民族从公元前 841 到公元后 1949 年的政治演进史。我们要做的是对整个模型的解释力进行还原。

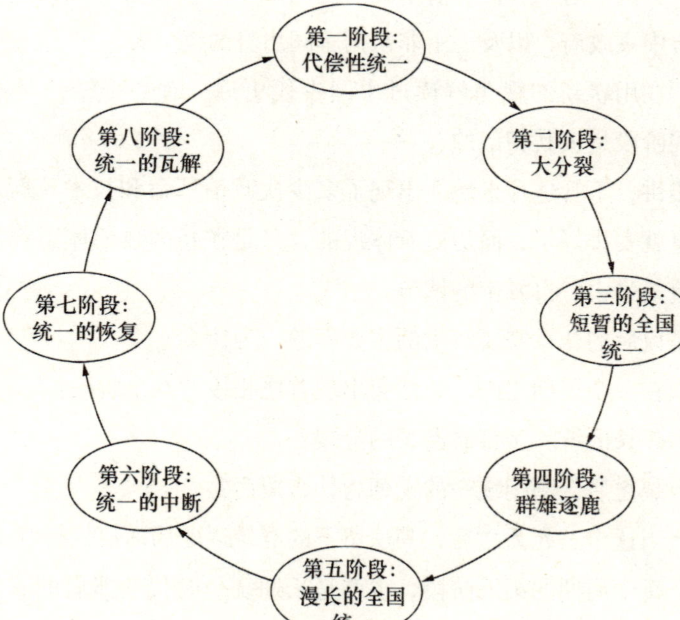


图 10

如前文所描述的三个周期之间，一种显而易见的对应关系出现了：在这长达 2700 多年的历史中，平均 900 年就会上演一次中央政府有效统治的破碎、重建、鼎盛和衰朽，如果我们以中央政府有效统治为衡量标准，并将其简称为 X，那么，第一阶段是 X 的苟延残喘时期，中原腹地得以统一，但是边疆领土却为外敌所据；第二阶段是X的死亡时期，天下板荡数百年，不知几人称孤；第三阶段是X的复苏阶段，孔武有力却不稳定，经历了第四阶段的短暂崩溃后，X在第五阶段走向稳健、成熟和衰老，这种衰老引发X在第六阶段的崩溃和第七阶段的回复，而第八阶段的百年混战则预示着X的力量趋于又一次回光返照和最终的死亡。

具体而言，秦朝、隋朝和元朝体现出一贯的乐于征伐、沉溺工程和快速死亡；

两汉、唐朝和明清体现出太平盛世的一贯景象：皇权的崛起、繁荣、中断、恢复和衰退；

周朝、晋朝和宋朝则出现了非常相似的扩张乏力，统治集团斗争白热化，蛮族入侵，迁都和分裂；

而汉末三国、唐末五代、清末民国也出现了对仗工整的农民起义，军阀崛起，弱势中央政府，以及一个非割据军阀出身的统一者。

那么，在用崭新的视角解读过中国古代史后，有一个结论是不难得出的，即这些阶段是极其相似的。

进一步讲，不管这片土地上出现了多少次政治革命和技术革新，上演的剧目似乎早就安排好了，而历史所体现的，只是在新的政治体系和生产技术的基础上重复过去一再发生的情节。

这就是以后的几章需要解决的主要问题。为什么？

为什么在一个周期之内，必然会出现首尾相接的八个阶段？

为什么漫长的统一孕育着漫长的分裂？

漫长分裂之后，刚刚统一的王朝为什么短命？

为什么当这个王朝死亡后，其遗留下的群雄逐鹿局面仅仅持续十多年？

为什么每个周期的第八阶段，也就是长期统一时代崩溃后的农民起义和军阀混战都会持续将近100年的时间？

是什么样的力量在左右着华夏文明的历史，以至于能够将其设计成一个进度可以预测的试验流程？

要解决这个问题，我们需要返回理论的起点。

## 地理因素

首先，是地理环境，山地，平原，丘陵，盆地，草原，河流，海洋。波澜壮阔的中国历史进程就发生在这个区域之中。

其次，是气候，也就是降雨、温度和风力。

在确定了这两项之后，我们假定这个理论能够非常逼真地模拟中国历史的过程，模拟出的结果也完全符合我们之前几章的讨论结果。那么此刻，我们来确定一下，地理环境和气候这两个基础变量能够决定什么。

关于地理环境在人类历史进程中的地位，黑格尔曾经说过："民族精神从某些可能性中滋生，而地理的基础便是一种可能性。我们所注重的，并不是要把各民族所占据的土地当做是外界的土地，而是要知道这地方的自然类型和生长在这土地上的人类的类型和性格有着密切的联系①。"诚然，地理环境在研究历史过程中是不得不注意的，更何况，东亚地区有着非常独特的地理环境。具体而言，华夏民族繁衍生息的东亚大陆在大航海时代尚未到来的时候是处于半封闭状态的。北方的荒漠和冰原，西部的高山和沙漠，东方和南方的大海形成了天然的屏障和壁垒，中原与西亚乃至欧洲的唯一陆路通道是著名的丝绸之路。也就是说，在这个地理环境下繁衍生息的民族很难受到其他文明的影响。在华夏文明区的地理范围内，中原腹地的华夏文明是唯一有吸引力的文明中心。也就是说，在世界体系尚未形成的时代，华夏文明已经扩散到地理环境的边界，在这个文明区内，靠近文明中心的群体选择了农业和定居，而边缘地带则生活着乐于放牧和劫掠的骑马人。

那么地理环境对中国历史的第一个影响是，相对于中东和欧洲而言，这片土地是缺乏同外界文明的交流和碰撞的。从模型开始的时代到欧洲人踏上这片土地之前，华夏文明区就是天下和世界。

接着，我们来观察这个封闭地理环境的内部。我们发现，在中国腹地和外延，出现了迥然不同的地貌，山地、高原、平原、丘陵、盆地俱全，连绵起伏的山脉将中国腹地割裂为一块块的地理和文化子区域，这些子区域往往都具有自给自足的能力和自保的空间。

---

① ［德］黑格尔：《历史哲学》，上海世纪出版集团 2001 年版，第 123 页。

那么地理环境对中国历史的第二个影响是，在华夏文明区内部，涌现出大大小小十几个为山川河流所分割的子区域，他们虽然认同华夏文明的一些核心价值，但是彼此之间迥然不同。举例说明：四川盆地由于物产富饶，周围天险环绕，容易形成安逸乐观的地方文化，而关中地区虽然也具备物产富饶和地势优越的特点，但是关中地区接近游牧区，更是中国腹地通向河西走廊和西域的关口，所以关中地区的文化就要显得更加强韧和进取。由于各个子区域都有一定的割据基础，这些地区的利益并不是容易调和的，只有强势的中央政府才能够保证国家的统一，而一旦朝廷衰弱，子区域之间的缓冲带上就会爆发频繁冲突——特殊的地理环境保证了这一点。

子区域间的缓冲地带一般指汉中、山西、淮海和荆襄四个地区。从历史来看，汉中是巴蜀政权争夺天下的必经之路，也是北方政权南下控制巴蜀地区的要道，历史上为兵家所必争。山西地区是关中政权和河北政权对峙的前沿，著名的长平之战就发生在这个地方。山东淮海地区是中国政治中心东移后的必争要道，连结着中国的政治中心和经济中心，顾祖禹曾提到“有志于天下者，不可不注意山东”。而荆襄地区的重要性不需多说，襄阳是拱卫江南连结巴蜀的核心地带，历来为南方政权所看重。三国时关羽占有荆襄地区，向北几乎逼迫曹操迁都，向东则让孙权不能安席。蒙古灭宋时，最惨烈的争夺战也在襄阳进行。可以说，得襄阳则江南垂手可下，失襄阳则中原不安。历史上，缓冲带一般不具备割据能力，但为群雄所必争，固缓冲带战事频繁。

到此为止，我们可以得出结论，华夏文明区的地理环境确保了这片土地有统一的基础，也有分裂的可能。但是，这种分析并不能解释统一和分裂的周期性变化。

那么我们继续探讨下一个重要因素，也就是气候。

### 气候因素

华夏文明区的大部分区域属于温带季风气候，四季分明，适合农耕。华夏文明区的北方是草原，西南地区是高原气候，在南方接近亚热带雨林，这决定了中国历史上的另一种冲突类型。这种冲突有别于因为人口压力而发生的内战，而是广泛分布在农耕区与畜牧区、高原和平原、平原和雨林的交界线上。诚然，这就是不同生活方式的人群之间必然会发生的那种冲突。

更重要的一点是，随着气候的变化，农业区和畜牧区的面积对比也会发生变化，例如，当天气变冷的时候，畜牧区会向北方延伸，吞噬掉温暖时处在农牧交界线的地区，而农业区则会向南转移，进入原本酷热，并不适合人类居住的丛林河网地带。这导致秦岭淮河以北的游牧区增加和农耕区减少，华夏文明的经济重心转向南方，从而也就改变了北方游牧民族和农耕民族的力量对比。

这意味着，气候的变化会改变周期内部的某些趋势，比如在周期的第二阶段，也就是大分裂时期，随着天气的变冷，由游牧民族创立的政权数量会增加，而相对的，农耕民族创立的政权数量会减少。总结一下的话，不同气候区的分界线决定了不同民族之间发生冲突的地点，而气候的冷热变化则决定了冲突发生的时间和后果。

在明确了地理和气候对于中国历史的影响之后，我们进一步来讨论这种影响的持续性。

## 气候和地理因素的长期性和周期性

第一，地理环境既然决定了民族性格和腹地冲突的类型，所以地理环境并不是一个变量，而是一个定量。因为，我们的模型基于这样的地理环境而存在，地理对政治的影响是很难改变的。唯一改变的可能是人类的活动改变地理环境，但在人类尚未能够打通中国西部山脉，并改造中国北方草原的中国古代，这个可能性可以被我们的理论所忽略。

第二，不同气候区域的分布决定了不同地区人群的生活方式，而这一点也是很难改变的，气候变迁是一个漫长的过程，漫长到超过了大多数王朝的寿命。比如，上古时代的华夏世界炎热潮湿，黄河流域有大象等热带动物活动，但随着人类活动和气候变化，气温渐渐冷却，森林逐渐消失，而3000年来，这种气候变化的大趋势仍然看不到尽头。所以，时间跨度过大的气候冷暖大周期，对于讨论一个分裂——统一周期内部的政治变化是没有意义的。

第三，短期内，气候的周期性冷暖变化确实大幅度影响到周期内部的某些历史细节，但在研究周期本身，而非周期与周期之间的递变关系时，时间跨度超过一个周期的气候的周期性变化是可以被排除的。举例说明，气候的冷热变化确实大幅度改变了游牧民族和农耕民族的力量对比，比如，在第一周期，结束周期第六阶段中断期，并将汉朝维持下去的是来自南阳郡的皇族刘秀，而在第三周期，结束第六阶段，也就是稳定时代中断期并恢复稳定统治的，是来自东北的渔猎民族爱新觉罗氏。但在我们研究周期内部各个阶段的变化关系时，东汉政权和清朝政权并没有什么区别，他们都结束了第六阶段的血腥内战，并将大一统的局面恢复并维持下去，他们在周期内部的地位是一样的。也就是说，在探讨周期内各阶段关系时，我们可以忽略时间跨度超过周期的冷热变化。

第四，在周期内部，气候也往往会发生短期剧变，这种剧变对周期内历史阶段的划分作用是不可忽视的。尤其是发生在西周末年、两汉之交、唐朝中期和明朝末年的短暂寒冷时期，这些周期内部的气候变化往往是形成周期内各阶段间关系的重要因素。

那么，探讨到这里，唯一对前面几章的研究工作有助益的，其实是第四点，即周期内部的气候短暂变化，如突然出现的，长达几十年的寒冷时期，这种气候剧变足以促成王朝的灭亡和华夏世界的分裂。机制是农业减产，因食物短缺引发的内战，以及在寒冷天气的逼迫之下，北方民族向南拓展游牧区域的必然性。而最直接的案例就是唐朝安史之乱前夕的气候恶化和明朝末年著名的小冰期。

在明确了地理和气候的作用后，我们将继续探讨以地理和气候为起点的中国历史周期理论的可适性。

## 第二节　周期内部的历史阶段间关系

我们将在本小节解决一个问题：即凭什么将一个周期内部划分为八个阶段？或者，当我们用历史事实验证过这八个阶段后，我们需要问，这八个阶段之间的关系是什么？解决了这个问题，我们也就明白了，为什么周期和周期之间是相似的——周期循环必然出现，周期循环也必然继续——至少在地理环境没有发生太大变化时是这样。

### 第一阶段：转型社会的政治困境

如果读者回顾起第一章的内容，我们将第一个阶段设定为新的生产方式出现，旧有生产模式退出历史舞台的阶段。一般来说，新的生产方式和新技术的出现密不可分，而新技术出现依赖两点：第一是稳定的生活经验积累；第二是突发的政治动荡给予的技术需求刺激。以第一周期为例子，商朝后期的稳定和商朝灭亡、周朝崛起的历史满足了这两个要求。也就是说，我们将发生在周期第一阶段的技术进步及其引发的生产关系的王朝更替作为首要假设。

在确定了这一点之后，我们可以得出一个推论：即固有的政治制度是滞后的，面对新生阶层，面对政府无法掌控的知识传播渠道和财富增长方式，政府前期是自闭而自负的，后期则是半开放和恐惧的。相对而言，新兴阶层对于政府的态度也是如此，前期是仇恨和恐惧的，后期则是利用和蔑视的。这意味着有更多的人可以通过自己的努力，而非政府的分配变得富裕，这让政府对财富和人才的掌控力愈发下降。维持政权的控制能力是一个政权的本能，而这种本能会与新生阶层发生必然冲突。值得注意的是，政府的财富分配职能并非毫无意义，相反，这涉及到统治者对暴力的正确使用。

一般来说，政府对暴力的正确使用有四种：第一是防止外部侵略；第二是成功对外扩张；第三是维持内部治安；第四是保证内部财富分配的公正。而政府的财富分配职能就属于第四种，这也是政府正常职能的一部分。只不过，在生产力大发展的时代，政府的财富分配职能被削弱了，因为生产力大发展和政府控制经济是矛盾的，而前者必将战胜后者，因为生产关系决定上层建筑。

在没有发生技术大幅度进步的时代，政府对财富的调节职能则是必不可少的，富人依靠财产的稳步升值而不是技术革新来获利，这让贫富差距无法缩小，削弱富人并给予穷人生活必需品有助于维护社会稳定。而在生产力大发展的时代，穷人和富人都可以通过发掘新的财富创造方式来提高生活水平时，政府在这方面的职能就相对边缘化了。在论述转型社会的政治秩序时，萨缪尔·亨廷顿曾提到："南美洲的失败案例体现出一贯的特点，即政府无力将新生阶层的参政行为制度化。政府无力消化富裕起来的中产阶级的参政诉求，其结果就是引发街头政治和城市暴力。[①]"可见，转型社会的政府处在

---

① ［美］萨缪尔·亨廷顿：《变化社会中的政治秩序》，三联书店 1989 年版，第 344 页。

两难之中，它既无法容忍新生阶层分享政治权力的诉求，又无法阻止生产力的发展。

那么我们如何来看待这种冲突呢？或者说，这种类型的冲突会有什么后果呢？在政府实力更为强大的华夏世界，一开始，政府由于垄断着暴力机关和一部分舆论，仍然可以压制内部的反对声音。但是新的技术和生产方式所能够创造出的财富是旧体制拒绝不了的，政府虽然无法理解这种生产模式，甚至仇视这种生产模式，但必须阻止这种新模式带来的财富分配变化。所以，另一个推论是，在中央政府保持强大的华夏世界，旧有的政治制度和新的经济模式会长期并存。政府一方面享受着经济发展的好处，一方面剥夺新兴阶层的参政权。这种剥夺并不是禁止，而是强迫所有人按照旧有的政治制度参与政治。也就是说，新兴阶层想要获得政治地位，就必须加入维持旧体制的政府，而这是新兴阶层难以容忍却又不得不做的。这种僵持的一个必然后果是，失去了旧有经济基础的政府控制力在迅速下降，加上新兴阶层的消极对抗，国家在维护国内稳定和对外防务上可能是乏力的。

也就是说，维持强势政府和统一局面的基础正在迅速崩塌，政府既无力控制知识传播渠道，也掌握不了财富增值渠道，越来越多的人形成了反对旧体系的价值观。而且，以上这些结论都是从初始假设开始的，即新的生产模式大量出现，财富大量增加，信息技术革新来临。所以，如果假设成立，那么之后的历史演变是必然的。

那么我们需要问，即使我们能够推导出这样一个结论：即转型期的中央政府正在衰弱，国防力量正在迅速下降，那么，北方民族的南下一定会发生吗？

答案是肯定的。

这也就意味着北方民族（高原游牧民族，如西羌；草原游牧民族，如匈奴；森林渔猎民族，如女真等等）也是这个模型中固定存在的一部分。在本章的开始我们提到，华夏世界的地理环境是一个定量，而东亚大陆的北方草原和森林长期以来一直是渔猎游牧民族的乐土，这也就意味着存在于北方边缘地带的相对军事化的民族同样是一个定量。

应当注意的一点是，这种所谓的相对野蛮并不是由血缘或者种族来决定的，而是由地理环境和地缘政治环境的恶劣与否而决定的。在理论所描述的东亚地区，成熟的文明注定要诞生在黄河和长江流域，也就是温带地区，亚寒带和寒带地区的人群面对着更加恶劣的环境，财富积累速度无法和中原相比，因此文明的发展进度也必然是落后于中原地区的。寒带和亚寒带的人群为了生存，其社会组织结构是高度军事化的，这种局面并没有因为生产力的发展而变化，因为生产力的发展是相对的。无论哪个时代，东亚地区的寒带人群都处于生产力相对落后的局面中。而为了保证种族延续，这些地区的人群在取得独立地位后，都会形成军事化社会。这一条规律贯穿了整个东亚的历史：生活在中国北方的民族必须保持军事化才能够独立生存，从先秦的匈奴一直到现代的北朝鲜。本书在这里强调这个结论，是为了说明一点，即在模型中将北方的民族设定为一个定量的科学性，因为地理环境和地缘政治原理决定了生活在东亚寒带和亚寒带的民族是更加军事化和富于侵略性的——不然则不足以维护民族的独立和安全。

如果北方民族的存在是一个定量的话，这就保证了在农耕区与游牧区的交界地带普遍发生着冲突。当农耕区的国防力量开始大幅下降的时候，没有什么力量能够阻止这些北方人南下入侵并取得财富。事实上，在我们探讨的第一阶段，中央政府的权威正在迅速下降，而这种权威的下降是符合新兴阶层利益的，那么，当冲突再一次发生时，并没有多少势力希望政府能够胜利。甚至，在第一周期，游牧民族的入侵本身就是统治阶级内部斗争的道具——犬戎一直是申国的盟军，并最终和申侯里应外合洗劫了西周首都镐京。但是，犬戎在被利用后，随即被周天子所抛弃。很快，他们就将面对西进的秦人，而秦人已经得到了周王的许诺，那是关于消灭犬戎和获取土地的诺言。

为什么第一阶段的结束都是以毁灭首都为标志的呢？

一个不易观察到的事实是，周期的第一阶段，生产方式和社会思潮的剧变在地理意义上并不是平均发生的。事实上，在中央政府难以完全掌控的富庶地区，经济模式的改变和新思想的传播会发生得更早一点。离中央政府越近的地区，越难以进行生产革命和思想革命，而首都正是政府权威仍然能够大行其道，新的生产方式和意识形态最难渗透的地区，也是整个社会冲突最为激烈的地带。所以，既然蛮族入侵是统治阶级内部矛盾白热化的产物，其结束地点一定是中央政府的权力中心，而随着权力中心的毁灭，政府再也无力制约各地的经济发展和政治演变，而周期的第一阶段也就走向了结束。

以上所论述的正是中央政府在第一阶段的转型社会中的困境。这种困境是历史的、民族的，同样也是世界的。观察世界历史时，英国、法国、德国、俄罗斯和南美洲国家同样经历过类似的阶段。但由于迥然不同的民族传统和地缘结构，导致了这些国家最终采取了不同的方式来度过困境。英国得天独厚的地理结构和广阔的海外领土促使其完成了代价最少的一次社会转型，而处在西欧大陆的法国、德国和俄罗斯则无一幸免地经历了残酷的内战或者对外战争。

图 11 是周期第八阶段到第一阶段时，转型社会的演变模型图示。

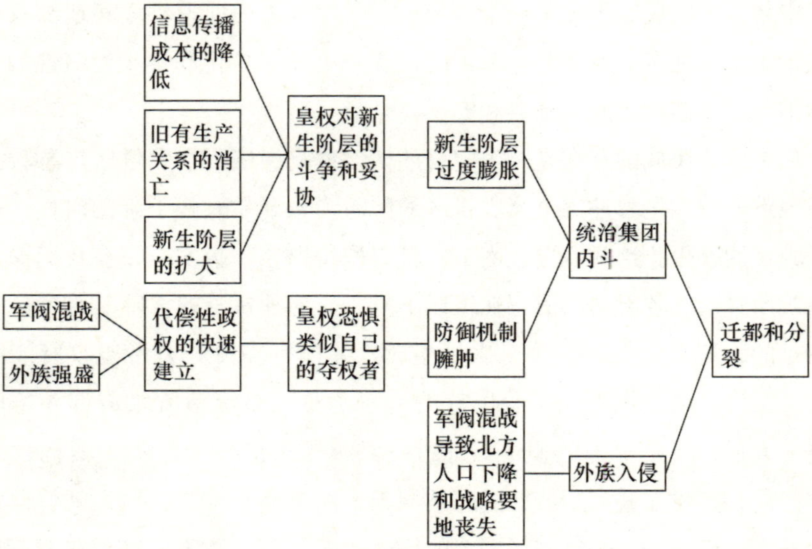


**图 11**

## 大分裂时代：战争、对峙和政治体制的革新

随着统治中心的毁灭和正统政府的迁都，第二阶段开始，分裂的局面就这样形成了。中央政府失去了对很多地理子区域的控制力，而这些地方也因而得以独立，《诗经·小雅·十月之交》里这样描述当时的剧变："烨烨震电，不宁不令。百川沸腾，山冢崒崩。高岸为谷，深谷为陵。"可以说，第二阶段分裂局面的全面形成彻底宣告了一个漫长统一时期的灭亡，潜伏的矛盾以暴烈而短促的形式爆发出来，并开启了一段长度不亚于上一个统一时代

的分裂时期。

我们接下来要讨论的问题是，为什么分裂的时间会持续很久？

一个简明扼要的答案是：一次彻底的生产方式的改变、成长、成熟和稳定需要时间。而新的生产方式同政治结构的适应过程，即是第三阶段的实质，一旦这种适应阶段走向结束，统一的号角也就要吹响。

具体来讲，在各个子区域的政治独立形成后，适应新的生产方式，形成新的政治体系和意识形态，并不是一朝一夕就能够完成的。各个子区域之间存在碰撞、争夺、比较、相互影响和学习，并保持着力量的均衡。所以，在没有形成一个稳定而有效的经济基础时，统一绝对不会发生。

的确，统一的主动权掌握在那些首先将经济实力最大限度地转换为军事实力的国家，而这在经济转型没有完成时是绝无可能的。只有完成旧生产方式到新生产方式的转型，并保证新兴阶层制度化地参与政治，经济实力才能够转化为行政效率和军事实力，而要保证经济平稳过渡，就要有一个相对稳定的周边环境。因此，子区域的地理优势决定了大分裂时代末期统一战争的发起地点。而就结束大分裂时期的统一发起点而言，第一周期和第二周期都是关中，而第三周期则是蒙古高原和河北。关中和河北同处于华夏文化区的边缘地带，背靠游牧区，四面环险，又有通向中原的通道，进可攻，退可守，既有一个相对稳定的环境来完成经济转型，又可以在完成经济转型后迅速将经济实力转化为军事实力。边缘地带避免了四面作战，拥有其他子区域并不具备的优势，因此历史没有偶然。

有趣的是，第一周期和第二周期的权力中心在关中长安，而第三周期则在河北北京。这种地理上的对应关系让我们不得不更加重视关中地区和河北地区的战略地位——统治中心的形成并不是偶然的。尽管我们可以用一万个理由证明关中或者河北地区的优势，但其实质上的判断依据只有一条：每一次中央政府开始复苏和重建时，其发起统一的位置即为下一个大一统时代统治中心的位置。

同时，一个显而易见的疑问是，在开篇提到的中国腹地九个子区域中，满足边缘地带条件的起码有关中、蜀中、河北和江南四个地区，为什么南方总是无法获取统一的主动权？答案是南方缺乏古代战争所必须的战马来源，南方人也无法适应北方寒冷的冬天。更细致地观察的话，蜀中物产丰饶，关塞高耸，但没有良好的中原通道，所以在天下分裂时容易割据自守，但也很难以此为基地完成统一。而东南地区面临着两线作战的困境，淮河沿线的军事重镇是北进的要道，同时，因为处于长江中下游地区，所以江南地区又容易受到来自长江中游势力的威胁，故要想保证长江天险的有效性，又必须保证荆楚地区的安全。当然，在海军地位得到本质性提升的今天，东南地区的战略位置会暂时上升，这也是不言而喻的，当然讨论海权这无疑超出了历史研究的范畴，所以到此不再赘述。

同时，本文曾经提起过，大分裂的时间长度和之前的大统一时代——也就是上一个周期的第五阶段到第七阶段的时间长度，有着密切的相关性。商朝的长度和春秋列国的长度存在对应，汉朝的长度和两晋南北朝的长度存在对应，唐朝的长度和宋辽金夏时期的长度存在对应。这个事实可以启发我们进一步的分析，并帮助探索东亚大陆存在气候冷暖循环大周期的可能性。

之前，我们分析了周期第二阶段背后的经济和社会规律，也最终得出结论：要完成经济转型，政治制度创新并将经济实力转化为军事实力，需要漫长的时间和几代人的努力。既然我们已经明确了一个事实，即上一个周期的统一时代和本周期内的大分裂时代存在时间上的对应关系，那么，我们能否假设，上一个周期的统一时代对之后的大分裂时代有着不可忽略的影响呢？如果有，这其中的机制又是什么呢？

这恐怕不是一章内容能够解决的，所以，到此为止，我们只能够说明一点，即二者（一个周期的第五到第七阶段和下一个周期的第二阶段）有显著的相关性。本文大胆假设，气候冷暖变化的大周期正好符合从上一个周期的五、六、七阶段到本周期的一、二阶段的时间跨度，比如说，两汉的温暖气候与南北朝的寒冷气候构成一个气候周期，隋唐的温暖气候与两宋的寒冷气候构成一个气候周期，而明清的寒冷气候则与未来几百年的温暖气候构成一个气候周期，然而本文并非是气象史学的专著，所以验证这个假设的工作可能要留给更加专业的环境史学者。

就如我们对第一阶段所做的那样，我们必须要问，第二阶段中有哪些事件是必然的呢？对于第一阶段，我们从第一阶段的基础假设（经济变革和信息技术革命）开始，推导出了一系列结论，在这些结论的基础上，我们得以观察第二阶段。

事实上，第二阶段的标志性特征是显而易见的。

第一是迁都、分裂、割据和战争。这一阶段以各势力疆界的初步稳定而宣告结束。一般来说，秦岭淮河一线是南北对峙的天然疆界，山西和湖北则成为关中与河北、四川与江南对峙的战场。

第二是经济转型、政治制度革新和军事革命。政治制度革新的核心是新兴的皇权如何从建立在崭新生产关系基础上的经济体手中夺回权力，并最终形成皇权和中坚阶层的再次均衡。从这个意义上说，南迁的正统政府永远没有可能成为分裂时代的终结者，因为他们和新兴经济体的关系实在是太密切了。相对的，缺少包袱的边缘武装集团能够成功，他们文化落后，敢于改革并且雄心勃勃。也正是由于这一点，在完全陷入流血冲突的中国北方出现连续的政权更迭是不奇怪的。

第三是由最强者发起的统一。如上文所论述的，这个最强者普遍崛起于华夏文明区的北方边缘地带。

此外，需要提及的是，大分裂时期的人口数量并不会出现大幅减少，这和一般人对分裂战争年代的看法是有差异的。

事实上，由于在完成经济转型和政治革命之前，没有哪个割据势力有能力发起统一战争，这保证了第二阶段的竞争烈度是可控的，相对稳定的政权之间保持战争状态并不会导致政治秩序崩溃，反而强化了各地的统治和鼓励生育政策，各个割据政权在维持疆界的同时，也寄望于自己国内的政治稳定和对手国内的政局动荡，因而长期的对峙出现了，在地区间战争进行的同时，各地区的人民生活并没有受到连续的干扰。处在上百年，甚至几百年战争状态的政治行为体之间是不会发生猝然的人口锐减的，威斯特伐利亚体系之后的欧洲历史也证明了这一点。

在这里，我们必须将几种内战模式区分开来。第四阶段和第六阶段的内战是短促而残酷的，人口损失惊人，因为地方秩序不复存在。而第八阶段和第二阶段的内战则未必如此。稳固的分裂格局不但不会摧毁地方秩序，反而会强化各地政府的统治。长期的战争让各个政权的人民习惯于冲突，区域经济都是战时经济，生育政策则得到了普遍的鼓励（战国时代，韩非子就已经提出，人口多的国家一定会兴盛。而春秋末年，越王勾践在振兴越国时也曾立法，女子十七不嫁，其父母有罪。这件事记载于《国语》）。

进一步讲，如果我们综合观察第一阶段和第二阶段的话，就会发现他们在逻辑上是一脉相承的：第一阶段的经济大发展和信息传播成本的降低导致中央政府威信的下降和权力的下行，而第二阶段的大分裂时期则是用极端而持久的方式来修正这种力量对比的失衡——直到血沃中原，方有华夏重生。那么，这种修正一定是矫枉过正的。之所以这样讲，是因为结束大分裂阶段的那个政权会非常依赖武力，但不幸的是，武力能够统一中国，但武力不能永葆江山，这就涉及到我们接下来对第三阶段的讨论。

图 12 反映了第一阶段和第二阶段之间的逻辑关系：应该说，这种对应性是显著而直观的。

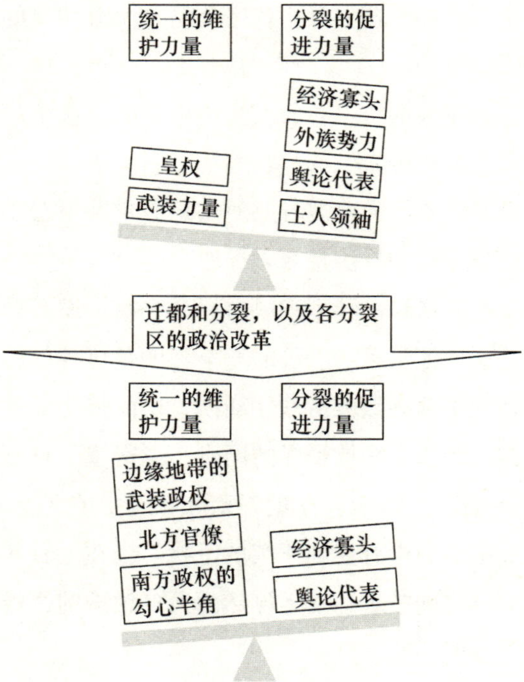

图 12

## 血沃中原：结束大分裂时期的统一时期以及随后爆发的全国内战

第三阶段的大一统王朝是第二阶段的胜利者创造的。在第二阶段的竞争中，最强者消灭其他对手，并将强化中央集权的制度推广开来。而在第二阶段的分区域发展中，由于地理和文化的差异，各个子区域形成了迥然不同的治理方式和生活方式，所以推广新制度的过程也是各种文化相互融合的过程，而这个过程并不是温和的。在将分裂了几百年的子区域重新统一起来的过程中，征服者并没有经验可循，而只能创造制度，适应历史，这也就意味着，第三阶段创造的制度和行政区划分将影响之后的一个周期。秦代、隋代和元代的制度建设都深远地影响了之后的统一时代。其影响体现在三个方面：中央权力分配，中央和地方关系，行政区域划分。有趣的是，在三个周期的制度演变中，下一个周期的实权决策机关往往是上一个周期的某个亲近皇权的小机构而成的。如尚书台和中书省都是这样。

同时，由于第三阶段的胜利者拥有强大的武力，在国内和平到来之后，领土防御并不能够成为维系如此强大的军事力量存在的理由，所以，第三阶段的另一个主要特征，就是军事扩张。以第一周期为例，始皇帝统一天下后，对南方和北方依次发起了战争，并最终占领了河套平原和岭南。隋朝和元朝也有类似的行为——这些共同特征暗示着周期第三阶段的执政者面临着类似的处境，即如何在统一后合理安置自己过于庞大的军队和快速增长的人口问题。总结一下的话，第三阶段是第二阶段的结局和成果汇总，更是第一阶段的矫枉过正。第三阶段延续了第二阶段最强者的政治制度和军备，以及第二阶段末期的人口数量。统一与和平带来耕地面积和人口数量的快速增长，这让统治者不得不继续进行对外扩张和对内工程建设来对无耕地人群进行集中管理和控制，由于第二阶段末期的人口数量相对可观，历史红线的到来会非常早，这也决定了第三阶段的持续时间不会太长。

接下来，历史红线引发的农民战争毁灭了第三阶段的创造者，也开启了第四阶段的全面内战，新的王朝建立者就会在这场内战中诞生。那么我们要解决的问题是，为何第四阶段的时间如此之短？

答案是，从第二阶段到第三阶段，华夏文明区经历了一个权力中心极度分散到趋于集中的过程，到第三阶段开始，几百年的分裂状态走向终结，权力高度集中于一个军事强权，这导致一旦出现农民起义引发的秩序失控，子区域之间很难形成有效的割据和对峙，因为权力已经向中央高度集中，而地方不具备割据能力。还是以第一周期为例，大泽乡起义后，秦军的两支主力——一支在长城防备匈奴，一支在岭南镇守，国内根本调不出能够防守郡县的地方军，导致陈胜军加速膨胀，直到推进到首都咸阳附近才被章邯临时组织的刑徒军击溃。也就是说，第三阶段的中央力量是高度集中的，地方缺乏兵力镇守，农民起义会在短短几个月内冲垮全国秩序。秩序的崩溃打断了生产进程，所有的劳动力都必须加入不同的军师团体才能够生存，这就完全破坏了长期割据对峙的经济基础。全国的人口分成了几大势力，在生产无法正常进行的背景下争夺最高权力，这个特点保证了第四阶段会在几年到十几年的时间就走向结束，因为没有稳定的农业生产就没有稳定的经济来源，靠掠夺维持军用物资和进行战争是无法持久的。同时，也意味着这短短数年的人口损失是极其惊人的。

### 第五阶段：稳健的大一统时代

很快，一个新的时代来临了，第四阶段的胜利者夺取了政权，此时经济凋敝，人口稀少。统治者要做的只有两件事：外坚国防，内拓耕地。在积蓄起足够力量的时候，真正踏上扩张之路，消灭对中原构成威胁的民族，并把国家推向长久的兴盛——而一般完成这个进程需要几代皇帝的不懈奋斗。

此刻我们观察到一个非常有趣的现象：第一周期、第二周期和第三周期的第五阶段都有一个共性——第五阶段的开创者并不能够顺利指定继承人，或者说，他们指定的继承人都无法有效统治。同时，一定会有潜在的宗室竞争者，通过政变或者内战的方式篡夺皇位。如何解释这个现象呢？或者说，这仅仅是三个周期的共性，还是具有普遍意义的特征？

答案是，第四阶段的群雄逐鹿式的内战决定了内战的胜利者周围会出现功勋集团。这些功臣多是和胜利者一同起兵的，在之前没有隶属关系，但是在战争中选择了追随胜利者，由于统一战争时间不长，在君主和将军们之间，隶属心理并不明显，同盟关系大于君臣关系。这导致了第五阶段初期中央权力结构的分散。而在权力分散的情况下，胜利者选择的继承人并不能够完全掌控局面。这种相对分散的权力结构是汉文帝、唐太宗和明成祖能够成功即位的基础——无一例外，他们都在军队和大臣的帮助下解决了由父辈指定的法理上的继承者。

在第五阶段真正意义上的第二任皇帝上台之后，国家平稳发展，经济恢复，人口增加，反击北方民族成功，版图再次扩大，由于建国初期人口极少，导致这个过程会维持 100 ~ 200 多年，这些共同点都很好理解，因此不再赘述。

## 第六阶段和第七阶段：皇权和垄断政治集团之间的冲突和妥协

随着漫长的和平带来的人口快速增长，内战再次爆发，稳定的统一局面被打断。但是需要提及的是，除了历史红线这个重要原因之外，三个周期的第五阶段末期都发生了类似的情况：即垄断政治集团的逐步形成以及短暂的气候剧变，这种气候剧变加速了内战的到来。自然，我们也可以大胆推测，这种短促而剧烈的气候剧变是有周期规律的。

上文谈及安史之乱时提到过，第六阶段的实质是国家内部垄断集团的形成和对资源的过度消耗以及垄断集团和中央政府之间矛盾的不可调和。具体而言，王莽无力制止贵族的土地兼并，唐玄宗控制不了坐大的边将集团，明崇祯帝对文官集团的恶性膨胀无能为力。同时，由于第五阶段时间很长，国家制度日益完备，地方经济也得到了长足发展，新的地方势力开始成长和壮大，所以当再一次的全面内战展开后，第六阶段会长于第四阶段。第六阶段的结束象征着中央政府和垄断集团的妥协，中央政府的权威得到一定程度的恢复，统一的局面得以维持。

第七阶段和第五阶段大同小异，看起来又是一个初期人口很少的稳定时代，然而，最重要的不同点是新型生产模式的萌芽和新兴阶层的初次出现以及旧有政治结构的衰朽。这不难理解，稳定的政治环境必然造成财富的积累和技术的进步，并逐步淘汰过去的经济结构和建于其上的政治体制。第七阶段也会持续很久，这得益于第六阶段对人口的大量消耗。最终，历史红线逼近，农民起义爆发，第七阶段正式走向结束。由于第七阶段继承和发展了第五阶段的政治制度，却面对着不同于第五阶段的经济基础，所以第七阶段的时间要略短于第五阶段。

## 第八阶段：农民起义和军阀割据

接下来是周期的最后一个阶段，即第八阶段的农民起义和军阀混战。在这里，我们需要回答以下几个问题。

第一，为什么第八阶段的农民起义未能直接推翻政府而是被军阀所镇压？

第二，为什么第八阶段的持续时间在百年左右？

第三，为什么第八阶段的军阀会维持一个脆弱的中央政府？

第四，为什么第八阶段的胜利者和中央政府密切相关？

关于第一个问题，本文提醒大家注意，第四阶段的农民起义面对的是权力高度集中，刚刚完成统一和粉碎地方割据基础的王朝，而第八阶段的农民起义面对的却是稳定发展数百年，地方势力得到长足发展的王朝。因此在第八阶段初期，依赖地方武装的军阀很容易和农民军形成对峙，并利用农民军根基不足的劣势消灭对手。正是因为第五阶段和第七阶段的漫长统一，地方经济重新得到发展，地方利益集团开始形成，而这是流寇所撼动不了的。以汉末为例，黄巾军主力很快被击溃，余部则成为流寇，选择加入了不同的军阀集团，如臧霸的军队和曹操的青州军。唐末和清末的局面类似，唐末的藩镇割据让地方实力派快速壮大，并快速围剿了黄巢的军队。清末的太平天国运动发展到湖南时，即遭到了地方士绅力量的强烈压制，以安徽、湖南和湖北为主的几支地方军队快速形成战斗力，并最终消灭了太平天国。而这充分说明清末的地方组织和利益集团已经相对成熟了。

关于第二个问题，我们只需简述第八阶段的两个部分就可以得出答案：第八阶段的上半部分是农民起义、地方叛乱和军阀逼宫彻底终结稳定王朝的阶段，而下半部分是各个军阀争权夺利，最终被另外一个非军阀势力统一的过程。地方利益集团已经初步形成，统一的共识开始被质疑，华夏文明区出现了军阀割据，但是这些军阀仍然是大一统帝国的最后产物，他们的军权是镇压农民起义时朝廷授予的，而不是由地方势力授予的，他们在地方的权力来自手中的军队，而并非地方势力全心全意的支持，所以他们并不能够将割据的局面长期保持下去。需要注意的是，统一的力量和分裂的力量在这里经历了势均力敌，初次交锋和阶段性的胜负，但真正促使中央政府虚弱和地方自治出现却需要时间。这是复杂而无序的冲突和妥协，所以第八周期绝不会短暂。

关于第三个问题，我们已经发现，第七阶段的统一王朝虽然为军阀所篡夺，但是篡夺者和地方的军阀对于未来是迷茫的，他们并不知道应该如何在渐渐失去统一观念的未来玩政治游戏，他们只是笨拙地模仿前朝，因此，中央政府会作为一个象征被保持下去，即军阀会在名义上服从中央，尽管这个中央政府其实无力控制其他地区。联系历史事实，我们会注意到无论三国的军阀还是五代的军阀，无论是北洋政府还是国民政府，他们都无意将对峙的局面保持下去，力图统一中国仍然是他们的夙愿，虽然这种愿望的实现者最终并非其本身。

关于第四个问题，我们需要指出，各地割据的军阀都是旧时代的产物，而他们面对的却是一个旧有生产关系解体，新兴生产模式蓬勃发展的时代，所以他们注定无法彻底适应时代，并将割据区的经济实力更有效率地转化为武力，而总有一个比他们更适应时代的势力会取代他们。这个势力并不是军阀出身，也较少地为旧时代的思维缺陷所束缚，它依附于中央政府，努力扩张自己的势力，并期待着羽翼丰满和取而代之的那一刻。

第八阶段的演变流程如图 13 所示：

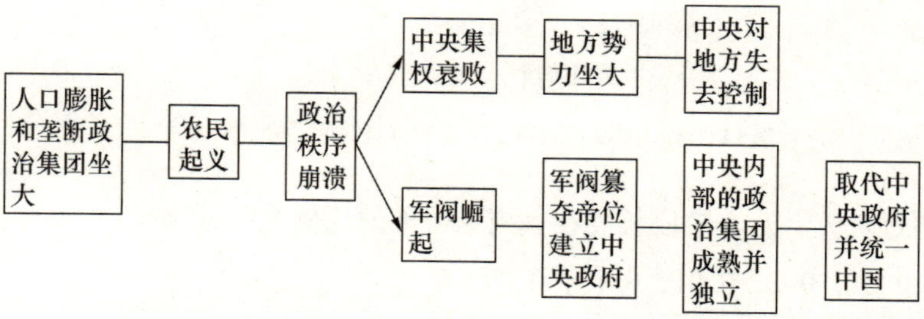


**图 13**

我们可以看出，在华夏世界这个半封闭的地理环境内，中央政府的有效统治是有其寿命的，并且周期性地从生到死，向死而生。在纷乱而精彩的第八阶段，政治人物面对着一个大一统时代的终结时期，却仍然要选择用武力进行统一。然而历史的残酷在于，最终结束乱世的，是一个他们料想不到的势力。当这些肢解了前朝政府版图的军阀们投入到你死我活的争斗，并试图快速恢复华夏世界的政治秩序时，最后的胜利者正跪坐于历史的暗室之内，收敛羽翼，不露锋芒。

## 第三节　八个阶段之间的对称性

到目前为止，我们已经论述了周期内部八个阶段之间的逻辑关联，他们首尾相接，缺一不可，周期以生产力持续发展和统一局面勉力维持的第一阶段开始，以旧有生产关系解体，新兴阶层开始登上历史舞台的第八阶段结束，而第八阶段的结束又意味着下一周期第一阶段的开始，我们民族的文明和历史在这里循环往复，运转不息。

### 第一周期

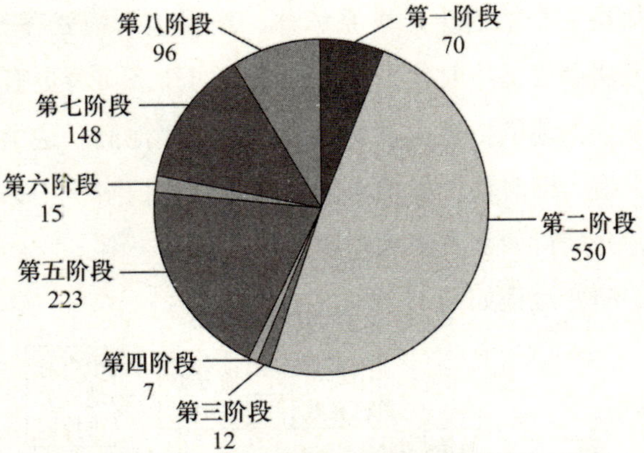


**图 14**（第一周期不同历史阶段的持续时间［单位：年］）

通过计算，八个阶段长度在一周期内部的比例关系分别是：0.06，0.49，0.01，0.01，0.2，0.01，0.13，0.09。

如果我们以统一和分裂作为衡量标准，那么，在第一周期，分裂时期要大于统一时期，其比例关系为0.6∶0.4 =3∶2。需要指出的是，第一周期的第一阶段起点并非西周王朝的建立，而是始于有确切纪年的共和行政元年，即前 841 年，所以，统一的时间略小于分裂的时间是有方法论上的原因的。

下面，我们继续探讨第一周期内部的各阶段对应关系，并对第一周期内部八个阶段之间的时间长度进行排序，得到以下结论：在四个统一的时间段中，第三阶段（秦朝）最短，第一阶段（西周末期）次之，第七阶段（东汉前中期）又次之，第五阶段（西汉和新朝前期）最长。

相对而言，在四个分裂战乱的阶段，第四阶段（秦末楚汉）最短，第六阶段（新末群雄逐鹿）次之，第八阶段（汉末三国）又次之，第二阶段（春秋战国）最长。

进一步对照，我们发现分裂阶段和统一阶段存在着数学上的契合关系：第二阶段的大分裂时代，对应着第三阶段的初步统一时代。分裂的时间最长，而统一的时间最短；

第四阶段的短暂内战时期，分裂的力量达到谷底，对应着第五阶段，中央集权的成熟和鼎盛。分裂的时间最短，而统一的时间最长；

第六阶段的内战时期，分裂的力量开始抬头，对应着第七阶段，中央政府走向衰朽。分裂的时间加长，统一的时间变短；

第八阶段，分裂的力量开始发展壮大，对应着第一阶段，代偿性政权的胜利和中央集权的回光返照。分裂的时间长达百年，而第一阶段政权维持的时间则暂时不能进行讨论，因为在讨论第一周期的时候，这涉及到西周王朝具体开国纪年的争议性。

带着来自第一周期的一系列结论，我们进入对第二周期和第三周期的分析。

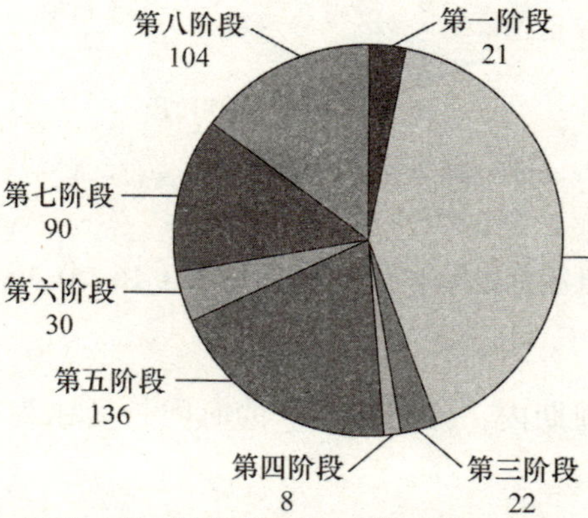


**图 15**（第二周期不同历史阶段的持续时间［单位：年］）

## 第二周期

通过计算，我们得出结论，第二周期各阶段长度的比例是：0.03，0.41，0.03，0.02，0.19，0.04，0.13，0.15。

进一步求和，在第二周期内，分裂时间和统一时间的比例是：0.62∶0.38≈3∶2，可以看到，在确定了第二周期第一阶段的持续时间之后，其分裂时间是略长于统一时间的。这一点与第一周期有本质上的区别。

同时，各个阶段长度之间的关系，却同第二周期是完全一致的。即也存在着周期之间两两对应的关系，例如最长的分裂时期（两晋南北朝）之后，对应着最短暂的一次全国统一阶段（隋朝）；其他的对应之处，不再赘述。

同时需要强调，两个不同周期的统一阶段长度比例仅仅存在一些微小的出入，但大体上保持了一致性。这也说明了第一周期和第二周期之间的关系是密不可分的。

## 第三周期

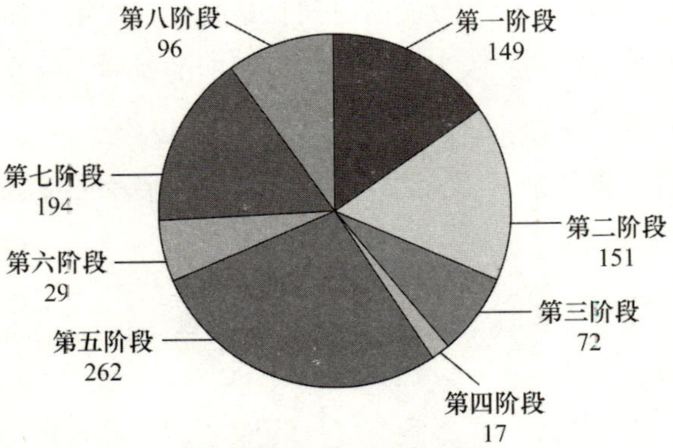


**图16**（第三周期不同历史阶段的持续时间［单位：年］）

经过计算，第三周期各阶段间长度比例如下：0.16，0.16，0.08，0.02，0.28，0.03，0.18，0.1。

进一步求和，第三周期内，分裂和统一的时间长度比为：0.31∶0.69≈3∶7。

显然，第三周期出现了同第二周期和第一周期不同的情况，即前两个周期的分裂阶段都是长于统一阶段的，但是第三周期的分裂阶段却是短于同一阶段的。同时，由于这种差异，导致在我们研究的时间范围，也就是三个周期跨度的历史记录上，分裂的时间和统一的时间是几乎相等的。仿佛有一只看不见的手在玩弄华夏民族的历史，并一直维持着这种微妙的平衡关系。

另一个结论是，第三周期各阶段之间的时间长度对比同前两个周期仍然是类似的。以统一阶段为例，元朝的统一时期时间远远短于明朝和清朝，而清朝的统一时期则不如明朝。又或者，在观察分裂时间的时候，两宋的大分裂时期是最长的，其次是清末民国时期、明末群雄时期、元末群雄时期。这说明我们在总结第一周期和第二周期时得出的结论对第三周期仍然是完全适用的。简明扼要地讲，这证明了三个周期之间的高度相似性。

周期内八个阶段之间的关系，其实质是中国政治结构在统一和分裂之间的反复震荡，这种震荡的模式并不是简单地大一统——大分裂之间的轮回，而是出现了八个两两对应且首尾相接的历史阶段，短暂的统一和短暂的内战是作为平衡大分裂时期的时代惯性和大一统时期的时代惯性而出现的，并令一个周期内部的政治结构演变变得复杂和有趣。

看起来，似乎有一只看不见的手在调节着华夏文明的历史进程，并且，正如我们分析过的，这只看不见的手就是华夏文明生息繁衍的地理环境和该区域的气候形态。周期性的统一和分裂背后，是气候冷暖大周期在起作用，而统一王朝治乱循环的历史周期律背后，则是华夏民族长期以来无法通过技术手段打破半封闭地理环境的文明困境。

用一段话来总结周期内八个阶段关系的实质吧：统一的力量和分裂的力量如同物质内部的阴阳两面，他们相互依存，却又彼此消长。当分裂的力量达到巅峰，统一的势力也就开始萌芽，而当统一的时代走向鼎盛，分裂的阴影也开始出现。以统一和分裂为主要特征的中国政治史呈现出类似太极八卦的格局，阴阳相克，阴阳相生，随着时间的流转，中国的政治结构在八个阶段之间循环演变。如果没有外力打破这个系统，这种演变会持续进行，直到系统内部的物质资源被耗尽为止——历史在欧亚大陆东端的华夏世界周而复始，运转不息。

接下来的几章，本书将逐一分析八个阶段的内部特点，并重点关注周期与周期之间的相似性和递变性。

# 第11章 紧锣密鼓的未来

## 引 言

宣统退位，民国开国。伯约在一次次轮回中感到寂寞的疲倦。

革命风暴，抗战血雨。在那次夜谈之后，伯约和他的同学们进入了闻鸡起舞的亢奋之中，并在不久的战争中穿上军装。这是他第二次簇拥着自以为掌握了未来的朋友们跃入乱世，第一次则发生在许多年前的元朝末年。在山西的崇山峻岭中，伯约和他的朋友们艰难地抗击着日军，而伯约则在战争的间隙寻找着仲达的身影，他确定这个诡异的对手仍然用一种同自己作对的方式维持着华夏世界的固有进程，不同的是，伯约赞美着和平，而他却赞美着战争，伯约维持着统一，而他则力促成分裂，伯约醉心于秩序，而他则沉溺于混沌。

为了诱出仲达，伯约加快了手稿的整理，他知道这样的举动会最终对他和仲达之间的长期平衡构成威胁，而必须维护平衡的仲达则不得不现出真身。

在这种隐秘而紧密的命运纠缠中，清末民国100年的战乱走向终结，伯约坚守的秩序即将获得暂时性的胜利，而力图促成分裂的仲达则发出了冰冷的嘲讽。

1949年的帝都，伯约混在人群中，为一段战乱的终结而感到欢愉，而他不知道的是，仲达就站在离他不远的地方，目光冷峻，面色阴沉。

1912 年，2 月 12 日，宣统皇帝退位，清朝灭亡。

在清末夷狄交侵的洪流中，伯约曾经怀疑过《创世纪》的准确性，现在他终于确信，轮回仍将继续持续下去。洋人的干涉并没有阻止华夏世界的固有逻辑，反而，却促成了固有逻辑的继续运行。

瓦德西元帅不会想到，自己友情客串了玄武周期的董卓和李茂贞，他率领着跨洋而来的八国军队，所促成的仅仅是一个王朝的威信扫地而已，南方的各位总督公开和洋人缔结条约并反对朝廷的号令，朝廷无可奈何，颜面丧尽。

因为夷狄交侵而快速强大的新式陆军，正在为清朝挖掘墓葬，其中挥汗如雨的那群人，叫做北洋军。

伯约也终于明白，华夏世界从始至终都是半开放的，体系外的力量被强有力的历史规律有规则地纳入到华夏体系之中，而华夏世界的范围也因此而有节奏地扩大，周围的无数民族，无可奈何地消失在华夏世界历次流血时出现的大漩涡中，而秦汉的名字却始终永存。从这个意义上说，华夏世界是整个人类世界的黑洞，暴烈低沉，深不见底。

在清末的剧烈震荡中，农耕民族继续向北方迁徙，他们越过长城，翻山越岭——一个长周期的温暖时期即将来临，当然，沉浸在亡国危机中的华夏民族还没有意识到这一点。

然而，这就是天道，这就是命运。

娲皇看到了中唐以来1000 多年的血泪冲突，她的子嗣在寒风和胡马交错的荒原上挣扎不死的命运，于是她满意地微笑，并展现出理所应当的仁慈——愿这冰原重新变成草原，愿这草原重新变成耕地，愿这漫长的复兴远迈汉唐，娲皇的子嗣从此生生不息。

然而，这只是未来之前的祈祷词而已，当时的人是不会这么想的，袁世凯的力量远不如朱温和曹丕，穷其一生，他也没有能够在北方建立自己的核心班底和政治体系，袁世凯一死，北洋很快陷入自己给自己挖好的陷阱里。

类似的事变发生在南方，南方的国民政府从来都不能理解北方对于中国政治的意义，他们在内讧中登场，又在彼此出卖中谢幕。

在伯约沉溺在整理书稿的十几年里，政治舞台上的名字快速更换，令人目不暇接：曾国藩是永恒的，不朽的，是注定要被那个时代遗弃的丰碑，他在刚刚立下功勋的时候已经进入了烈士暮年的56岁，面对李秀成的鼎革建议，面对彭玉麟和鲍超的泣血叩陈，一生沉溺于经史的曾侯淡漠微笑：倚天照海花无数，流水高山心自知。这是儒门的元勋，留给这个世界的最后密语，一句长叹，一次告别。

太平军是跳动的野火，他们注定要快速熄灭，但这不妨碍他们呈现出英雄的气概——反抗暴政在任何正常的时代都不应该受到指责，除非这个时代惧怕新的反抗。

左宗棠是来自秦汉甚至先秦的利剑，他在迟暮之年抬棺出塞，心中跳跃着班超和耿恭的英姿——这是最后的，也是必然出现的反弹，关外的地名都已经变了，当年的烽燧早已塌弛，汉唐的功业已成往事，在这个时候唯有诵读，唯有纪念，唯有玉门关外收俊骨，湖湘子弟满天山。

再然后，曾国藩所坚持的道统，快速成为笑柄——儒家独大的皇权时代过去了，而且，永恒地过去了。清末民国的巨变远超汉末三国和唐末五代，唯有思想层面上的迷惘被继承下来，有人抱定了继承绝学的恒心，也有人发誓要摧毁传统的一切，还有人沉溺在先秦的古道里，希望从墨子和韩非的文字中看见希望，问题是——

这思想上的巨变，才刚刚开始。

伯约说，几个轮回之间的技术差距是不一样的，这一点，身处其中者不明，而冷眼旁观者心惊。

青龙到朱雀的飞跃是革命性的，竹简和铜鼎刻字之间的成本差距几乎后无来者——这意味着思想层面上的空前解放以及士人阶层的必然崛起。

但是，从竹简到造纸，从造纸到印刷术，这种飞跃毕竟是农业时代的飞跃，进步有限，释放出来的力量也有限——所以，当春秋战国时代的群星闪耀无以伦比，秦汉帝国时期的蓬勃朝气也无以伦比，在朱雀翱翔的时代，华夏世界的范围空前扩大，而之后的两个时代不过是把这种趋势巩固下来而已——而且由于气候的波动，很多秦汉的成果在后来的2000年内反复易手，直到清末才真正确定下来。

未来，从某种意义上和历史是同一个词汇的不同表达。在仓颉造字之前，历史和未来是同一个读音。

伯约说，所谓对文稿的整理，不过是用现代人熟悉的语言，来阐述《洪荒六书》、《竹书纪年》和《资治通鉴》的奥义。

在这些沉溺于回忆和文献梳理的无聊岁月，他终于从往事中认清自己。

每一个人都有自己的命运，包括那些曾和他彻夜长谈的同学，也包括他自己。

抗日战争的腥风血雨中，伯约愈发坚信自己的判断——日本人绝无可能胜利，他不过是不如契丹聪明的契丹，不如南匈奴勇敢的匈奴，他不屑于了解中国，却自以为很了解中国，他对中国的情报收集包罗万象，从山西某村的水井位置到蒋介石喜欢吃哪一种鱼，但是，细节的堆砌并不意味着能够掌握整体。

事实上，在华夏民族对抗过的无数敌人中，日本人对这片大陆的疏离无人能及——因为，他自恃优先西化，也自恃岛国上延续千年的历史传统更加先进，他不屑于了解这片大陆的间架结构和山川湖海，把一支支军队葬送在南方的丘陵地带——不讨论民族情感的话，日本拥有当时最敬业的士兵，但是这些人却在中国战场的泥潭里无谓地死去。

关河清冷，这似乎是第一次华夏世界成功地将来犯的北方敌人阻击在潼关和黄河以东，保住了关中，也就接近了胜利。

但是这并不意味着，这胜利来之轻易。与中国人的宏观优势相比的，是他们在细节上的一塌糊涂，工业的落后、体制的腐败和训练的不科学并不能由战略上的正确来全部弥补，因为，如果细节上运作良好，中国会少死很多人，也许，这一次日本的入侵就不会在史书上夺目耀眼，而仅仅类似于后汉年间契丹的退却和短暂侵袭。

这是并不令人服气的胜利，而悼词和阵亡名单都必然冗长。

在那个令人难忘的夏夜，伯约的同学们沉溺在对未来世界的狂想里，那是同学少年，是书生意气，是挥斥方遒，是中流击水，是乱世中难得的值得伯约一直铭记的好时光。

然而很快，卢沟桥的烽火就颠覆了他们的安宁，无论伯约的预测是否正确，他们都必须奔赴战场，而这之后的命运，已经与先见及智慧无关，他们也许是死于友军的误伤，也许是死于日军的空袭，也许是死于长官的愚昧，也许是死于土匪的蛮愚，唯一肯定的是，他们中的很多人永远地埋骨荒原，而伯约能够带回来的，仅仅是一枚毫无意义的勋章而已。

这勋章会埋在未名湖畔，伴随着《关山月》的终曲，故人长决，笛声凄戚。伯约已经习惯为朋友们合上眼睛，就像他在元末的战场上所做的那样，但在破坏力远超过古典战争的1942年，找到完整的尸体并完成这个动作也成为了奢侈。

唯有幸存者才有资格验证预言，对于伯约那些幸存的同学来说，1945年的荣耀毫无意义，日本的入侵不过是华夏世界固有剧本的插曲，而事实上，南匈奴和契丹在三国和五代的入寇都被无良的史官们微缩成短短的几句——因为重点并不是这里，相反，重点在于分裂的天下将迎来最后的胜利者，而这才是能够决定后来几百年历史的应有之义。

1946年，重庆谈判。有人期待，也有人冷笑。有人满怀希望，觉得能够成为联合政府中举足轻重的一员，也有人暗磨刀枪，却在出门前换上僵硬的笑脸——这是个古老的故事，如石勒和刘曜的呼唤，又如汉王和项王的往事，如高欢和宇文泰的会面，又如曹操和刘备的长谈。

英雄固然相惜，但也仅仅是相惜。

同伯约那些积极入世、埋骨沙场、名垂青史、遗臭万年的同学不同，他自己后来过得相当无趣。

每天翻翻报纸，写写文章，这就是伯约的日常。

他随时能够听到同事们对政局的种种评论，木讷地一笑。

谁也不会知道，当所有人对未来还充满种种不切实际的想象时，那撰写了十几年的手稿即将完工，而在这华夏民族奋战流血了几千年的土地上，唯有未来永继。

1949年以来的中国历史是更加令人惊叹的，自明朝复兴以来的华夏世界进一步巩固了西域和东北的边疆区，并促成了长城以外地区的农业化。同时，农业革命和工业革命在这片大陆上诞生，华夏世界的人口经历了空前的膨胀，并快速填满了北方的各处战略要地。

然而，仲达仍然没有现身。

伯约不知道他是男是女，也不知道他是美是丑。伯约只是知道，当华夏世界的秩序走向又一个千年未有之变局点时，他一定会和仲达碰面。

因为，伯约的手稿修订即将完工，这华夏世界最隐秘的过去也即将为人所知。

伯约想像着自己和仲达最终会面的时刻，那一定是他一生中最为动人心魄的相逢。

那个时候他应该说些什么呢？他应该说起秦岭两侧轰鸣的号角和如雷的马蹄吗？他应该说起诸葛丞相最后的遗言和祝愿吗？或者，他应该提问吗？他应该问起胡人南下的洪流中仲达最后的选择吗？他应该问起这个游戏最后的结局和华夏民族最后的命运吗？他不知道，他唯一知道的是，仲达一直在历史的暗角处注视着自己，也许是在太学的读书声中，也许是在草原的牧歌声里，也许是在元末的河工号子旁边，也许，是在夜航船欢歌的阴影深处，也许是在疏勒城千年后的寒风里，仲达通过奇怪的手段再现了公元 77 年那场旷日持久的围城和最终的胜利，他的名字可能出现在当初的阵亡名单里，也可能出现在最后归国的 13 个幸存者中。

总之，他从未现身，但同时，他无所不在。

然而，无论怎样，未来已经到来，虽然大多数人还毫不知情。

一系列的事件，即将在短短的几年之内发生，身处于局中的华夏民族，却大梦未醒。

共和国成立的第二天，中苏建交——这是前所未有的时代，刚刚统一的华夏世界，不但与漠北的力量保持了和平，更令人欣喜的是，还赢得了短暂的友谊，虽然这友谊注定不会漫长，但是这毕竟大大延后了漠北力量和中原力量发生注定冲突的时间，而这短暂的时间，往往就改变了一个民族的命运。

随后，崭新的共和国拒绝了民国和满清时期的一切外债——是的，用一位已故元帅的话讲，列强在港口停几艘炮舰就可以参与中国事务的时代永久性地结束了，在刚刚过去的 100 年里，外围的世界对华夏的秩序构成了空前的干涉，但是，正如之前所谈到的，这些力量被华夏世界的固有逻辑彻底碾碎，并且驱逐殆尽。

再后来，苏联援助了共和国一整套的工业体系，这件事的影响，会在许多年后的荒原流血中逐渐体现出来——同样，这是前所未有的生产力的飞跃，华夏民族打算用最短的时间摆脱农业时代进入工业时代，就像当年的华夏族用最短的时间摆脱狩猎时代进入农业时代一样，应该说，伯约和他的读者，此刻仍然在这一伟大进程的潮流之中。

不久，朝鲜战争爆发，来自美国的威胁让中苏更加紧密地站在了一起——这再一次延后了中原大国和漠北大国必然会发生的那种冲突，在来自美国人的冲击之下，华夏世界的演变变得更加富有节奏感。

还有一些看似并不起眼的事情，但是这些事情在伯约的记录中占据了重要地位。

首先，是三北移民和屯田——农耕民族继续向长城之外的世界移动，这曾经是汉武帝的夙愿，但真正实现却是在2000年后的今天。对于伯约和他的读者来说，更重要的事情是以后发生的，这就是浩大的植树和治沙工程，长城内外和长城以北的生态恢复意味着华夏民族的长期安全，当然，这一进程是在气温继续上升的大背景之下才能够完成的。

其次，是北方的农业水利和大规模的化肥使用——这让中国北方的人口快速膨胀起来，即使在没有核武器保护的年代，这也成为了华夏世界不可小觑的重要力量。更加重要的是，当华夏世界的固有逻辑开始运转，并驱使着漠北和中原走向冲突的时候，北方的耕地面积和人口往往就决定了这种冲突的胜负。幸运的是，在伯约修订书稿的那个年代，他已经坚信这个民族正在被某种力量所祝福着——在这些宏观角度的选择面前，如履薄冰，步步惊心。

最后，还有大规模的教育普及和扫盲以及基层医疗水准的大幅度提高，这快速延长了华夏民族的平均寿命和平均智力，而这些会在不久的未来发挥令人吃惊的作用。

另外要注意的是，同那些历史上相似的时代一样，在版图相对缩小的同时，政府对基层的控制力度明显增加了，在这个时代，就表现在村委会的建立上，中央权威不下县的2000年传统已经被打破，而一同进入历史陈迹的还有那原始而低效率的田园牧歌。是的，不管怎么样，农业中国已成往事。

从长远来看，刚刚进入全球模式的华夏世界，对于这个模式还略显陌生。虽然，一战宣告了欧洲协调的破产，让全球的权力中心向美国和苏联转移，二战则彻底宣告了殖民体系的结束，从1648年开始的西欧独大趋势正式走向终结，但是对于新生的共和国来说，想与一流大国一争雄长还需要经历漫长的斗争。

是的，伯约明白，想要彻底扭转力量对比，在世界经济循环的食物链上力争上游，这是旷日持久的战斗，一代人，就只能做一代人的事情。

令人震惧的并不是来自外界的压力，事实上，新生的共和国在各条战线上都体现出了令人吃惊的战斗力，在物质条件极其困难的情况下保证了工业化进程时的安全，从上一个 100 年中走向顶峰的那一代人有着娴熟的外交技巧和斗争艺术，这些保证了在底牌不够的时候仍然能够做出正确的决定。

令人震惧的事情来自别处。许多年前，伯约曾在秦汉帝国的落日中书写过献给曹操和诸葛亮的悼词，也曾在宋太祖气氛诡异的葬礼上保持沉寂，而许多年后的今天，伯约仍将保持沉默，那来自历史深处的呢喃正在昆仑山上回荡，而伯约能够做的就只有暗自惊心。

天下不可一日无湖南，湖南不可一日无左宗棠，这句多年前的话，既是赞美，也是哀叹。

若道中华国果亡，除非湖南人尽死，这句多年前的誓词，充满豪迈，亦饱含悲慨。

很少有人知道，清末民国的脉络是持续性的，这股来自湖湘八州子弟的潮水，发源于王夫之先生誓死不降的愤怒，起于陶澍经世致用的刚毅，盛于曾国藩、彭玉麟清教徒一般的修行和左宗棠纵横四海的剑气，并在湖南一师的课堂上到达顶端，在那个民族危亡、九州幅裂的时代，仍有人少年意气，心中钦慕着祖逖的壮烈和陈庆之的光辉，中原北望，击水千里。

也仅仅是如此而已。

以一州之义气，去承担四海之哀怨，这功业前无古人，也惨然寂寥——远方除了遥远一无所有，山顶只有呼啸的风。

伯约说，这些看似无关的东西，背后都由隐秘的丝线将它们串在一起，而这条隐秘的丝线，却已经随着古典中国的终结而消散，站在时光的废墟上，已经死去的曾国藩和赵烈文总算逃脱了这种内心的挣扎和不甘，但是总有人会活下来，沿着一条不断塌陷的道路走上山顶，而山顶除了寒冷，再无任何其他意义。

站在历史的转折点上，伯约一直计算着的未来，终于以令人战栗的速度扑面而至，就像一个美国人曾评论丘吉尔那样，在天崩地裂的京师地震和辽东的大流星雨中，伯约也会想起同样的话：温斯特 · 丘吉尔爵士像一头暮年的狮子，向命运的挑战发起了一次次的冲击，但是我们都明白，这狮子已经老了。

1976年，9月9日，那个伯约不知该如何评价的人，去世了。

如果说，周公旦是农业中国的第一人，那么刚刚安息的这个人则开启了工业中国。

这个在年轻时激扬文字，战天斗地，在雪山草地上高唱着进行曲的人，这个赞美着陈胜的勇气，发誓要为一切反抗者赢得英名的人，这个发誓要摧毁禁锢中国的一切传统，推倒皇权、父权、夫权、地权，给予这个民族强盛与和平的人，最终却成了古典中国的最后一尊偶像，并在他死后的几十年内，饱经了远远超过曹操的崇拜和非议，虽然这些崇拜和非议大都和他本人无关，但是，谁能说那些关于曹操的评论又毫无意义呢？

历史对我们保持着冷嘲热讽，但是他又是那样公正和坚定！

是的，这批饱经了民族危亡的人，他们终会老去。他们的一生大都饱经忧患，从青年时代一直延续到暮年时期，他并不是第一个去世的人，他在送别董必武的时候反复地听张元干的《贺新郎》，在那首词中，没有壮怀激烈，也没有志得意满，而是充满了“彼黍离离”的哀愁和“神州龟裂”的不甘，他甚至最后改掉了这首词的最后两句，把尚还有些英雄气概的“举大白，听金缕”写成了沉郁迟暮的“君且去，休回顾”。

这正是一个建国者的晚年，这晚年萦绕着陈亮、刘克庄和张元干的哀痛，也充满了看破历史之后的叹息，他在饱读《资治通鉴》后写到：“人世难逢开口笑，上疆场彼此弯弓月。流遍了，郊原血。”

那是伯约读到过的最惊艳的文字，那是沧海横流中仅存的孤军，全民狂欢中冷笑的独士，夷狄交侵中坚守的道统，四海崩塌时闪耀的信念，那是幸存者的不胜唏嘘，而这幸存并不意味着胜利，这句饱经沧桑的话之所以让伯约久久不能忘怀，因为，这是亲历者才能具有的心迹。

是的，在历史的车轮面前，一切辉煌，转瞬陈迹。在这未来已经拥抱了华夏世界的沉默年代，伯约目睹了四个轮回中最强烈的一次抗争，但这一次的抗争仍然以天命的胜利而宣告终结，伯约愈发确信，有些事情是不可逆转的，即使你看到了不久的将来，也是不可逆转的，他在身为姜维的时候验证了这一点，在目睹曹操的与天赌命和诸葛亮的以血补天时验证了这一点，而现在，他又在寒风渐起的帝都验证了这一点。

伯约说，三国流的血还是太少了，曹操一心想捍卫的强大与和平，却塑造出一批以遗忘他为荣的名士群体（记得曹操的似乎只有反贼王敦，这是多么有趣的嘲讽），那洛阳废墟上泣血的壮志，许都夜谈中深沉的心机，袁绍墓碑前持久的哭泣，郭嘉葬礼上动容的叹息，赤壁火光中破碎的梦想，汉中战场上最后的相逢，都在建安二十五年的正月宣告终结，云长的首级正在向他微笑，而那正预示着道别的时间——

云长别来无恙。曹操喃喃地说，他悲壮惨烈的一生，就此画上了句号，他生前是汉相，是汉司空，是魏王，死后是魏武帝，是汉贼，是短命王朝的始作俑者，是和王莽并列的篡逆。

丞相别来无恙。关羽微笑着说，他生为英雄，死后仍为雄鬼。他生前是汉前将军，汉寿亭侯，死后是壮谬侯，是关王，是武圣，是帝君，西天和天庭都有他的位置，他的信徒遍及四海。

东临碣石有遗篇，俱往矣。来自下一个纪元的呢喃正浩荡而至。

伯约说，晚霞绮丽，那年少相逢的朋友，让我们举杯痛饮。

# 第12章

# 伯约的民国手稿修订（6）：大分裂时代的经济要素递变

## 引 言

在这一章里，伯约试图进一步用理性来理解华夏世界沉溺于周期之中的背后动因，对于很多他并未亲身经历的历史细节，他不得不求助于史书，并昼夜沉浸在对历史事件的分析之中。好在伯约有着相对丰富的政治经验，这能够让他看懂大部分史书词句背后的潜台词。

并且，他也注意到三个周期之间的不同点——华夏世界的政治秩序经历了缓慢而坚定的地理扩张，在三个周期中的大分裂时期，华夏世界内部的激烈战争往往戏剧性地扩散到华夏体系之外并彻底摧毁周边的军事大国，即华夏世界的大扩张反而是在大分裂时期才完成的。当第三周期的汉人缺乏这种能力时，蒙古人裹挟着西夏、汉、女真等民族又一次做到了这一点。遵循华夏世界逻辑的民族会最终赢得大分裂内战阶段的胜利并一统天下。

治世庇佑了细民和文士，乱世则成就了英雄和君王，治世锻造了华夏民族的风华和优雅，乱世则成就了华夏民族的技术和兵法，华夏世界真正的大扩张时期，往往发生在大一统时代到临之前，这是仲达的恶政，亦是仲达的伟业。在这大开大合的历史长河中，伯约知道，仲达是他一生中最凶险的敌人，也是他一生中最忠诚的朋友。

仲达，太傅大人。伯约想象着许多年前司马懿在病榻上呻吟的样子，他在敲击文字的间隙静静微笑。

三国真是华夏历史上最激动人心的时代啊，那个时候，伯约还试图挽救帝国，去成就秦汉的不朽，英雄们还相信理想，帝国的余晖还照亮着边疆。

## 第一节　西周、西晋和北宋的夺权模式比较

在上一章里，我们主要的工作是分析周期内部的阶段间关系。在同一个周期之内，分裂和统一的力量如同一个体系内部的阴阳两极，此消彼长，相互转化，矛盾构成了事物的本质和演化方向，矛盾双方是相互斗争又相互依存的，而矛盾的解决意味着旧矛盾关系的消亡和新一对矛盾关系的诞生。分裂和统一的力量正好构成了左右中国历史的一对最主要的矛盾。比如说，在第二阶段，分裂的趋势达到极致，但同时也孕育着未来的统一时代，虽然第三阶段的统一时期仅仅维持了几十年，但是之后第四阶段更加短暂的战乱则昭示着人心思定的不可逆转，于是在第五阶段，中国会迎来一次漫长的统一，而在这一漫长的统一时期，分裂的力量却又开始缓慢生成和壮大。可以说，这种体系内统一和分裂呈对立统一的关系在世界历史上是独一无二的，也是华夏政治文明最核心的特征。

而接下来是对已经发生的三个周期进行比较。本章需要完成的，就是分析和比较三个周期的第一阶段、第二阶段、第三阶段和第四阶段，也就是统一共识的灭亡、大分裂时期和短暂统一时期——对应到三个周期的历史阶段就是两周、两晋和两宋时期和之后的秦、隋和元。关于三个周期间的共性，我们已经在上一章详细地讨论过，而在这一章将从前四个阶段进行横向比较，进而讨论三个周期之间的递变趋势。

第一，这三个时代发生的生产方式剧变以及信息传播媒介的变化。这是决定第一阶段特性的核心元素。我们即将讨论发生在西周、西晋和北宋的社会变革以及政府对待这种剧变的不同做法及其后果。我们也即将讨论第一阶段政权的先天不足是什么因素造成的，他们对上一个统一王朝的领土继承为什么是有限的。

第二，我们将讨论第二阶段大分裂的成因及其后果，同时，我们需要区分春秋战国、东晋南北朝和宋辽夏金时代不同形态的分裂。我们将解释不同

分裂时代的割据地理是怎样形成的。我们将探讨历史、气候和地理对割据区域的形成造成了什么影响。

第三，我们将探讨不同周期的分裂时期是如何结束以及结束分裂期的政权对下一个统一时代造成的影响。

在前几章探讨第一阶段时我们曾经指出，第一阶段政权获取权力的模式同第三阶段和第五阶段的政权是有本质性区别的。这种模式既非某一区域性政治团体发起的长期战争和最后的军事征服，也不是推翻某大一统政权暴政的正义战争，而是通过内部政变或者短促兵变的方式取得执政地位。从某种意义上说，第一阶段的政权曾经是被它取代的前政权的一个组成部分，他们之间有着隶属、合作、分歧、脱离和取而代之的相互作用过程。当第一阶段的政权处于在野地位时，它是前政权的重要成员，在一定程度上左右着前政权内部的人才流动方向。在观察和比较西周代殷、西晋代魏、北宋代周的历史中，这些第一阶段的本质性特征是我们不能够忽略的。

### 西周代殷

周人在取代殷商之前，同殷商的关系是方国与宗主之间的关系。也就是说，殷商的君主有权力征召周人领袖入京，并可以命令周人攻取某个区域。事实上，周文王被称为西伯，这意味着殷商对周人在西部主导地位的承认。

殷商时期的华夏文明是由宗主国和诸多方国组成的国家联盟，也就是说，殷商统治集团是一个各方诸侯利益的联合体，而殷商帝室是这种诸侯利益的平衡者。殷商帝室的合法性来自大多数诸侯对他的支持，这就意味着周人的日益强盛是不符合殷商的利益的。我们在考古发掘出的殷商卜辞中经常可以看到殷商号召其他诸侯进攻周人的记载，也可以看到调动周人进攻其他诸侯的记载。这种频繁的调动和权衡正反映出统治者力图维持诸侯间力量均衡的努力。而周文王被扣留又在其他诸侯的干涉下被释放的史实则是这种力量均衡走向瓦解的标志性事件——即周人已经强大到这样的地步：一方面，殷商统治者试图亲自扣留甚至谋害周人杰出的领袖来努力削弱周人的实力，而不是寄希望于借助其他诸侯的力量来平衡这种威胁；另一方面，这种尝试又在其他诸侯的干涉之下遭到失败。

周文王的智慧让他在不断增强实力的时候保持了对殷商的臣服，这从某种程度上隐藏了周人取而代之的野心，并促使更多的诸侯在政治上倾向周人而不是殷商。在这种韬晦的策略之下，周人继续发展壮大。与此同时，殷商的统治者正在其他诸侯眼中变得骄躁而危险。事实上，这种骄躁源于殷商拿不出什么好办法来平衡这个愈发强大的西方强臣，这意味着宗主国对某一个藩属的依赖在加深，而这种依赖无疑是有害的。很快，周人利用商朝首都空虚的机会发动了战争，并一举摧毁了殷商的统治。

西周的案例基本勾勒出了第一阶段政权大致上的夺权途径：这种模式的前半部分是潜移默化和不动声色的，第一阶段的政权蜷缩在中央政府的羽翼之下，利用中央政府赋予的权力壮大自己并孤立中央政府，后一个阶段是迅雷烈风式的，当双方的力量对比发生本质性变化时，第一阶段的政权会快速取而代之，而原本忠于中央政府的各地实力派事实上都充当了这个夺权过程的跟随者。

这种隐秘而猝然的夺权路径反映出第一阶段之前——也就是上一个周期的第八阶段末期的一些景象。具体而言，中央政府是色厉内荏和有肉无骨的，对局势的估计是不符合事实的。中央政府表面上的支持者事实上都对其心怀怨望，并寄希望于另一个正在不断壮大的政治实体。也就是说，第一阶段前夕，华夏世界就已经处在岌岌可危的事实分裂之中，而第一阶段政权的任务无疑是在短期内结束这种事实上的分裂局面，虽然这种努力在长期看来是徒劳的。

### 西晋代魏

当我们的观察点转向第二周期的西晋统治集团时，这种模式的特点被强化了。司马氏集团对曹魏的篡夺看起来是更加隐秘而暴烈的一场阴谋，但曹魏政权不得人心也是无可争议的。前面提到过，三国的三位创立者：曹操，刘备，孙策，都是出身不怎么高贵的军人。他们的家族缺乏几代甚至十几代的仕宦传统，在士林中渺然无闻。而站在他们对立面的司马氏则不同，司马氏历代都是汉朝的高官，依靠历代的经营，在士族中积累起稳健的影响力。从司马防的事迹中，可以看到司马氏严格的家教传统，而这就同好人妻、爱调笑的军事暴发户曹氏形成了鲜明对比。同司马氏这种看不出明显性格缺陷的家族不同，曹氏三代都是英姿杰出也毛病遍身的人物。魏武帝曹操有着文学和军事上的奇才，但也怀有毫不掩饰的浪漫主义病和多疑性子；魏文帝曹丕继承了父亲文学上的造诣，但在权略和治国上都漏洞百出；魏明帝曹睿则继承了祖父在军事上的天赋，但同他艰苦朴素的祖父不同，曹睿好大喜功且痴迷宏大建筑，在执政的最后几年引发了大范围的不满。虽然曹魏在三国中领土最大，人口最多，但在民政和协调朝野关系上远远不如诸葛亮执政的蜀汉。很多在蜀汉被看做天方夜谭的事件，在曹魏却是公开的秘密，比如卖官鬻爵，大兴土木。更有趣的是，曹魏重臣对于这种风气也采取了纵容态度。显然，内外对比之下，我们可以看出曹魏政权，尤其是魏明帝曹睿执政之后的局势是暗流涌动的。

进一步观察，我们发现三国时代的政权，实质上不过是士族群体的集合体而已。这也就意味着，曹魏政权的安危取决于士族群体对于宗室合法性的认可程度。不幸的是，曹氏无论是从出身来讲，还是从篡汉的劣迹来说，都不足以凝聚中原士族群体，而其执政后的种种不足又加剧了士族对朝廷的疏离感。

在这种情况下，司马懿作为魏文帝曹丕的密友和魏明帝曹睿时期的高级将领，就有了举足轻重的地位和取而代之的可能性。在曹氏不断屠戮士人和大兴土木的时候，司马氏却在不声不响地积聚力量。在曹氏的羽翼之下，一代枭雄开始快速成长。

同周文王一样，司马懿也在实力剧增的时候仍然保持着对曹魏的顺服，这种态度让当时摄政的郭太后和他的密友蒋济都放下心来。但事实上，司马懿在高平陵之变后的恐怖清算打破了这些人的幻想，而那时则为时晚矣，蒋济悔不当初，最终忧惧而死。事实上，当曹爽倒台的时候，司马氏代魏的大势就已经不可逆转了。比起曹氏不争气的后代，司马懿的长子司马师和次子司马昭都算得上是三国时代晚期最杰出的人物。

当我们把西周和西晋的夺权史放在一起观察时，一个显著的趋势出现了，司马氏政治集团比周人要更加接近统治中心，统治阶层的内斗和阵营划分在首都就完成了。当我们接下来观察北宋夺权的历史时，这个趋势也许会进一步强化。

### 北宋代周

赵匡胤集团对后周的篡夺是西周和西晋模式的重演——同样，陈桥兵变是精心策划的。在周世宗统治末期，赵匡胤集团已经开始浮出水面，并干涉到周世宗的托孤名单。在传来子虚乌有的契丹北汉入侵消息后，赵匡胤兵变的传闻已经满城风雨。而事实上，这种手法已经不是第一次了，几年前，郭威就是用同样的方法篡夺了后汉政权。

进一步观察，陈桥兵变不过是统治集团在主少国疑和政治动荡时候进行的一次自主选择，因而，类似曹魏末年的情景发生了，陈桥兵变之后，站出来抵制这种行为的只有韩通一人而已，而其他精明的大臣们则早早地准备好了投向新政府的说辞。表面上，在实权人物一步步走向壮大的时候，原政府的力量突然微不足道，而这种现象的背后逻辑是十分清晰的：第八阶段末期的中国政治是非常独特的，它既非太平盛世，又不是完全无序的自然状态。在军阀们为争夺地盘大打出手的背后，是一个个维持地方经济秩序的实权派们。也就是说，第八阶段的战争烈度是相对较小的。当然，我们在谈到三个周期第八阶段比较的时候会重点谈到这一点。

基于第八阶段这种乱中有定的特点，发生在后周末期的这些看似奇怪的政治现象是不难解释的。剧烈的政治动荡和军事冲突导致地方实权派和士绅代表对任何朝廷都缺乏忠诚，他们随时在察言观色，权衡利弊，寻找下一个政治代理人，这是士绅代表谋求自保的手段，也加速了那些短命王朝的死亡。具体到后周末年，当39岁的柴荣抛下孤儿寡母的时候，后周政权实际上就已经灭亡了，幼年的皇帝和二十多岁的太后是不可能维持政治稳定的，而赵匡胤正是一个合适的代替者。

趋势是明显的。三个周期的第一阶段初期，政治的波动性是不一样的。抛开资料很少的殷商末年不讲，司马氏上位前的中央政权仅仅更迭了一次，即曹魏对东汉的取代，而北宋之前的中国则经历了后梁、后唐、后晋、后汉、后周五次权力更迭，武人之间的竞争更加激烈，士绅集团对这些人的忠诚度也更加不足。这个趋势导致了三个周期之间，第一阶段的夺权成本是不一样的。西周依靠了若干次战争才彻底消灭殷商的残余势力，司马氏在高平陵之变后诛杀了若干重臣的三族经历了淮南地区的三次叛乱冲击，而赵匡胤似乎在完成陈桥兵变后已经在朝中找不到足以构成威胁的反对者，虽然他后来仍然面对着李重进的叛乱。

另一个趋势是三个政权和前朝政权紧密程度的不同：西周是商朝的附属

国之一，有着极大的自主权。而司马氏与曹氏的关系则紧密得多，司马懿的父亲司马防是汉末的司隶校尉，在士族集团中影响极大，是曹操第一份官职的举荐者，而司马防、司马懿和司马懿的兄弟们则积极劝进曹操取代汉朝，可以说，司马氏在曹氏代汉的过程中起了巨大作用，同曹氏的关系类似盟友。而赵氏则直接是郭威和柴荣的忠实臣子。这种递变关系反映出中国政治结构的变化——从松散的邦联国家向结构紧密的专制帝国发展的过程，其背后的逻辑是人口密度的增加，统治经验的积累，生产力的发展，一言以蔽之，这种递变性反映出华夏民族在固有的地理环境中逐步发展，并出现人口资源比陷入困境的过程。

## 第二节　三个周期第一阶段的政治困境和气候环境比较

所谓政治困境，在我们的研究中特指发生在周期第一阶段的统治阶级内部斗争。这种内部斗争之所以造成了第一阶段的政治困境，是因为第一阶段的政权一直处在弥合内部矛盾和扩张乏力的过程中，而第一阶段的终结正是由内部斗争的白热化所导致的——国家在这个时候趋于瘫痪，面对并不强大的外族入侵却组织不起有效的抵抗。

### 国人暴动和犬戎之乱

上一节论述过的西周初年的夺权过程，实际上决定了西周一朝的政治结构。即商人的统治核心被消灭了，但是，当初臣服于商的大小方国却仍然保存完好并具有强大的实力。周王室对于这种政治架构是万般警惕和不情愿的，因为自己曾经也是商朝的方国之一，如果自己的夺权过程具备合法性的话，那么类似的夺权过程不是没有可能重演的。基于这样的担忧，西周在开国几十年的政治活动，主旨就是将同姓诸侯（如燕国宗室，这是召公奭的子嗣）和功勋诸侯（如齐国宗室，这是太公望吕尚的子嗣）分封到国境四周，用以拱卫王室，并弹压和同化潜在的反对者。

应该说，这种政治结构的设计并不是没有瑕疵的。由于周朝并没有从肉体上消灭大部分的反对者，所以，西周时代的安全重心是放在国内的。而要保证国家内部的稳定，就必须满足一个条件，即分封在各地的诸侯对王室是忠诚的。然而这个前提并不是任何时候都成立。

周武王死后不久，一些出身宗室的诸侯就不满于周公的专权，并勾结商朝遗族发动了声势浩大的叛乱，史称武庚之乱。这场叛乱虽然很快为摄政的周公所平定，但足以揭示出这种政治架构的弱点：商朝败亡得太快了，遗留下的隐患也太多了，这些隐患的爆发时机是未知的，故而西周统治者不得不安排为数众多的诸侯去监视和盘整这些地区。因此，西周的权力是非常容易分散的，王室一旦出现弱君，就很难再夺回权力。而分散在各地的诸侯却同当地的方国民众紧密结合，最终尾大不掉，威胁到王室本身的利益。

夺取政权的过程过于容易；对方国力量的盘整过于缓慢；监督防御机制日益臃肿；处于生产力高速发展的时代……这四点因素促成了西周的政治困境。这些矛盾是复合出现的，由于处在生产力大发展的时代，西周才能够维持如此庞大的监督防御机制，而庞大的监督防御机制却又阻碍了生产力的进一步发展。可以说，这样的矛盾是无解的，被监视的方国力量，监视防御方国的诸侯势力，王室的力量之间出现了危险的力量均衡，这种力量均衡导致王室是无力主导对外扩张的，而且，一旦这种力量均衡被打破，西周也就不复存在了。

后来我们知道，国人暴动象征着王室威严的不复存在，而之后的犬戎之乱则彻底毁灭了西周——巧合的是，每当华夏世界处在第一阶段的危险均衡中时，寒冷的天气就会送来打破这种均衡的北方民族。礼乐征伐自天子出的时代不复存在，庞大的监督防御机制脱离了它本来应该效忠的王室，而成为大分裂时期的主导力量之一。

## 八王之乱和永嘉南渡

同西周类似，比西周更甚，西晋的夺权过程更快了，对手也更不堪一击了。当司马氏掌握了军权时，三国时期曹、孙、刘的子嗣都是难堪大任的人，曹爽是贪图安乐的废物，刘禅是但求无过的守成者，而孙皓则是贪残酷虐的暴君。这些敌人都是容易消灭的，他们处在外部，但又虚弱不堪。

相对而言，内部的隐患却是难以消除的。他们对南来北往的任何一个统治者都口称万岁，递上降表。城头变幻大王旗，城中自有黄金屋。事实上，这些人才是真正的统治者。他们有强大的人脉关系网络，也有雄厚的财力。

他们在地方上享有威望，而历代军阀都不得不尊重这些人，因为他们根基尚浅，需要依靠。而当天下终于为司马氏所统一时，同样的问题出现了，如何消化和打散这些人呢？这个问题是不得不考虑的，因为司马氏就出自他们这个群体。

于是，晋武帝末期会出现类似西周但又不同于西周的分封政策以及这种政策必然引发的监督防御机制臃肿。比起西周来说，西晋时期的地方势力有了将近1000年的长足进步。同样处在生产力大发展的时代，地理子区域内的组织能力和经济实力都与1000年前不可同日而语，应当说，八王之乱就建立在这个历史基础之上——各地区有条件支持相对长期的战争。与西周时期的显著不同是皇室的权威衰落得太快了，寒冷天气带来的北方民族数量上也更多了。于是，我们可以看到在天下一统几十年后就发生的连环政变和篡位以及南下的胡马和南渡的小朝廷。

### 元祐党争和建炎南渡

同汉末不同，唐末的争雄和动荡是极其缺乏持续性的。换言之，如果说，汉末能够维持稳定的三足鼎立格局的话，唐末五代时期，整个中国腹地长期处在碎片化的格局中，而中央政府也经历了不同寻常的五次更迭，可以说，赵匡胤唯一的对手柴荣已经在他野心萌发的时候为疾病所困扰，不久后就撒手人寰，而余子皆碌碌鼠辈——四十万人齐解甲，更无一个是男儿。

需要注意，虽然北宋也同样相对容易地取得了天下，但是，面对潜在的反对者，北宋的做法是不一样的。可以说，西周和西晋的方法是收买和压制并重的，而北宋则是收买和吸纳为主的，科举制的名额和官员的待遇都空前提升了，禁军变成了一支只领工资的军队，被宗室深深防范的武将们事实上并不具备经济基础，并逐渐成为了文官政治的牺牲品——狄青和岳飞的遭遇足以说明这一点，虽然朝廷对他们绝不公正，但是他们却是怯于反抗的。应该说，北宋的监督防御机制膨胀到了无以复加的地步，但是被他们监督和防范的对象却是并不具备威胁能力的武将们。这是北宋时期同西晋和西周的一个显著区别。当然，这种格局可能也是有好处的，比如统治集团内部的白热化斗争自始至终没有脱离首都的范畴，因为武人干政已经从合法性上被扼杀了，但坏处在于，北宋的军队是缺乏战斗力的，从天下一统的标准来看，自西夏立国成功开始，中国就进入了大分裂时期；另外，当天气又一次变冷的时候，北宋的国防力量不可能有什么实质性的作为，换句话讲，是组织不起什么有效抵抗的。

总结一下的话，在建立国家后，三个政权都致力于消灭其他割据势力的反抗，并最终统一中国腹地。接着，三个政权都面对北方游牧民族的威胁，并同游牧民族发生了拉锯战，最终随着寒冷气候的到来而出现统治中心的毁灭和迁都。不同在于，西周和北宋的相对稳定期可能持续的时间较长，而西晋则没有那么幸运。三个政权不同的稳定期导致了三个社会生产方式发生嬗变的时间会有所区别。可以说，内部新生阶层发展的时期越长，最后中央政府在面对蛮族入侵时就越无力。通过比较我们可以看出，西晋末年，由于两汉的地方基础仍然未被完全取代，所以面对胡人的入侵，西晋政府体现出顽强而悲壮的抵抗过程。而西周和北宋，这个过程就要轻快得多，西周由于持续时间最长，在败亡时也最容易——蛮族由一个内部的反对者引入，并轻易摧毁了西周的统治中心。北宋的持续时间处于西周和西晋之间，虽然没有出现明显的内贼，但是科举士人集团的消极不作为更加严重地削弱了北宋的抵抗能力。如果回顾一下历史的话，我们会发现，在女真人第一次包围开封时，军队在李纲的指挥下取得了胜利，但是之后，主战的李纲被调离岗位，宋人自己削弱了开封的防御，而当女真人再次南下时，面对的几乎是一座不设防的城市。

结论是代偿性政权统治的时间过短或者过长，都会给中原民族带来相对优势，而处在中间的时间段，结局却相对糟糕。这个结论不难理解——西周末年，诸侯做大的进程已经持续了很久，入侵的胡人虽然轻易洗劫了西周的政治中心，但诸侯强大的实力防止了局面的进一步恶化。西晋末年，由于西晋的稳定时间不足以保证社会完成转型，导致很多地方保留着东汉时期的行政体系，汉朝残留下的从军传统和地方行政体系保证了中原民族的有效抵抗，洛阳和长安的陷落并非由于放弃抵抗，而是在弹尽粮绝之后才发生的，西晋地方部队持久的抵抗过程迟滞了胡人南下的进度，并为南方的宗室争取了重建政府的时间。而北宋的稳定时间则恰好处于二者之间，也就是社会转型时期矛盾最为激烈的时候，此刻的中原民族会极其缺乏抵抗能力。事实上，北宋的结局非常不体面，宋高宗赵构成为硕果仅存的皇室成员，除赵构之外的皇族都被押送到北方，开封被洗劫一空，典籍和天文仪器被拆解和毁灭。而讽刺的是，从后来岳飞和韩世忠对金军取得的一系列胜利来看，宋朝当时并非没有抵抗女真的实力。那么唯一合理的解释就是，北宋末年正好处在新生阶层内部斗争最为激烈的时候，事实上，王安石变法以来的历史也证明了这一点。

在宋神宗元佑年间，朝野分为泾渭分明的两派，意识到国防危机和政府财政危机的改革派力图恢复强大的中央集权和征兵制，并削弱大商人的利益，而长期享受着体制内优厚待遇的保守派却拒绝这么做，并指责变法派是激进的小人。神宗皇帝支持变法派，而他死后，临朝称制的太皇太后则是保守派的支持者，等到太皇太后还政于哲宗，这位年轻的皇帝又是变法派的支持者，这导致了政策的反复摇摆，人民不知所从。国家财富为这种毫无意义的内部倾轧所消耗，同时被不断消耗的还有基层官吏和士兵对朝廷的信心。

如果我们选择用现代政治图谱来描述这场变法和党争，那么，王安石是偏左的国家主义者，他力求打破大商人的垄断地位，给予中小商人和农民创业的能力，同时大力加强中央集权和军队力量。司马光等人则是偏右的权贵资本主义者，他们反对一个过于强势的中央政府同大商人争夺财富，同时他们也要保卫北宋官僚机制带给官员的利益，在对外政策上也反对主动发起战争。可以看得出，王安石变法和元祐党争是庶族官僚地主经济和市民社会初步形成的必然结果，大量通过科举制改变命运的士人取代门阀大族成为了国家的管理者。而正如我们在前几章提到的，任何一个新生阶层在刚刚登上历史舞台的时候必然是无限扩张的，由于之前被压制的恐惧和不满，他们上台后不知道自己力量的边界在哪里，相反，他们只能用斗争去验证自己力量的边界，而斗争却必然要严重削弱国家的动员能力和危机反应能力，因为新生阶层已经成为国家实际上的执政者，这种斗争意味着统治阶级的分裂和有效政令的逐渐绝迹。朝廷的威望与日俱跌，到宋徽宗执政的中期，奢靡、无奈和醉生梦死终于包围了汴梁，大小官僚贪得无厌，吃拿卡要无处不在，士大夫涂脂抹粉，无耻无格，沉溺于秦楼楚馆。国家到了这种地步，统治中心的毁灭和北方的政治秩序崩溃是可以预期的。

到此为止，我们比较了三个周期第一阶段的成因、经过和结果。接下来，我们将继续观察和讨论分裂局面形成之后的政治格局。

## 第三节　三个周期的大分裂时期比较

### 春秋战国

在西周被犬戎毁灭后，中国政治格局发生了根本性调整，大诸侯国护送周天子前往洛邑，并远离西北游牧民族的威胁。而洛邑的位置处在几大诸侯国的中心，这让周天子很快从地缘上受制于四方诸侯的力量。也就是说，西周的灭亡符合诸侯国的利益，将周天子迁往洛阳则保证了周王室处于弱势的位置，并永久性地结束了天子统领诸侯的不愉快局面。犬戎的入侵促成了秦国的立国和崛起，并间接导致秦国占有了西周故地。这之后，大国政治时代正式来临，数个霸主在华夏世界陆续崛起。可以看到，春秋战国时期，固守周礼和坚持传统的诸侯国很快衰落下去，锐意革新的诸侯国则快速成长起来。敢于打破旧有理念的大国成为了霸主，而古典贵族国家（比如鲁国），则长期陷于内战并沦为争霸战争的看客。

### 十六国和南北朝

而西晋灭亡后的历史却有所不同。西晋刚刚立国 20 多年，经济得到恢复，人口开始增加的时候，恰逢气温进一步下降，游牧民族渗入中原。同时，过于膨胀的宗室集团为了争夺皇权引发内战，给予胡人南下的机会。一个显著的区别出现了。虽然西周末年也发生了继承人战争，申侯作为周平王的舅舅出兵帮助外甥夺取王位，但是诸侯的集体行动却显得相对理智。虽然两周之交出现了二王并立的局面，但是各大诸侯国都只是挑选符合继承顺序的继承人作为自己权力的代理方，并没有亲自下场逐鹿。但是在一个周期之后的西晋，这种行为趋于不智，贾南风谋杀太子，赵王司马伦废黜晋惠帝而自立，连续两次愚行突破了诸侯政治的底线，并将夺权的手段从政变升级为战争。这就打破了中原诸侯裂土自治的可能性，并把大好河山拱手让与南下的胡人。永嘉之乱后的东晋政府在领土上还不如南宋建国初期，连四川都丢掉了，这足以说明，相同的历史趋势之下，关键人物的选择仍然可以优化或者恶化局面，虽然他们的选择不能从本质上改变趋势。在匈奴起兵后，北方大陆很快沦为战场，一连串的割据区域出现了，同东周初年的割据版图不同，东晋初年割据区域的形成并非是上一个时代分封的产物，而更多受到地理环境的约束。以刘曜建立前赵的那一年为例，华夏文明区出现了 6 个独立的政权：前凉，前赵，后赵，前燕，成汉，东晋。细致观察的话，前凉控制着河西走廊、陇西和西域的大部分，大致是东汉时期凉州和西域都护府的版图，其之所以能够长期保持独立，依赖于两点：第一是河西走廊出口狭窄，一旦扼守住这个出口，关中政权对此无能为力；第二则是丝绸之路这一重要的贸易通道。关中地区被匈奴族刘曜统治，而就像我们知道的，关中地区容易形成割据政权。羯族人石勒建立的后赵以襄国和邺城为中心，其统治重心位于华北地区，而华北正是北方的另一个权力中心。前燕的版图位于辽东，据于此地的政权地理偏僻，可以趁中原内乱进一步据有河北，也可能被强势的河北政权吞并。成汉政权位于蜀中，如前所述，蜀中有着九大板块最优越的割据位置，易守难攻。而东晋则占有了荆襄和淮扬，成为偏安政权的代表。

## 宋西夏金蒙古西辽

北宋灭亡的进程又有不同。在西晋和西周末年，统治者都面临着尴尬的局面：为了遏制潜在的对手而设计的防御机制走向膨胀，并反过来威胁到自己的统治。本文在前面几章曾经提到过，第一阶段的政权是代偿性质的，它对于自己的夺权模式是不自信和警惕的。在这里我们将再一次强调这一点。西周、西晋和北宋的夺权模式采用了短促的战争和政变，对手同这些政治集团博弈时，处在信息不对称的不利局面中，因此遭受了意料之外的失败。以西周为例，太公望长期在朝歌活动，对商朝内部情况很了解，而帝辛则并非如此，他赦免了周文王，并没有进一步怀疑周人的反叛，在周武王大军开始推进的时候，帝辛和商朝的大军正陷入对东夷的战争中，而西周的军队却给空虚的首都朝歌造成了致命一击。西晋和北宋的模式更甚，司马氏通过两次政变消灭了曹氏贵族轻易篡位，赵氏则利用了雄主柴荣去世后的主少国疑期发动兵变得手。

正因为夺权的方式并非光明正大，代偿性政权的统治者极度警惕其他的竞争者采取同自己相同的手段篡夺帝位，并竭尽全力去扼杀这种可能性。所以，西周大封同姓诸侯，防止异姓诸侯的反叛；西晋大封宗室，防止权臣篡位；北宋则大力扩张文官集团，削弱武官和军队的关系，来防止大将兵变。但是不同在于，西周和西晋的防御机制臃肿是外化的，西周和西晋末年，各地诸侯王卷入内斗和夺权，并直接削弱了国防力量，因为他们控制着军队。而北宋末年的防御机制臃肿是内化的，文官集团虽然也垄断了社会资源，并为夺取执政权发生了长达几十年的新旧党争，但是文官集团并无力直接控制军队，因此也无法直接夺取皇权。他们能做的，只能是通过党同伐异的方式间接性地削弱国防，虽然这种对国防的削弱方式显得更加致命。

我们接下来观察北宋灭亡后的割据政权地理。西夏占有了河西走廊和河套平原；西辽统治了广袤的西域；金国占领了整个北方地区；蒙古诸部盘踞于高原；吐蕃诸部仍处于青藏地区；云南保持着独立；南宋则占有整个南方，包括荆襄、蜀中和东南。南北对峙仍然沿秦岭淮河一线。与东晋不同的是，南宋守住了四川并保证了上游的安全。蒙古握有类似北魏的地缘优势，有进入中原的通道，身后是广袤的大漠和草原。西夏和西辽平分了前凉的领地，而大理则是自唐以来就保持独立的国家，和西藏类似，云南的本土政权成熟于唐朝时期，并同唐朝保持了长期对峙。

于是，一个明晰的递变性特点出现了——三次大分裂的分裂区域和分裂范围都出现了显著的区别：分裂子区域缓慢扩大到中国腹地之外。

西周灭亡的时候，中国有几百个诸侯国，城市和城市之间的交通很不发达，即使是相对强大的诸侯国，其控制的力度和范围也是非常有限的。而西晋灭亡后的分裂区域已经基本上符合中国腹地的文化子区域——在河西、蜀中、关中、河北、东南都出现了强大的割据政权。而当北宋灭亡后，分裂的区域已经超越了中国腹地，拓展到云南、西藏、西域、东北。这反映出三个分裂时期主要政权控制强度的递变性，这种递变性与统治传统的积累和交通的日益发达有着密切关系，同时，也反映出北方游牧民族政权的压力正在递变性地增加——过于强大的国防压力会削弱中原民族的分裂程度，而北方民族的强大取决于气候。这个时候，如果我们通过气候历史数据反过来观察三个不同的分裂期，又会发现在这三个分裂时期，气候确实在依次变冷，这样，政治学的变化逻辑就反过来印证了气候的变化，而这种印证能够说明这个模型符合历史事实的程度。

## 第四节 三个周期的第三阶段和第四阶段比较

### 第三阶段：统一，强而不永

秦朝结束了550年的学术争鸣和军事争霸，并把华夏文明的影响拓展到漠北和南海沿岸。隋朝终结了300多年的南北对峙，消灭了盘踞于青海的吐谷浑，并对持续强盛的高句丽发起了多次战争。而元朝的控制范围则超过了中国腹地和西域，并囊括了西藏、云南和外东北，西征的蒙古军队占领了中东，并试图统治埃及但最终失败——一个明显的递变性特点是：大分裂之后的统一时代，中国的版图会超过上一个大统一时代（元朝大于隋朝，隋朝大于秦朝）。同时我们也能够观察到，这种版图上的拓展也反映出华夏文明总体上控制范围不断扩大的趋势，这种趋势体现着内在生产力的发展，尤其是交通技术的进步正在缓慢地削弱地理环境带来的扩张成本。

从统一发起的政权性质和位置来看，秦朝、隋朝和元朝在他们所处的分裂时期都是文化相对落后的集团，然而，这种文化上的落后在面对新生事物时反而是一种优势——相对先进的文化同时也是难以割舍的历史包袱，而文化落后勇于攻战的政治集团却能够更好地从大变革时代的成果中吸取有用的部分。以秦人为例，商鞅变法之前的秦国缺乏严密组织和完整的行政机构，在军事上相对落后，而商鞅给秦国带去了高度组织化的政治结构和军功爵制度，这些新事物在中原和楚国都被认为是过于激进的做法而遭到摈弃，但是秦国却进行了彻底的变法并强盛起来。西魏和元朝也有类似的情况，这些相对野蛮的政治集团有着更加简约而高效率的行政机构以及便于扩张的军事体系，并且能够大胆使用军事方面的新技术，如最终摧毁襄阳防线的回回炮。这和这些政权的地理位置有关系——边缘地带更容易接触到胡人或者西方的先进技术，边缘地带的多战争特质也保证了这些地区的政治集团必须保持军事化才能够生存。同样，模型的推演符合了地缘政治学的原理，而地缘政治学也可以反过来证明这种历史趋势的不可逆转。

在政治制度上，三个分裂时期的结束者都开启了新的时代。从中央权力结构演变来看，秦代开创了三公九卿制。隋代确立了三省六部制。而元代开始，出现中书省独大的局面，而这相当于明清内阁制的雏形。君权在三个周期历时2700年的演变中，递变性地走向强大和异化，皇权和官僚集团的关系走向彼此无法容忍，技术的发展和经济的进步正腐蚀着君权的神圣性，而为了保证这种神圣性，君主又不得不从制度上加强集权。但需要说明的是，君权的递变性并没有影响到社会的活力，只是皇权与社会力量彼此增长的一个过程——统治两千万人民的君主和统治三四亿人民的君主权力自然不可同日而语。

总结一下的话，三个周期的第三阶段都是由文化相对落后的政治集团开启的，气候的冷暖决定了统一发起地点的递变，相对温暖时期，关中有着无可比拟的地缘优势，而当天气日益变冷，则关中开始破败，中国的政治中心将转向河北——这里更加靠近海边，有着寒冷时期依然充沛的降水。同时，在三个周期之间，第一阶段的持续时间发生了变化，而这种变化背后的原因仍然是未知的。

## 第四阶段：孕育伟大帝国的群雄逐鹿时期

接下来我们将对三个周期的第四阶段进行比较，这是短暂而血腥的内战，也是将星璀璨的黎明之前。

在比较三个周期的第四阶段时，我们首先注意到的，是持续时间的递变性，秦末战争持续了7年多，隋末战争持续了13年，而元末战争则持续了17年。

此外，不得不提出的一点是，朱元璋成功地完成了中国历史上独一无二的一次以东南为基地的统一战争，这种特例与递变性并非无关。三个周期以来，气候总体上是变冷的，游牧民族对中原政治的干涉程度日益加深，而由于朱元璋的北伐带有浓厚的民族主义色彩，故不能以传统的军事地理学结论来审视这场胜利。

在讨论秦朝、隋朝和元朝相对短命的时候，我们提到过，这些政权都建立于一个漫长的大分裂时期之后，原有的地方割据势力被摧毁，而新的地方组织又没有有效建立，这导致了这些时代末期的农民起义的发展势头会更加迅猛，而三个周期的第四阶段，农民战争持续的时间变长了，这也许意味着三个周期之间，地方组织成熟的速度有所增加。同时，之前论述第二阶段时我们曾经提到，东周初期的中国行政是碎片化的，到了两晋则已经区域化了，而两宋的割据区域则超越了传统中国腹地的文化子区域。果不其然，我们在比较三个周期的第四阶段时同样发现了这一点。即三个周期之间，地方组织的成熟速度在增加。至此，我们可以看到周期间的递变性确实是一脉相承的。

另一方面，三个周期的第四阶段体现出历史进程细节的相似性，具体叙述如下：首批发动大规模起义并击垮了政府统治的政治集团都不是最后的胜利者，在第四阶段末期的群雄逐鹿中，最后胜出的人行事更加稳重。“剩者为王”四个字被清晰地体现出来了，行动相对滞后和稳健的政治集团获得了成功，而过早称帝的人走向失败。开启汉朝、唐朝和明朝三个大一统时代的君主都是披坚执锐并亲自打下江山的军事领袖，同时，他们深谙权谋，懂得安抚大将，最终天下归心。而由他们所开启的新时代则终于摆脱了地区势力对中央集权的困扰以及高额人口负担带给国家的痛苦，一个欣欣向荣的时代到来了——第四阶段的乱世黑暗而短暂，而这正是帝国时代的黎明。

到此为止，我们粗略比较了模型前四个阶段的递变性，接下来，我们将进入其余的四个阶段。读者会发现，接下来的比较会更加容易，因为递变性将是一脉相承的。

# 第 13 章 伯约的民国手稿修订（7）：递变性与相似性——三个周期间的比较研究

## 引 言

伯约对华夏秩序的理性探索进入了收宫阶段，他开始下笔缓慢，语气低沉。

他在这一章深入探讨了华夏世界在三个周期中的大一统时代和大一统走向崩溃的节点，并比较了这三个周期中显著存在的递进关系。截止到清朝末年，华夏文明已经缓慢而稳健地控制了东亚地区的全部战略要地，而这种趋势将在新的时代体现出其一贯的强韧和持久性——虽然，华夏世界会继续为这种趋势付出代价，但是，和这种趋势背后的力量相比，铁和血仍然只是历史车轮所必须的润滑剂而已。

我们面对的未来，正是伯约面对的过去。

伯约面对着过去，伯约也面对着未来。

在这部手稿即将修订结束的 2012 年，伯约曾离开终南，驱车于咸阳原上。他看到一路倒伏的墓碑以及墓碑上流淌着一个个流传至今的名字，他沿着田间小路一个一个地读过去，伸出手去抚摸那些熟悉的汉字，他曾经同这些人一同生活在三秦地区，混在人群中围观过他们的出征、凯旋和葬礼仪式，他仍然记得霍去病去世时的盛大场面，也记得他状如祁连山的坟墓和墓前马踏匈奴的石雕。

许多年后，那坟墓雄壮依旧，坟墓边簇拥着自发前来拜祭和朗诵祭文的女中学生。少女们在夜雨中绕着坟墓行走，并用文言文讲述着自己对骠骑将军的花痴之情。

看到这个场景，伯约心中震动。

一切都是献祭。匈奴的哀嚎，武帝的长啸，骠骑将军22岁永恒的青春。

唯有碧血涂汉帜，但愿烈骨筑长城。

这是手稿的最后结论，伯约在停笔的那一刻心情复杂。

他想到多年前写下巨著的司马迁和司马光，也想象着陈寿完成《三国志》时的表情。

当伯约完成了这难以描述的稿件，结局应该是什么呢？

结局是沉默的雪夜，是雪夜里飞过的鸷鸟，是鸷鸟惊醒的寂寞躯体和寂寞躯体渴望的酒杯。

此刻，伯约应该用什么来下酒呢？下酒的是令太祖感慨长叹息的《资治通鉴》，是在《资治通鉴》里闻鸡起舞的祖逖，是倒吊在祖逖身旁熊熊燃烧的长沙王司马乂，是长沙王司马乂的曾祖父，是他曾祖父司马懿令人战栗的表字。

仲达。伯约默念着这个名字，又一次想到诸葛亮和司马懿在渭水之南的生死对弈，那是秩序和混沌的持久碰撞，他们执着地下了几千年，到现在仍然胜负未分。

春登陈仓道，驱车五丈原。念君以日久，庶几可相见？

仲达。感谢仲达。感谢命运。

## 第一节 大一统时代

首先，我们将比较两汉、唐朝和明清的社会变化，并给出这三个时代中断和延续原因的异同。

其次，我们将重点比较汉末三国、唐末五代和清末民国的农民战争和军阀割据，并对这三个时期人才形成机制的异同点做一点小小的引申。

两汉、唐代、明清是三个周期中特征显著的大一统时期，国家平定了内忧外患，人口空前增长，呈现出一贯的繁荣——扩张——顶峰——衰败的过程，但是，究其实质而言，三个时代仍然有着显著的差异。

## 第五阶段：积蓄和盛世

相似的一点是，西汉、唐朝和明朝初年都发生了继承危机，汉朝经历了诸吕之乱，唐代经历了玄武门之变，而明朝则经历了靖难之役，可以看到，危机的权力基础都是功勋集团，而功勋集团的选择决定了胜利者。但递变的一点是，皇帝的能力对危机的结果起到了愈发重要的作用，汉文帝是周勃和陈平在消灭吕后势力后主动选择的，而唐太宗更大程度地决定了玄武门之变的发生时机，明成祖的战争天才则已经成为和功勋集团同样重要的因素。可以想到，这个递变性和上篇讲过的是一脉相承的，即社会结构的日趋紧密和君权的逐步加强。

比较三个周期的第五阶段时我们发现，相似的一点是，汉文帝、唐太宗和明成祖之后，国家开始迈上正轨，人口稳步回升，经济快速发展，并对周围的游牧民族形成压力。很快，华夏族的势力范围会回到长城之外，而曾经在分裂时期耀武扬威的蛮族则不得不遭受程度不同的失败。

但不同的一点是，虽然汉朝、唐朝和明朝都逐渐改变了力量对比，并对北方的游牧民族发起了反击，但是这种反击的结果有显著区别。

汉朝的对外战争时间最长，并在西汉后期最后取得了对匈奴的完胜并争取了南匈奴的依附。而唐人对突厥人的战争时间相对短暂，且吐蕃帝国的崛起给唐朝造成了更多的麻烦，唐人对塞外的控制力在武则天时期达到顶峰，但随着安史之乱爆发陷入低潮，唐宣宗收复河西走廊可以说是这种控制力量的一次回潮。明朝虽然在初期就发起了对蒙古人的反击，但是并没有完全争取到蒙古人的臣服，有明一朝，蒙古和明朝的冲突时断时续，这种冲突一直延续到满清崛起和明朝灭亡。

需要提醒读者的一点是，递变性是明显的。随着中国统治重心的东移，北方民族的威胁来源也由西北转向东北，并且随着这种气候的变化，北方民族变得强盛、好战而且难以驯服。如本章开始所说，这种游牧民族的迁徙方向和强弱对比的变化与气候的持续变冷是一脉相承的。

## 第六阶段：统一的中断

比较三个周期的第六阶段，即两汉、唐朝和明清的中断时期，我们也会发现一些类似的递变性。

在新莽末年的大战乱中，西汉皇族刘秀成功地削平群雄重建了汉朝，而安史之乱时，胡人边将已经成为叛乱的主力，相对的，满清成功地成为明末战乱的最终胜利者。华夏文明的活力在下降，而稳定时代的中断时期也在变长。同时，满清的成功方式并非是独一无二的，事实上，大多数小民族最终成为大民族的统治者都有可能重复这种从雇佣兵、附庸到主宰的道路，满清的成功是可以复制的，这种首先以雇佣军的方式依附于主体民族羽翼之下，并最终发展壮大的模式让人联想到突厥人对整个伊斯兰世界的控制过程，以及日耳曼蛮族军事长官对罗马帝国的控制过程。再引申一下的话，奥斯曼土耳其末期的局面也印证了这一点。哈米德二世努力拉拢少数民族的精英加入奥斯曼新军并强迫他们完成突厥化教育，但最后肢解奥斯曼帝国的正是这些来自不同民族的军事主官。

### 第七阶段：统一的恢复和衰退

我们来比较三个周期的第七阶段。相似的一点是，在稳定时代的恢复期，东汉、中唐时期和清朝都对不断膨胀的利益集团保持了某种妥协，这是东汉稳定时期短于西汉，中唐稳定时期短于初唐和盛唐，清朝稳定时期短于明朝的重要原因。政府无力制约利益集团的膨胀，导致剥削日烈，底层人民负担快速加重，历史红线起作用的时间也比中断期之前的第五阶段要早。同时，在比较两汉时期、唐朝时期和明清时期的时候，我们会发现，唐朝作为第二周期的稳定阶段，持续时间最为短暂，而两汉和明清时期都维持了400年左右的稳定期。这和第二周期在整个历史模型中的地位不无关系。事实上，以两晋为起点、五代为终点的第二周期正是中国的中古时代，也就是从比较成熟的秦汉军功社会向宋以来的市民社会过渡的中转站，这种过渡性导致制度可能更容易脱离时代的发展，当然，关于三个周期的总体比较和关系，是在这一章最后要详细讲到的。

## 第二节　第八阶段：起义、乱世和群雄割据

最后，让我们进入针对三个周期的第八阶段，即汉末三国、隋末五代和

清末民国的探讨和比较。在这三个时代中，汉末三国持续了 96 年，唐末五代持续了 104 年，清末民国持续了 96 年，其持续时间是八个阶段中最为稳定的。

## 递变性关系

如果我们更加细致地观察这三个阶段，就会发现在推翻大一统王朝后，三国和五代时期都持续了 50 多年，而民国的历史略微短暂一些，只有 37 年，也就是说，在全国范围内的农民起义爆发后，清朝的维持时期更加长久一些。

这个原因并非不可细究，事实上，虽然三个周期的第七阶段都结束于农民起义，但是农民起义引发的后果不尽相同。黄巾起义爆发前夕，东汉的州刺史和郡守权力已经非常大，并很快成为这场起义的主要获益者，但是随着局势变化，主要的州刺史和郡守都未能在汉末三国的地区性博弈中胜出，相反，中级军官孙坚和他的儿子孙策，小军阀曹操，地方官刘备则成为了意想不到的阶段性赢家。而唐末五代的割据政权就来自唐朝中后期的节度使，而节度使这个政治肿瘤已经发展了 100 多年的时间，并走向了无可阻挡的鼎盛和快速衰朽。相对的，满清末年，在镇压太平军和其他叛乱中崛起的汉族官僚之前并无特权，相反，他们在政治上一直受到满蒙贵族的压制。这种变化体现出地方利益集团在起义爆发前势力扩张的程度，唐代的中央政府最为弱势，而清朝政府则在太平天国起义爆发前，仍然能够控制大部分国土。

那么，我们可以发现三个周期之间存在明显的不同点。秦汉时期的中央与地方权力分配是相对合理的，州刺史和中央维持着相对稳固的平衡，这种平衡虽然被农民起义和军阀坐大所削弱，但尚无任何一个势力敢于将其打破，即使是最为跋扈的军阀，比如李傕和郭汜，也都不得不在表面上维持中央的威严，曹操更是到死都没有迈出篡位的步伐。同时，地方的割据者也都对中央保持着或多或少的尊敬，袁绍曾因为向中央贡献的物资减少而被申斥，刘表和孙权都不得不礼遇朝廷的使者并对朝廷有所贡献，刘备在自称汉中王时更是从遥远的蜀地千里迢迢上书中央请求名义上的批准。而唐末不然，皇权很快被视为儿戏，迫不及待的篡位者们在含元殿外排起了长队。相对的，地方的割据者也早就对朝廷的威严不屑一顾，名义上的服从和进贡都被认为是没有必要的。也就是说，唐朝的权力结构体现出一贯的内轻外重格局，力量平衡被打破了，中央权威处于相对弱势的位置。而清朝则走向了另外一个极端，即中央权威出现了极端化的扩张，虽然太平天国起义和义和团运动成就了一大批握有实权的汉族官僚，但他们仍然对慈禧太后的威严感到战战兢兢。对于来自中央的满人巡查者，没有哪个地方实力派敢于在表面上表现出丝毫的不敬，这种对皇权的畏惧感直到新军普遍成立后才为更加有号召力的民族主义思潮所祛除。

### 军阀与宗室：取代过程比较

另外一个细节也可以佐证这三个周期权力结构的不同，即最强大的军阀集团完成取代中央过程的长短。

首先，我们观察东汉末年，曹操在平定北方和安定汉室两方面都立下了不世之功，也完全具备了取而代之的权力基础，但是他仍然受困于拥汉派士大夫的舆论影响，终曹操一世，这位杰出的军事天才和诗人都没有迈出王莽的那一步。相反，他始终在法律上屈居于没有实权的汉献帝之下。曹魏取代汉朝的关键一步并不是由曹操完成的，而是由其继任者魏文帝曹丕来完成的。

其次，唐末的篡位活动进行得非常容易。唐昭宗不仅在实权上毫无可能压倒朱温，在舆论影响力上也几乎可以忽略不计。比较唐昭宗和汉献帝二位末代君主，我们会发现显著的不同，唐昭宗代表的唐朝已经毫无威信，而汉献帝则不然，这位聪慧而稳重的年轻人不仅赢得了臣民的敬重，也赢得了士大夫集团的支持，在汉献帝和曹操明争暗斗的数十年中，这位末代皇帝策划了数起未遂政变，但仍然不能让曹操对其有任何不敬之心。于是，不同的结果也是顺理成章的——朱温的篡位活动并不需要太多的铺垫，远没有曹魏代汉时的温情脉脉和彬彬有礼——从后来社会的反应来看，这些礼数也确实是没有必要的。

最后，我们来观察一下清末的局面。可以说，清朝皇室对局面的掌控能力是三个周期中最为优秀的，曾国藩、李鸿章和左宗棠虽然在平定太平天国、捻军、西部回乱和浩罕国时立下了赫赫战功，但是这些人物都丝毫不敢立刻公开同朝廷对抗，由于慈禧太后的明智和强势，曾国藩被迫在消灭太平天国后自削羽翼，遣散了大部分嫡系军队，并脱离军职出任了直隶总督。很快，慈禧太后就借助曾国藩在任时发生的天津教案事件鼓动舆论，逼迫曾国藩自动去职。李鸿章和左宗棠长期忙于对抗外敌入侵，并无独大的权力基础，且在舆论上一直遭到保守派的攻击，因为他们都主张引进西方的军事制度甚至政治制度来革新清朝，而这种倾向是保守的清流派无法容忍的。清流派恐惧西方学术，西学的盛行意味着传统的衰朽和儒家思想在意识形态上的边缘化。事实上，汉族官僚逐步替代满蒙贵族经历了一个漫长的过程，慈禧太后时刻警惕着这些战功赫赫的地方大员，并采取种种手段遏制他们的影响力。在老一辈汉族实权派走向衰老之际，李鸿章推荐了袁世凯，并让袁世凯掌握了新式陆军的练兵权，但是即便如此，慈禧太后安置的满洲贵族荣禄仍然完全有能力遏制袁世凯，这种汉族官僚坐而不大的局面一直延续到慈禧太后生命的最后一天。当宣统小皇帝登上帝位后，再也没有任何力量能够遏制北洋系的扩张，新式练兵运动在全国开展，遍地的讲武堂和陆军小学出现了，大批反清会党和落第秀才都加入了新军，并最终成为推翻清政府的另一股主要力量。

最终，符合模型的一点是，满清政府死于为了镇压起义而培养出来的军阀们的联动，但其特殊性是，这个过程持续了更久的时间。这从侧面说明第三周期的权力结构特点——中央的权力远远大于地方，而这种特质导致了另一种权力结构失衡。

### 英雄辈出：经济背景和社会机制

我们注意到，主导三国时代、五代时期和民国时期的主要社会群体有着对应关系。

三国时代的风云人物，同时具有军功爵时代的事功精神和东汉中期以来的士大夫风骨，呈现出功业与名誉并重的特点；而唐末五代的佼佼者则基本是藩镇军事体制和大族掌控的科举制度“筛选”出来的；清末民国的主导者，前期是以曾国藩为首的理学大家，这些人将儒学的道德原则和实践结合起来，形成了经世致用的风气，而后半段的主导者则是洋务运动开始后西学东传的产物，尤其是西式军校的产物。这些对应的人才形成机制正好说明第八阶段在每个周期的地位——旧有的道德体系与剧变的新时代强行交媾，并诞生了一批无法复制的时代领袖，这些领袖兼有前朝和未来的气质，并暂时性地稳定了局面。其中属于前朝的那一部分是成熟的、悲壮的和衰朽的，而属于未来的那一部分，则是武断的、迷茫的，最终是自省或者虚无的。

以三国为例，三国前期的风云人物，也是在汉朝实际上还没有灭亡的最后50年，秉承的仍然是秦汉时期的事功精神，无论是孙坚、曹操、刘备，都厌弃浮华，务实奋进，不择手段。而东汉士大夫的领袖们，如荀彧、崔琰、张昭，则不过是这些军事强人的谋主。但是我们也观察到，曹操一辈的英雄人物迅速凋零，以建安二十四年关羽威震华夏为分界线，关羽、庞德、吕蒙、曹操、张飞、刘备基本在同一个时间段内死去，而他们的继任者都再难重现父辈们的风采。很快，士大夫群体取代了崛起于战争中的草莽英雄们——建安风骨终成绝响，正始之音于此滥觞。

清末民国的历史类似三国。太平天国起义之后百年，前有曾国藩、左宗棠等儒学士大夫的最后群像竭力维持清朝不倒，后有杨增新等边疆大吏勉力抵制分裂势头和外族入侵，但很快，他们就被证明是帝国时代的最后遗产。新的时代是属于新军的，属于受过日式和俄式军事教育的军人。这些军人理念超前，热情冲动，很快毁掉了南北之间的默契，并以百倍的革命热诚发起了统一战争。在民国短短37年的历史上，风云人物快速更新换代，北洋军阀取代了儒学巨子，南方革命政府取代了北洋政府，延安取代了重庆，当最终的胜利者登上天安门城楼的时候，他们和他们儿时听说过、崇拜过、鄙视过的风云人物已经没有任何相似之处。任何带有旧时代残留的人物都在时代的洪流中快速老去，无论是袁世凯、徐世昌、孙中山、蒋介石……都成为第八阶段速朽的浪花，历史正迫不及待地迎来新的弄潮儿们——俱往矣，数风流人物，还看今朝。

就笔者而言，在中国的历史上，最令人印象深刻的时期莫过于每一个周期的第八阶段。在这大一统帝国彻底瓦解和群雄割据的100年里，速朽的英雄群像在时光的洪流中快速升起又呼啸着逝去，人类自由意志的伟岸和有限被冷酷的历史规律切割得鲜血淋漓——那正是陈寿和罗贯中在他们的不朽巨著中所反复咏叹的，献给秦汉帝国和汉末英雄的挽歌。

## 第三节　挽歌之后，啼鸦流血

至此，我们探讨和比较了三个周期后五个阶段之间的相似性和递变性，在本章的最后，我们将对三个不同的周期做出总结。

随着我们对整个模型的进一步分析，中国历史的大致轮廓已经清楚了。在以分裂和统一为核心标准的基础上，华夏文明区反复上演着王朝的生灭和统一分裂的循环，这种王朝生灭和统分循环的背后，是八个首尾相接的历史阶段之间的逻辑关系，而这八个历史阶段已经循环发生了三次——也就是我们所讲的三个周期。

在进入关于三个周期的综述之前，我们已经完成了以下的工作。

我们探讨了三个周期内的核心历史事件，并且分析了这些历史事件和人物在划分周期内阶段时起到的作用。例如，曹操、朱温和袁世凯的历史作用是相似的，他们是亲自为大一统时代画上句号的人，同时又幻想着自己能够开创新的黄金时代。又例如，犬戎、南匈奴和女真的入侵起了共同的作用，他们彻底造成了中国腹地的大分裂和迁都，并开启了一个漫长的战乱分裂时期。

我们分析了周期内八个阶段之间的逻辑关系，探讨了每个阶段持续时间的长短及其原因，并论述了为什么八个历史阶段是首尾相接的。事实上，我们最后认为，只要周期第一阶段的历史条件予以满足，发生之后七个历史阶段的演变和循环是顺利成章的。我们的研究在一定程度上是不承认偶然性的，也不允许对已经发生的历史事件作出假设。我们的研究方法决定了，历史事件之间有着稳定的因果关系，从3000年的时间跨度上来讲，历史有着可以被人类所掌握和加以利用的规律，而我们的研究也恰恰是为了证实这一点。

我们分析了三个周期的同一阶段之间的联系和区别，并且总结了三个周期的同一阶段的相似性和递变性。我们需要知道，当相似历史事件周期性出现时，那些不相似的部分是什么？这些部分是由什么决定的？例如，在完整的三个周期之内，华夏民族的活动范围稳健地扩散到了物质条件所允许的极限，这是周期间递变性的一条主线。具体而言，稳健地扩散，标志着华夏文明的影响力是温和而持久的，它和大英帝国和蒙古帝国那种一度拥有庞大版图却又很快退回起家之地的模式有着显著的不同。而物质条件所允许的极限，则是指第三周期结束时期的华夏民族已经向南扩散到东南亚，向北据有了东北平原，向西重新占领了曾是汉唐领土的新疆地区，向东仍然对朝鲜半岛保持着一定程度上的影响力。同欧洲大陆和中亚那种过于频繁的民族迁徙和大融合不同，华夏民族在三个周期和跨度长达2700年的历史长河中，始终牢牢据有欧亚大陆的东部，虽然有过历史上的黑暗时代，但是，华夏文明每一次摆脱黑暗时代的反弹都是极其有力的，每一次拓展自己的影响力都是稳健而持久的。正是由于这种特点，华夏文明的精神内核得以完整保留，而其文明形式却能够与时俱进。“周虽旧邦，其命维新”，这正是对华夏文明最准确的断言。

接下来的工作就是回答最后几个问题：

①划分周期的核心标准是什么？

②为什么周期间会有相似性和递变性？

③在西周之前的中国历史也有类似的周期性变化吗？

④这种周期性历史变化能够适用于尚未发生的未来吗？

## 关于周期划分的标准

针对第一个问题，我们必须指出，在建构中国历史模型的过程中，周期并不是开始就存在的。我们按照统一和分裂的规律，将西周到三国的历史划分为了八个阶段，接着，我们才发现，这八个阶段非但适用于西周到三国的历史，适用于西晋到五代的历史，适用于北宋到民国的历史。于是我们假设，中国历史是存在周期的。最后，我们又用三个核心标准去验证了这一点。这三个核心标准分别是信息传播媒介、社会中坚阶层和主要生产关系。

在第一周期，也就是西周到三国的时期，主要传播媒介是竹简，西周末年，礼器和祭器的铭文已经不再是唯一的信息载体，竹简开始出现，并成为更广泛的信息媒介。同时，在第一周期，井田制走向没落，土地被大量开辟并且可以买卖，新兴自耕农和地主阶层形成，并通过军功爵制度获取社会地位。主要生产关系从贵族授田收取贡品变成了自耕的田政府收租。在第二周期，造纸术走向成熟，并取代竹简成为主要信息媒介，秦汉的军功贵族向门阀士族转化，生产关系的主体从政府和农民转化为庄园主和佃农，佃农对庄园主产生人身依附关系。第三周期，活字印刷术发明，以手抄为主的信息传播方式消失，南北朝隋唐的门阀贵族走向没落，庄园主经济解体，大量庶族地主和自耕农出现，社会财富空前增加，生产关系出现了新的飞跃。

## 关于递变性和相似性

接下来回答第二个问题：为什么周期和周期之间会存在递变性和相似性？

首先是递变性。三个周期体现出一系列清晰的递变关系，如统治中心逐步转向东方，游牧民族对中原的政治干预逐渐加深，华夏文明区的范围随着周期的不同而扩大等等。最能够解释递变性的无疑是气候，通过竺可桢院士及其他专家的研究成果，我们可以看出一个很明晰的递变关系，即3000 年来的中国气温总体是下降的。这种气温的下降深远地影响到了中国政治的结构。在第一周期，西周末年的寒冷迅速结束，从春秋战国到西汉末年的700 年间，中国气候都非常炎热湿润，这成为农耕民族强大和扩张的基础，也就是说第一周期的大分裂时期和大统一时期，都出现了相对温润的气候，而对应的则是华夏文明最繁荣强大的时代。到了第二周期，东汉末年，两晋南北朝普遍寒冷，游牧民族南下力度加深，中原正统文明避乱江南不思进取，而到了隋唐时代，气温重新上升，华夏文明也相应地迎来了第二个高峰。也就是说，第二周期的寒冷天气和湿润天气是对应的，大分裂时代相对寒冷，而统一时代则显得温润。到了第三周期，宋以来到民国，气温一直没有恢复到隋唐的水平，相应地，也出现了游牧渔猎民族两次入主中原成为统治者的情况，也就是说，第三周期的大分裂时代和大统一时代都相对寒冷。到此为止，气候的变化解释了华夏文明中心的东移，游牧民族对中原政治涉入的加深以及华夏农耕民族的衰弱。而这表明这种递变性不是一个方向的，相反，随着气候的变化，可能是可逆的。如果全球变暖和成为未来 100 年中国的气候变化趋势，则北方的耕地面积会增加，北方人口会变多，而长城线以北的大片土地也会重新成为适合耕作的富饶之地，相对的，南方由于过于湿热而不适合人类居住，这样，中国的经济中心和政治中心不会像第三周期那样出现分离，而权力中心对资源的调配能力也会显著上升。

不能忽略的一点是，气候不能解释三个周期间华夏文明区逐渐扩大的过程。那么我们将用另一个变量来解释，即交通技术的增加和统治经验的积累对统治成本的削减作用。在三个周期的历史过程中，一个不能忽略的现象是交通愈发便利。秦始皇完成了驰道和灵渠的建设，隋炀帝打通了大运河，交通成果的积累增加了割据的难度，减弱了地理环境对政治格局的影响，也让统一王朝的治理变得相对容易，而破坏交通的技术长期未能得到提高，直到热兵器时代来临。基于此，政府能够将更多的资源用于扩张。同时，华夏文明独一无二的史学传统积累了大量治理经验和地理记载，这让后来的统治者比起他们的前任有着更多的资料可以参考，也大大减少了统治成本。统治者虽然无法改变历史红线的发生，但却可以用更少的时间完成物质积累和国内政治整合，并全力投入到拓展疆土的任务中。也就是说，每当中国历史走向长期统一的时候，统治者对领土的消化速度要比上一个周期快。以汉朝和唐朝为例，刘邦统一中国时，南方的南越、东瓯和闽越都保持着独立。这种南方的独立局面直到汉武帝时期才得到改变。但是当唐朝统一天下时，这些地方已经理所当然地成为了中国的一部分。

综合阐述和分析了整整三个周期的中国历史进程后，我们能够说，华夏民族仍然走在持续进步的道路上，虽然森严的外部地理壁垒阻止了华夏民族的大幅扩张，但是随着人口和技术的积累，华夏文明的影响力势必超越传统华夏世界的地理边界。以当代为例，华夏文明将愈发依赖高铁和海军来同时拓展陆权和海权。

其次是相似性。通过上文可以看出，气候变化和技术经验积累影响了华夏文明的活动范围，但并没有改变华夏文明内部的政治逻辑：即三个周期间八个阶段的首尾相接和精密的对应关系。显而易见的是，气候变化不能解释这个历史现象，相对的，政治经济结构和群体性心理起到了至关重要的作用。

从政治经济结构的角度来说，决定统一和分裂的背后力量是权力结构是否均衡，这种均衡是两方面的：一方面是中央决策体系内部的权力结构均衡；另一方面是中央和地方的权力结构均衡。就中央而言，最高权力和中坚阶层要能够相互制约，不能形成一方独大的局面，过于一意孤行的皇帝和过于掣肘的垄断政治集团都会导致格局动荡，而稳健的权力机构则能够保证局面的维持。就中央和地方而言，中央必须具备约束地方势力的能力，一旦失去这种能力，如安史之乱之后的唐朝，政令不出关中，统一的局面自然无法维持下去。这样，就导致在封闭的地理环境中，统一和分裂的局面必然是交替出现的，当长期的统一孕育出超越皇权的垄断政治集团，统一的局面就走向了终结，而当长期的分裂孕育出强悍的军事国家，分裂的格局也自然无法维系下去。随着生产关系的演化，维系统一和造成分裂的力量会彼此消长，归根结底，这种政治结构的周期性变化和生产力的周期性飞跃仍然印证着马克思主义的普遍性真理——即生产力决定生产关系，经济基础决定上层建筑。但我们需要更细化说明的是，当先进的生产力为落后的生产关系所束缚，当先进的经济基础为落后的上层建筑所压制时，中央决策体制内部的权力均衡和中央与地方的力量对比就迟早要被打破，马克思在 19 世纪认为这种打破是以暴力革命的形式出现在历史上的，而我们对中国历史的考量得出了更详细化的结论：即这种革命可能是隐性而非显性的。代表新兴生产关系的阶层并非一定会通过暴力革命来推翻落后的上层建筑，也可能采用消极不作为的方式来坐等上层建筑的灭亡。西周末年的犬戎之乱带有某些封建主犯上作乱消灭中央政权的特征，而西晋末年的永嘉之乱和北宋末年的靖康之耻则更有门阀士族和科举士大夫阶层消极不作为的特征：祖逖和刘琨都不是门阀士族的主流，高门大姓争先南逃。李纲更是为南宋官场所排斥，在南宋立国后，主战派长期政治上不得志，而主和派则如鱼得水。

从社会心理变化的角度来看，民心实际上反映了上文所述的权力结构的演变过程。以第一周期为例，秦朝的短命，除了人口问题之外，另一个因素是分裂的时间过长，社会并未对统一王朝形成心理服从，而复辟六国的说辞是大有市场的。直到刘邦第二次证明了帝制军功帝国的优越性和历史不可倒退之后，大一统的局面才略微有所出现。但是之后的历史证明了，希望裂土封王保持独立地位的贵族大有人在。刘邦在任时，异姓诸侯王就发起了叛乱；汉景帝时期，又有同姓诸侯王叛乱；汉武帝时期有淮南王刘安叛乱未遂；直到汉武帝后期，社会心理才最终适应了统一帝国时期；而随着人口的大幅度增长和天灾，社会又转而呐喊变革，并最终促成了王莽代汉；新朝建立后，王莽不能协调利益，连续的天灾和农业生产又再一次促使天下思变，这个变革的终点就是光武帝建立东汉。看起来，刘秀较好地协调了皇权和庄园主的利益，事实上，是皇权对崛起的大地主集团做了妥协。东汉近200年的历史上，矛盾重重，社会迷惘，党争不断，最终在东汉末年转向人心思乱。人心思乱和人心思变有着本质性区别，前者是毁灭秩序的，而后者是变革秩序的，后果也就完全不同。汉末三国的历史经历了近100年，渴望重建秩序的老一代英雄开始凋零，主张适应时代的新贵则建立了西晋，而西晋则真正把人心思乱的局面推向了高潮，因为转型时期的社会利益不可调和，每一个阶层（不管是取得利益的人还是没有取得利益的人）都对现状极度不满。

总结一下的话，群体性心理或者民心滞后于时代变化但最终符合时代变化。这种滞后可能导致秦朝的短命，也可能导致三国时代的结束。

当群体性心理最终符合时代变化的时候，或者走向稳定的统一，或者走向长期的分裂。详细来区分的话，民心在不同的历史阶段体现出三种状态，即滞后性（时代已经变化，但社会仍然保持着上一个时代的群体心理）、摇摆性和符合性，在不同的阶段，民心起着不同的作用。在一个周期内部的第一个阶段，民心体现出符合性，即人心思乱，走向分裂和动荡，这保证了第一个阶段的短暂和第二阶段的持久。在第三个阶段和第四阶段，也就是漫长分裂之后的短暂统一和之后的内战时代，民心体现出滞后性，即对大一统时代的不适应，这导致了第三个时代的短促。在第五阶段，即稳定统一时代，民心体现出符合性。而在第六阶段，稳定统一时代的中断期，民心体现出滞后性，这让中断期很快结束。在第七阶段和第八阶段，民心体现为摇摆性，人心思变而不知方向，这导致了第七阶段统一王朝的衰朽和第八阶段的内战和军阀割据。可以看出，在古代中国近3000年的历史中，由于没有强大的体系外文明涉入华夏文明区政治，尽管经历了三个周期的技术进步和经验积累，但一些基础的因素没有发生变化，人心随着王朝的诞生、鼎盛和衰朽起伏变化，并反过来影响和规范着历史。

## 关于上古三代的历史

关于第三个问题，我们首先尝试着用曾经提到的一些标准来衡量历史事实，一个很明显的困境是：我们缺乏更多的研究资料。明确而完整的夏代考古资料并未出现，商代的资料也支离破碎，从目前能够确认的证据和史料来看，我们不足以得出一个结论，即西周之前的历史也是符合周期律的。虽然我们可以勉强将夏代和商代的某些历史事实抽样分析，并附会到周期内部的八个阶段中去，但是这样做毕竟称不上严谨。甚至，我们可以这样推论，在炎黄部落刚刚获取中原主导权的时代，华夏世界对于我们的先辈来讲还远远不存在什么地理壁垒，人口稀少而物产丰富的时期有着另一种政治演化模式，当人口的繁衍还没有导致财富分配的巨大差异和阶级的产生时，奢望部落联盟时期的华夏文明政治也符合某种规律是不理性的。即便是已经出现阶级分化的夏商时期，他们是否符合周期内大一统时代的某些特征也是存在争议的。

### 关于我们所处的时代

关于第四个问题，我们可以在这里做一个小小的引申——以我们在探讨第一个问题时提出的三个标准为切入点：在我们生活的时代，从信息传播方式来说，手工排版的印刷术已经消亡，网络、计算机和其他电子存储设备取代了它，并再一次空前地降低了知识传播的成本。从社会中坚阶层来考虑，宋以来的庶族地主阶层已经消亡，新兴的有产者出现了，他们掌握着报刊、网站和工厂，社会财富再一次空前增加。而相应地，雇佣和被雇佣的生产关系正在逐渐成形。

以这三个标准来衡量，第三周期已经正式走向结束，而新的时代正在来临。至于未来是否符合周期性变化，取决于是否有一个体系外文明对华夏文明形成长期的军事竞争关系，这个体系外文明的人口、科技和历史都必须和华夏文明不相上下，甚至超过整个华夏体系，才能够彻底将华夏文明的政治演化规律打破。

那么唯一的问题是，我们面前出现了一个足以匹敌的对手吗？

看起来这个问题是有唯一答案的，自鸦片战争开始，全面崛起的西方文明对东亚大陆形成了压倒性优势，技术和社会组织能力的落后让整个中国知识界都陷入了反思和迷茫之中。按照五四时期的学人言论，欧洲人登陆东亚大陆的后果完全不亚于阿兹特克帝国与西班牙人的碰撞，坚持旧有的道德体系和学术习惯只能落得和阿兹特克人与印加人一样的下场，而唯一能够救赎文明的方式就是彻底同自己曾经威震四夷的历史和传统告别。于是有呼吁放弃方块字使用拉丁文者，有视华夏民族传统如敝履者……凡此种种，不一而足。同时，南下的俄罗斯人和西进的日本人也让帝国一筹莫展，特别是当北洋海军惨败于日本海军时，基本上所有人都对朝廷和自己的文化传统失望了。学习西学，奋发图强成为了整个社会的风向标。

一个完全矛盾的事实是，满清末年的混乱仍然在鸦片战争后的100年就走向了终结（三个周期第八阶段持续时间的稳定性令人吃惊），我们的历史模型在近代仍然解释力十足，没有任何外国的力量能够左右中国内部的纷争和统一进程。如果说，西方文明已经对华夏世界形成了力量对比极其悬殊的优势的话，这样的事实是不可能出现的。宰割一个帝国的最好方式就是让它永远处在割据和内战中，就像欧洲人针对奥斯曼帝国所做的那样。而灭亡一个民族的最好方式就是消灭这个民族的语言和历史，就像西班牙人对印加人和阿兹特克人所做的那样。

很显然，西方人并没有能够做到这一点。任何试图影响和预测中国未来的努力都被认为是失败的。中国人并没有像南美的玛雅后裔一样，被圈养在中美洲的几个岛屿上。中国人并没有放弃汉语和汉字，也没有把英语当做第一官方语言。中国并没有被一个西方势力占领和统治，并进行系统的西方化改造。主导中国历史进程的，仍然是华夏民族内部的政治逻辑。这里不是说西方势力没有尝试过影响中国，相反，他们的每一次影响最终都被证明是起了反作用的。以建国后的历史为例，斯大林妄图通过朝鲜战争把中国牢牢地同苏联绑在一起，然而中国却恰恰通过朝鲜战争证明了自己的自立能力，并很快逼迫苏联势力撤出东北。赫鲁晓夫也曾一度打算将中国纳入苏联主导的社会主义体系，但是中国的外交从未屈从过苏联的压力。甚至在异常困难的上世纪60年代，中国同时面对着美国和苏联的封锁，却仍然固执地执行了独立自主的外交政策——这一系列的事实都已经证明了一个民族的力量——外部势力无法左右华夏世界的内部事务。在瓦德西元帅占领北京的时代都不可能的事情，在此后的未来就更不可能。

不得不说的是，五四时期知识分子对整个民族文化和历史的绝望和摈弃并非是合理的，虽然可能合情。当时的士人们并不知道，未来即将发生的第二次世界大战标志着世界体系的初步形成，而中国成为了这场战争中为数不多的赢家之一。他们也不可能想到，一个初步形成的世界体系会有多么的脆弱，当苏联走向解体的时候，由中美苏大三角主导的世界秩序也走向了终结，美国并没有如预言家想象的那样走向长久的一强独大，而是出现了霸权国一贯会陷入的过度扩张陷阱——这种过度扩张是多方面的，包括美国军事力量的过度扩张——其军费是其他十几个主要大国的军费之和，但却缺乏一个值得用如此庞大的军力来对抗的敌人；也包括美国国家债务的过度膨胀和金融业占国民生产总值的权重的膨胀，美国拥有一支昂贵的军队和公务员队伍，但国家财政却入不敷出。这些事实都意味着失去苏联对美国来说，意味着灾难而不是胜利。

在我们生活的时代，初步形成的世界体系正在全体系的经济危机中滑向一个阶段性的底部，美苏主导的国际体系走向了解体，而持续的动荡大大改变了国际体系对体系内区域的影响。如果读者能够回忆起我们对春秋时代大国关系的描述的话，本文提到过，大国主导的国际体系，也就是洛克体系，其经济基础是强国和弱国集团之间的不等价交换，而这种经济上的不平等是不可持续的，其结果一定是蔓延到整个体系所有大国的经济危机。通常来说，这种经济危机有两个结果：如果出现体系外强国改变体系结构，则意味着主导国权力的更迭，比如美国对欧洲大陆战争的干涉和对英国霸权地位的取代；如果没有出现体系外强国，换句话说，所有大国都已经被卷入整个国际体系时，其结果极有可能是蔓延到所有权力中心的内乱，这意味着洛克体系的结束和霍布斯体系的如影随形——事实上，衰落的西方世界需要另一个大国来充当现有国际秩序的维护者，他们一度对中国抱有这种幻想，并提出过 G2 的设想。但是对于中国来说，同美国共治世界也意味着同美国走向全面对峙，而这种对峙会扼杀正在进行的中国现代化进程。而当中国明智地拒绝了这一提议时，维持世界体系的梦想变得不切合实际了，并不是每一个霸权国衰落之后，都有一个新的霸权国，美国可以继承英国的霸业，但是中国却不能（关于中国能否继承美国霸权的问题，布热津斯基在他的新作中持有与本书相同的观点，虽然二者的论述出发点和逻辑都是截然不同的）。

我们并不能毫无悬念地说，会有一个长期强盛的文明同中国形成长期的军事对峙。事实上，世界秩序的动荡会大大干扰外界因素对东亚大陆的影响，旧有的雅尔塔体系正随着全球主权债务危机和西方的衰落而走向崩塌，而这种结果是在苏联灭亡之后就可以预期的。两极体系意味着政治力量的对峙和均衡，这种均衡保证了联合国的有效性和地缘政治版图的稳定，而苏联解体后，西方世界是无力独自撑起这个世界体系的，冷战结束后的民主全球化和经济全球化在实质上都削弱了雅尔塔体系的根基，并加速了国家间差距的扩大，同时，这也就意味着，二战后划定的地缘政治版图也快要寿终正寝了。这场地缘版图的剧变开始于苏联力量最为强大的东欧，并已经扩散到美苏对峙的中东地区，最后，则可能在远东画上句号——因为远东地区的朝鲜、日本和韩国仍然生活在雅尔塔体系的残躯之内，但留给他们的时间毕竟不多了。对于危险的东北亚，我们要提高警惕。

## 第四节　未来充满魅力，未来尚不可知

我们与伴随我们的3000年历史和我们的祖先们挥手告别。他们束发蓄须，峨冠博带，在历史的星空诞生、挣扎、闪耀和逝去。记录和分析历史并非是仅仅为了重现祖辈们的光辉岁月和黑暗时代，更多的是寻找一个文明兴衰的规律、宿命和未来。

如果允许的话，请让我们的观察暂时变得感性一些，因为长期沉溺于过于理性的分析中也许并不会走向真理，如果没有感慨作为调味品，也许谬误就在不远的转角处等待着我们。

长期以来，我们观察和探讨的历史是以文字为载体的。那是历代史官用一生的心血写下的华夏民族兴亡史，传达着先祖的威烈，创业的艰难，盛世的辉煌，乱世的残酷——每当我们阅读这些千年前的文字时，我们也触摸到这些史官的血脉和意志。他们是民族中最坚忍也最广博的精英，也是我们民族隐身的精神教皇，他们高居时代的顶峰，鸟瞰一个时代和民族的荣辱悲欢，他们背负着君主的苛责，更怀有史家的重荷，于是，每一个汉字都凝练千回，既要为尊者讳，又要为万民听，于是曲笔百转，让君主满意，也要让隐秘的真相和情感停留在字里行间，更愿有心人能够发现。

仍然以最脍炙人口的《三国志》为例。陈寿是以魏国为正统的，故刘备和孙权的事迹称传不称纪，他小心翼翼地隐藏着自己的真实褒贬，并把这种情感和偏向性埋藏到字里行间，但《蜀书·杨戏传》的一篇附文却又将这种情感暴露出来：《杨戏传》是《蜀书》和《三国志》的最后一篇，他之所以

能够被载入史书，很大一部分原因是因为他写过的一篇文章。

这篇文章叫做《季汉辅臣赞》，陈寿把这篇文章附在了《蜀书》和《三国志》的最后。而类似的东西，在《魏书》和《吴书》里是找不到的。

季汉——这就是陈寿对于故国的情感——战国秦汉时代刚正不阿的政治风气在诸葛亮治下得以延续，而与此同时的东吴和曹魏却已经陷于士族共和的泥潭里。他出生在四川，他的老师是谯周，他的父亲是马谡的属官，他自己是姜维的主簿，最后，他又写了蜀汉的历史，编纂了诸葛亮的文集，他一生和蜀汉血脉相连，拆分不开。这种情感是含蓄的，但绝对真诚——当你翻开《三国志》的最后一页时，那篇文章用最美好的词汇赞美了这批汉末的英雄们，让他们的英名和事迹逃避了湮灭于历史灰烬的厄运，传于后世，并从此不朽。他们的名字是刘备，关羽，张飞，赵云，诸葛亮，法正，黄忠，庞统……这些名字已经永恒地铭刻在评书场上，启蒙课堂，乃至每一个中国人夜读的梦境里，并同忠义、勇气、智慧、坚韧等一系列美德联系在一起。但是，那篇文章又不是陈寿本人写的，而只是作为杨戏的一则事迹被罗列在那里。陈寿对自己身处的政治环境做了形式上的妥协，但又在实质上毫不动摇地坚持了自己。

谈到陈寿是为了说明我们民族的治史习惯。文字带给阅读者的第一印象并不意味着历史真实，史官们的表现手法是含蓄的，他的褒贬是从史料选取和同义词的斟酌上间接反映出来的，为尊者隐，并不意味着为尊者伪，不过是有些事情不方便说得太明白，但是，毕竟，长期的史料阅读会影响我们对华夏文明史的直观感受。

而事实上，历史并不仅仅是文字档案。

历史是骨骼，铜鼎，山陵，汉字，姓氏，是死者，是活着的每一个人。

历史是永不终结的潮水，我们只是这潮水中转瞬即逝的浪花。

# 第 14 章 未来之后：我们所处的时代

## 引 言

看见沉寂的闪耀的未来，也挣扎在喧嚣的孤独的现在。

当伯约闭上眼睛，他看到山河汹涌，华夏民族的威烈正在倾覆山川。

华夏的军旗在帕米尔高原上飘扬，华夏的军队正在遥远的绝域之外浴血。

这一次，华夏民族终于打破了历史的轮回，也最终握住了历史所赋予的天命。

而当伯约睁开眼睛，却看到《资治通鉴》中一个令人动容的瞬间：廉台，一路是魏人的残旗，慕容恪整齐的军阵被冉闵的孤军击穿，那一天猛士摧折，战马孤还。

这是两个不同的结局，也是华夏民族灵魂深处的祝福和梦魇。

可是等等，这是两个不同的结局吗？

冥冥中，伯约看到娲皇大人正在云端微笑，她鸟瞰着沉浮在帝都繁华里的红男绿女，然后向脚下的苍生扔出一枚硬币。

硬币即将落地，伯约闭上眼睛。

献祭。

一切都是献祭。伯约的永生，仲达的阴郁，他们在历史的琴弦上共同演奏的安魂曲。

## 第一节　理论框架的适用性和局限性

对于 1949 年之后的历史，我们将在本篇中做更为谨慎的讨论。其谨慎的原因在于，我们不能确定共和国的历史是否仍然符合模型的基本假设。

在模型建立的开头，我们曾经说过，中国历史模型的基础假设是华夏世界的不受干扰性。即，华夏体系是封闭的，特殊的地理环境阻绝了一个实力相当的文明对华夏世界产生竞争性影响，而华夏世界的历史正是在这样一个封闭的空间中完成了三个周期的自我演化。

那么我们必须要问，进入 20 世纪之后的中国历史还符合这个标准吗？

一个可以脱口而出的答案是：不符合。

支持这个答案的理由看似有很多。鸦片战争的战败可以说是华夏世界地理边界被打破的标志性事件。一个全面领先于华夏文明的海上民族出现了，在轻而易举地击败了满清的军队后，逼迫清政府签下了耻辱的战败协定。这通常被中国的史家看做是近百年来屈辱史的开端。在鸦片战争之后，清朝收获了一连串对外战争的失败，依次负于英国、法国、日本和八国联军，首都被攻陷两次，北方大片领土被俄罗斯占领，沿海的一系列港口成为租界区。

可以说，在鸦片战争以来的 100 年里，看起来，西欧、日本、俄罗斯和美国对这片土地的影响力达到了空前绝后的水平，中国历史的固有逻辑注定要被打破了，我们的模型应该在鸦片战争的枪炮声中戛然而止，而并不能延续到更远的民国时代。

然而，在完善整个历史模型的过程中，我们并没有这么做，为什么？因为在晚清的 70 年和民国的 37 年历史中，影响整个中国历史发展的核心变量并非来自外界。外来势力并没有形成统一的决策和共识，用资本和军事力量操纵中国腹地的格局演变。举一个很简单的例子，当太平天国运动和西北回乱爆发的时候，最能够削弱中国实力，并有可能打破中国历史固有逻辑的理想政策并非袖手旁观，而是支持这些反对者同清廷长期对峙并加速华夏世界的内耗，但是历史并没有呈现出理想的局面，太平天国运动很快被汉族军队扑灭，西部地区的回乱和疆独势力也在清廷注意力西移后遭到了同样的打击。其原因是很简单的：外来势力并没有足够的力量去操纵如此庞大的人口大国和其内部的政治演变。

相反，同东汉末年和唐朝末年类似，中国历史强大的固有逻辑主导了未来，农民起义撼动了统一大王朝的基础，军阀们在镇压起义的过程中做大并最终篡夺了中央政权，而之后的中国会经历四五十年的军阀混战和最后的统一。

清末民国的历史足以证明一个观点，即在满清末年，中国的实力跌入历史低谷的时候，看似强大的外部因素主导不了国内的政治演变。这背后的原因有很多，比如，来自海上的威胁实际上是无力对国内形成进一步影响的，由于补给线过长，侵略者只能够占领沿海的一些据点，但是面对宽广的内陆则无能为力，八国联军在董福祥面前的失败已经说明了这一点，而日本将在30 年后的全面战争中再一次接受教训。来自西南方向的威胁是微乎其微的，英国人试图向西藏和新疆南部渗透，但是遭到了悲惨的失败。如我们在之前几章论述过的，中国唯一的地缘短板和威胁是广袤的北方荒原及其北方的蛮族，但是在 19 世纪末期和 20 世纪初期，统治北方荒原的民族改变了。同匈奴、突厥和蒙古不同，俄罗斯面临着两线作战的困境。作为一个横跨欧亚大陆的军事强国，俄罗斯同时面临着东方和西方的威胁。那么一个显而易见的结论是，俄罗斯无法长期将所有的力量运用于远东地区，事实上，远东地区的俄罗斯人口数量也说明了这一点。可以说，华夏世界的地理壁垒仍然最大限度地保护着我们的国土，这种地缘优势仍然存在于热兵器时代的中国。

如果我们已经明确了这一点，即在清末民国的 100 年间，即使面对着整个西方世界和日本的瓜分可能，中国仍然按部就班地上演了东汉末年和唐朝末年的剧本。我们是不是可以对之前那个脱口而出的答案进行质疑和反驳呢？即在共和国成立后，中国再一次建立起坚强的国防力量，并彻底驱逐了外国势力在中国的影响时，我们并不能草率地下结论，说华夏世界的封闭性就被打破了。一个显而易见的逻辑是，即使是在清末，华夏世界同外来者的力量对比达到极其悬殊的比例时，中国的局势都没有办法被外来者所主导，在共和国已经彻底驱逐了外来势力的时候，我们又有什么理由来认为，华夏世界不会按照固有的历史逻辑演变下去呢？

论述到这里，一个可以得出的结论是，将模型运用于 1949 年之后的中国是符合逻辑的。至少，我们可以这样假设，在后来者还没能提出有效的质疑之前。

带着这样的假设，我们来观察 1949 年之后的中国历史。

## 第二节　历史事实对理论框架适用性的验证

共和国建立于强敌环伺和领土尚未统一的 1949 年。这一年的 10 月 1 日，新疆刚刚发布了起义电文，西藏仍然处于地方势力的控制之下，国民党残余势力蜷缩于西南的几个省份，并不久就要远蹿台岛。越南和朝鲜的地方势力气候已成，而外蒙古看起来将长期游离于中国政府的管辖之外，成为一个独立的整体。

在太平天国运动爆发 96 年后，清朝灭亡 37 年后，漫长的内战和地区冲突终于宣告结束，军阀混战被一个非军阀的势力所终结，而这个政府将继承清朝领土的一部分，当然不可能是全部。如第四章论述过的，这个结果归因于满清末年外族势力向华夏世界的渗透，而这种渗透并非第一次出现。

如前文所述，我们将假设 1949 年后的历史仍然符合模型。在这种假设之下，我们必须承认的一点是，共和国的政策同模型的第一阶段相似，存在对前朝灭亡教训的浓重警惕。在满清末年，最终导致清廷灭亡的是实权军队和知识分子的联动——袁世凯的逼宫，武昌军人的暴动，独立媒体对共和制与民族主义的宣传；而国民政府的覆亡也可以归结于这一点，即国民政府无力真正掌握媒体、舆论和高校，并对军队缺乏控制。可以说，太平天国运动以来，中国政府面对崭新的生产模式和信息传播方式表现出可以理解的笨拙，这种笨拙是两方面的，在满清末年和民国时期，媒体处于失控状态，反清的小册子在南方省份四处流传，各种独立报纸胆大不羁。

到此为止，我们要关注的是，共和国异于其他时代的两点，即对舆论和军队，中央力图维持绝对的领导权。而相应的，这种对内政策的强化会导致整个国家政策的内向性，这种内向性明显地体现在共和国对满清的领土继承上。和东汉末年、唐朝末年类似，清朝末年的外族入侵让很多边疆地区都脱离了中国的控制，而共和国继承的领土注定是有限的。越南和朝鲜的藩属地位已经改变，外新疆和外兴安岭的领土面临着永久丧失的可能，而外蒙古的独立地位也是长期无法改变的。这一连串发生在清末的领土丧失最终加剧了中国的国防压力，尤其是在统治中心所在的华北地区，中国不得不持续加强这里的军事力量。

防御型的安全政策以及对生产资料和信息传播方式的全面控制，带着这两个切入点，我们来进一步观察1949年之后的中国历史。

在谈及模型第一阶段的时候，我们已经指出，由于第一阶段的政权对之前大王朝的领土继承有限，导致国家的首都容易暴露在北方异族的威胁之下。共和国的历史符合了这一点，但是由于美国的影响，这种来自北方的威胁变得比之前的三个周期都要复杂。甚至从某种意义上说，这种危险曾一度被减弱和延迟了。

## 第三节　朝鲜战争及其影响

在共和国刚刚成立的1950年，北朝鲜对南朝鲜发起了统一战争。这种统一战争是华夏体系内部的正常现象，但是在充满意识形态对抗的1950年，北朝鲜的进攻马上被整个西方世界看做共产主义势力的进一步扩张。如果美国坐视不理，美国很快会失去在欧亚大陆岛边缘的一系列钉子，而这些钉子正是苏联和美国对峙的前沿。因此，美国迅速做出了反应。

美军在仁川成功登陆，并截断了朝鲜人的补给线，正在高歌猛进的北朝鲜狼狈撤退，并向中国和苏联发出了求援信。美军推进迅猛，很快威胁到中国的边境，这让刚刚建国的中国高层感到了极度的不安。所以，无论史家们如何分析中国在建国初期就出兵朝鲜的决定，按照当时的情况判断，中国的出兵都是必然的。美国并没有同中国政府进行接触，并理性地维持进攻的尺度，而是狂妄地打算帮助南朝鲜统一北方。麦克阿瑟将军甚至已经打算把国民党军引入战争以便进一步介入中国事务。显然，这些意图不能为北京所容忍，而一个饱受争议的结果是，中美爆发了惨烈的战争。虽然这场战争最终以回到南北朝鲜对峙的局面而收场，但是其意义却长期遭到了不同的解读。这些解读甚至是截然相反的。很多人认为中国卷入战争得不偿失，并丧失了统一台湾的大好时机，也有很多人认为这场战争是苏联的阴谋，中国被迫同一个过于强大的对手进行了长达3年的战争，并付出了沉重的代价。

然而，我们在这里必须反驳这些观点。我们将运用中国历史模型来论述这场战争给中国带来的三大影响。

首先，在我们已经建构完成的中国历史模型中，一个被反复强调的事实是，真正能够威胁到中国腹地的力量永远来自长城的北方。进入寒冷的第三周期以来，女真人、蒙古人和满洲人凭借气候变化带来的优势入主中原，即使是在温暖的第一周期和第二周期，匈奴、鲜卑、柔然、突厥和契丹也是华夏民族主要防御的对象。除却气候因素，中国三面天险，北面平坦的地理结构也决定了这一点。而到第四周期开始的时候，北方的荒原为强大的苏联所占据，无论共和国和当时的苏联有着多么深厚的阶级感情和意识形态的共同点，地缘结构造成的敌意迟早会爆发出来。事实上，随着朝鲜战争的结束和斯大林的去世，中国和苏联很快公开了敌对关系，并最终在新疆和珍宝岛发生了武装冲突。而幸运的是，朝鲜战争推迟了这些必然会到来的冲突。美国在朝鲜的鲁莽让苏联对共和国的戒心得以延迟，并开始对中国进行大规模援助。显然，美国成为了第四周期一个不得不经常考虑的变量，而这个变量对华夏民族经常表现出意想不到的支持。难以想象，在西晋和北宋刚刚开国的时候，长城之外的异族会对南方的新生国家进行全心全意的支援，但是在第四周期，这种支援和友善确实发生了。这大大缓解了中国实际上的安全困境，直到赫鲁晓夫执政的中期。而这正是朝鲜战争给中国带来的第一个积极影响。

其次，随着周期的变化和中国统治中心的东移，长城外异族对华夏民族的威胁方向也已经从长城的西北转向中部和东北。女真人和满洲人都崛起于白山黑水之间，并成功地摧毁了处于内忧外患之中的中原王朝。在第三周期末期，日本人打算征服中国时，也选择了从东北发起攻击。而当第四周期开始的时候，中国的统治中心并没有发生西移，而是仍然坐落在元、明、清的首都北京。这就意味着，一个统一而强大的半岛并不符合中国的利益。朝鲜战争延迟了半岛的统一，并让这种的分裂状态一直保持到 62 年之后的现在。而这是朝鲜战争给中国带来的第二个积极影响。

最后，朝鲜战争爆发之前，苏联对中国能够保证东北和远东的安全心有顾虑，并长期领有在东北地区的特权。但是朝鲜战争雄辩地证明了中国人有能力保卫自己的边界和维持远东的稳定，在战争结束后不久，苏联就被迫从中国东北撤走其军事力量。中国和苏联的关系走向平等，这是朝鲜战争带给中国的第三个积极影响。

可以说，中国卷入朝鲜战争是有其必要性的，在付出了巨大牺牲后，中国达到了这场战争的目的。对于除了以上三点之外的影响，基辛格博士在他的新著《论中国》中有详细论述。基辛格博士认为，在这场中美苏朝四方的博弈中，朝鲜保住了领土，美国保住了韩国，中国维护了东北亚的安全，而苏联却什么也没有得到。

当然，这场战争对台湾岛上的国民党人也是巨大的喜讯，美国人重新评估了台湾在遏制中国方面的重要性，并派出海军进入了台湾海峡。这让台湾岛能够保持割据直到当下我们的时代。

但这并不意味着，美国能够打断中国历史的进程。事实上，就在朝鲜战争结束后不久，被推迟了的中苏冲突终于不可避免地出现。这种冲突最初体现在对发展模式和外交政策的分歧上，并最终体现为两国军人的流血牺牲。空前的国防压力让共和国在第四周期的第一阶段初期仍然能够最大限度地维持中央集权，这体现在国家对社会生活方方面面的掌控之上。而这种高度集中的国家体制和经济模式最终随着中美关系的复苏和改革开放而走向终结。改革开放的伟大之处在于领导人们看到了这种体制在和平时代的不可持续，并下决心推动中国走向以经济建设为中心的新时代。

## 第四节　生产力大发展和国家安全

如果我们回顾第一阶段的共同点的话，一个必须强调的事实是，这是一个生产力水平突飞猛进、信息传播方式出现革命性变化的时代。即竹简、造纸术、印刷术之后，一个新的信息传播媒介出现并得以普及，那就是网络。知识变得愈发廉价和容易得到，英雄时代结束了，接下来的30年是平民的狂欢。

经济改革的实质是打破军争和对峙时代的国家统一生产方式，并将生产和消费的选择权交还社会。对外开放意味着中国放弃了意识形态对国民生活的全面控制，并引入西方先进的生产方式和思维方法。在这种中西交流和碰撞中，华夏民族本土的文明记忆正在逐渐复苏，改革开放并没有消灭华夏世界的民族性，反而是强化了他们对民族文化和战略思想的发掘和再思考。随着知识传播成本的大幅度降低，这个趋势会变得愈发明显。

经济改革和对外开放让长期处在贫困中的中国社会迅速繁荣起来，财富在某种意义上大幅度增加了，文娱活动空前丰富，整个社会趋于丰富多彩。中国的国际地位快速提高，在世界经济版图上变得愈发举足轻重。

我们是不是漏掉了什么？

我们并没有提到经济繁荣和社会转型所必须付出的代价。与一般意义上的代价不同，这里提到的代价并非是细碎的环境恶化或者是暂时性的道德滑坡，也不是浮躁的社会风气，拜金与腐败的不良价值取向。因为在一个转型社会中，这些并非是永恒不变的东西。我们似乎应该看到的是华夏民族又一个思想争鸣时期的到来和不久便会随之出现的那个思想巨人辈出、大师如云的黄金时代。

那么这个代价是什么呢？答案是国家安全。

在论述每个周期的第一阶段时，一个无法绕过的主题其实是华夏民族的安全环境。事实上，我们在第二章便提到过，当华夏民族处于社会大转型时代的时候，其国家安全可能是脆弱的，在一些极端的案例中，如果恰逢寒冷的气候剧变，其国家安全甚至可能是谈不上的，如西周、西晋和北宋。这种国家安全的脆弱性与其说是外生的，不如说是内生的。不管是西周、西晋还是北宋，其灭亡的方式都是内部矛盾白热化背景下的外族入侵。犬戎、南匈奴和女真人这些人数极少的蛮族之所以可以轻而易举地攻克中央王朝的首都，并不是由于他们能征善战，而是因为当时的中央王朝都处在行政瘫痪的可悲状态中。西周末年，各大诸侯是犬戎的帮凶；西晋末年，当刘渊起兵于晋阳的时候，八王之乱如火如荼；北宋末年，权臣亲自劝退了前来救援的西北军，并放任汴梁在几乎没有防御力量的情况下陷于贼手。而这一连串历史的相似性有着相同的逻辑，即大转型时代，中国统治阶层内部的矛盾极有可能引爆内乱：一方面，中央政府力图维持集权并试图削弱已经肿瘤化的地方势力和实权派，这导致了防御机制的臃肿；一方面，生产方式的剧变导致了地方势力不可遏止的崛起和实权派的过度扩张。这种矛盾在历史上几乎是不可化解的，其结果只有一个：即国家行政职能的彻底瘫痪。西周和西晋亡于过度扩张的诸侯和门阀势力，北宋则亡于不受约束的文官集团。而这些肿瘤化的社会团体都是政府妥协所致的。以北宋为例，北宋拥有中国历史上规模最为庞大的进士群体以及待遇最好的公务员俸禄制度。这无疑是北宋政府面对庶族地主和小农经济崛起的退让结果，并希望以此来压制晚唐以来无法无天的武官。显然，这必将导致文官集团的过度扩张和对国家资源的过分攫取，而当经济出现困境时，文官集团内部就必然要发生相互撕咬。主张国家资本主义的王安石和主张维持现状的司马光代表着不同的利益群体，而这也就意味着，其斗争的结果也是不言而喻的。

问题在于，这些历史教训对于共和国的长远战略究竟有何借鉴呢？

第一，无论如何，中国未来的主要威胁仍然来自于北方以及有能力占领北方荒原的外族。这一点永远不会改变。为了将未来中国的损失降到最低，中国必须维持一个大而不强的俄罗斯，一个处在美国监护之下的日本，并维持朝鲜半岛的现状。鉴于气温回升和北方降雨增加的趋势，中国未来的农业重心应该放到北方，并保证北方人口的充足。

第二，在经济转型和政治改革的大背景下，地方获得更多自主权的趋势是不可遏止的。一味地维持政府的强势地位注定会激化国内的矛盾。相反，如中央在两会报告中提出的那样，应该让社会团体和民间组织承担更多的社会责任，而政府则需要有序地退出一些领域，避免过度与民争利。在看得到趋势的前提下做出一些有效的政策引导，可以减弱社会矛盾集中爆发的可能性。

第三，中国的安全离不开对外贸易，尤其离不开对外石油贸易，保证中国的石油陆上通道和海上通道至关重要，这需要中国在未来的几十年内，逐渐将战略重心转向西部。这意味着中国必须加强在西北方向和西南方向上的军事力量，前者是针对陆军的，后者是针对海军的。尤其需要重视的是西北的阿富汗和中亚五国，毫不夸张的说，丝绸之路的重新畅通必将预示着华夏民族的伟大复兴。读者可以比较丝绸之路畅通的时代和丝绸之路被切断的时代，前者起于张骞传奇式的外交创举，并在蒙古人创立的四大汗国时代达到高峰，而后者则是明朝以后的时代，华夏世界失去了同欧亚大陆交流的主要渠道，因而也最终变得闭塞和疲软。

第四，在每个周期的第一阶段，北方民族的叛乱行为都给中国造成了一定程度上的人口损失。而随着城市化的推进，中国的生育成本正在升高，国内主要民族的生育率正在直线下降。这个趋势会随着城市人口的继续增长而更明显地体现出来。共和国有必要扭转这种趋势，而不幸的是，我们无法给出扭转这种趋势的方法。终止计划生育政策可能是毫无意义的，有能力和意愿养育二胎的家庭并不具有普遍性，过于高昂的生活成本决定了这一点。

需要提醒的一点是，以上的论述都建立在共和国时期继续符合模型的假设之上，而这个假设可能是错误的。经济全球化看起来已经将整个世界融为一体，中国、日本和德国负责生产由简单到复杂的各种商品，拉美和非洲负责提供原材料，而美国人则负责消费和创新。但必须要指出的一点是，这种全球化模式仍然是非常脆弱的，因为世界贸易体系并非形成于今日。很显然，如果拉丁美洲开始拥有中国的生产能力和低廉的人力资源，中国到美国的漫长航运成本就抵消了中国的优势。可以说，目前的世界贸易体系仍然是生产力尚未得到完全开发的产物，很多理应富有的国家仍然由于政治原因而沉睡着，但这并不意味着他们会一直这样沉睡下去。现代化进程的开展必然会引发所有民族国家的富裕欲望，而到了那个时候，区域化经济有着目前的全球体系无法比拟的优势，这个优势主要是体现在运输成本上的。无比重要的一点，是发生于2008 年的金融危机大大撼动了全球经济体系的基础，随着美国制造业的复苏，中国生产、美国消费的模式已经走到了尽头。而这也就意味着，全球格局的演化对于中国的影响正在与日剧减。

如果篇幅允许的话，我们将用 10 万字的内容来论述世界体系的根本性变革，从全球化到区域化的必然性及其原因，从而系统性地了解世界体系对中国政治结构变动影响力的衰减，并最终把我们的假设变为事实。但这显然是另外一本书的内容了，基于此，本章仍然只能把共和国时代作为一个可能符合第四周期第一阶段的案例来进行浅显的讲解。

带着这个假设，我们来继续观察中国政治的演化。随着经济的发展，中国高层对于自由商业的意识形态偏见开始下降，一度曾经消失在中国大陆上的民办企业开始复苏，30 年的发展让中外的观察家都瞠目结舌，虽然西方人仍然对中国竭泽而渔的发展模式诟病不断，但是，中国政府毕竟以最快的速度将现代化的成果引入了这片古老的土地，意识形态被淡化了，效率和收益成为了整个社会追求的目标。

必须指出的一点是，领导人的光环正在消退并变得愈发平民化。党内民主和继承人规则开始慢慢固定下来，妥协和会商成为了中国政治的主要内容。

资本所有者——这个在满清末年就开始淘汰科举士人的团体在经历了 30 年的复苏后——逐渐成为这个社会的中坚力量。其中，那些源自政府机构的财团和企业由于其先天优势正逐渐垄断这个社会的生产和分配，并成为影响政府决策的主要力量。

30 年的对外开放以及伴随出现的对国际市场的依赖并没有从根本上改变目前的中国在历史周期中的位置。事实上，这种对外经济依赖并不是整体性的，而是局限在沿海地区，经济开放政策拉开了内陆地区和沿海地区的经济差距，也催生了两种完全不同的社会文化——内陆地区的文化仍然是保守的、集权的、强势政府和官僚政治的，但在民营企业发达的沿海地区，一种分权的、开放的、主张小政府和大市场的地区性文化正在快速形成。可以说，对外开放对模型的完善产生了显著的促进作用——当然，我指的是明清 500 年集权政治的结束和一个分权大周期的开始，随着经济走向多元化，中国地区的差异性开始更加显著地体现出来。

又有谁能说，我们的模型已经失去了意义呢？就像西周、西晋和北宋一样，中华人民共和国所处的时代，也正是整个中华民族进步和转型的时代。就像周王朝时期，中国发生了从农牧联邦帝国向农业军事帝国的艰难转型一样，现在的中国，正要彻底摆脱农业文明的桎梏，而去拥抱工业文明的新时代。中央宏观安排和计划性经济已经无法满足这个时代的需求了，真正代表中国未来的群体，正默默崛起于这个国家的每一个工厂和公司里。一言九鼎变得不再可能，协调利益成为了趋势，中央在意识形态和道德号召方面的威权正在下降，成长在商业社会中的新一代已经逐渐形成了更能够适应时代的伦理道德。

## 第五节　挑战和机遇：减少中国转型的成本

如果我们按照这个历史模型，并结合我们经历的事实，就足够推断出一个大致的中国未来的话，我们必须要问一个问题，这个未来是通过什么途径和标志性事件达到的呢？或者说，我们需要问一个更加重要的问题，中国的转型能够温和进行吗？

西周、西晋和北宋的相似性能够告诉我们这一点——决定一个民族能否在大转型的时代保持温和和克制的，通常不是这个民族面临的外部条件（西周、西晋和北宋的生产条件和外部环境都发生了巨大变化），而是这个民族的核心价值观和民族性格。如果我们回顾一下欧洲国家从农业社会向工业社会转型的历史，我们就会发现，有一些民族能够选择妥协，而有一些民族则不能。决定国家安全的，是国家内部的矛盾性质。如果我们的模型能够推断出这样一个结论：即在西周、西晋、北宋和我们的时代，由于中国都处在大转型的背景中，内部矛盾大于外部矛盾是可以推演的；那么，我们对中国的短期未来就不能保持没有根据的乐观。实事求是地说，中国目前面临的挑战是远超西晋和北宋的，在西晋和北宋，社会的主要矛盾是新兴中坚阶层内部的矛盾，通常来说，一个新兴的中坚集团在刚刚掌握政治实权时，都无法控制好内部斗争的范围。而现代中国面临的问题不止于此，我们不仅要目睹寡头之间的兼并，民间资本和官僚资本之间的冲突，我们还要面对文化发展的滞后性和国家生产方式的根本转型，能和我们这个时代相提并论的，只有西周。在我们的历史上，只有在西周以及春秋战国的历史上，中国才同时面临着文化创新和政治结构重构的双重挑战。而我们知道，在东周 550 年的历史上，虽然那个时代为我们的民族贡献了数量最多的哲学大师、道德领袖、天才工匠、政治家、名将和外交家，但是在这些傲视后人的英才群体中，并没有一个人知道中国的未来将通向哪里。先民们并不知道取代西周制度的究竟是什么，他们所做的不过是让自己效忠的地区性政权能够生存得更长久一些，而新的国家形态和意识形态自然会在这种竞争中产生。

我们的论述到此最终完成了一个不太规则的圆形。

在这一年，华夏民族正在陷入每一个周期伊始都会出现的困境之中——中央政府的权威在商业社会的持续发展中不断下降，而这一点，严重地损害到整个中央政府的利益。最高决策者的决策权在派系斗争中逐代弱化，收回本来属于中央政府的权力变得愈发困难。

这是华夏民族 3000 年来未有的变局，也是我们的民族走向伟大复兴的起点——这个起点并不着眼于中国国内政治局面的平衡和稳定之上，相反，在这一历史的节点上，真正值得重视和期待的正是知识传播成本的大幅度下降。华夏民族的经典和海外的名著以不可思议的速度流传在网络上，先秦时期的学术成果在热烈的讨论中得到了崭新的解读和发展，在同西方文明的对话和交锋中，隐藏在这个民族记忆深处的智慧和最鲜明的民族特征正在悄然觉醒。

在这些结论的基础上，我们必须讨论最后一个问题，即如何减小中国转型阶段所要付出的成本。

第一，当前的中国最符合历史模型核心特征的一点，是集权趋势的结束和分权时代的开始。明清 500 年的强势中央政府传统走向终结，中国各地的经济模式体现出显著的差异性，广泛的经济不平衡存在于沿海地区和内陆地区之间，存在于南方地区和北方地区之间，存在于广大农村地区和城市地区之间。经济的快速发展是以加剧地区发展不均衡为代价的，而中央政府调节这种不均衡的能力在逐渐下降。单纯的货币转移支付会形成富裕地区豢养贫穷地区的尴尬局面，而引入沿海资本投资内陆资源开发的模式又遭到地方势力的广泛分利——经济欠发达地区缺乏独立自主的经济发展引擎，却又不愿意经济发达地区的资本前来开发并卷走大部分利润，这是一个非常复杂的矛盾。

第二，从维持性的集权模式转向长期分权模式的过程中，西周、西晋和北宋的案例有着广泛的相似之处，也有着成本消耗的巨大差异。西晋和北宋末年，北方基本为蛮族占领，战争带来了惨重的人员伤亡，但是西周末年的政治动荡是相对温和的。这其中的核心原因有二：第一是北方大气候是否湿润和适合人类居住及其引发的北方人口数量比例的不同（这决定了华夏族面对北方入侵时的防御能力）；第二是安全结构设置的显著区别，在前面几章的论述中我们曾经提到，相对分权的地方权力结构更有利于消解政治动荡带来的损失。从这两个意义上说，目前的中国有条件将可能出现的政治动荡及其损失消减到最低。具体而言，气候大环境对中国有利，北方长期将变得多雨而温热，同时，是中国的大军区制度保证了一旦出现突发事件，地区安全力量有能力在最短的时间内稳住局面。

第三，同西晋和北宋面临的问题不同的是，目前的东亚北方缺乏对中原构成威胁的国家。俄罗斯正走向可能的政治动荡之中，过于庞大的军备限制了俄罗斯经济的健康化，且俄罗斯的人口结构正处在高死亡率和低出生率的糟糕境地中。虽然中国内部的政治转型对国家安全造成了不利影响，但这种不利影响却缺乏一个强有力的推进者，唯一的变数是前途不可预测的朝鲜，但是朝鲜同样受困于其相对处于劣势的军事实力。这就大大减少了在中国转型时期被入侵的可能性。

第四，转型时期可能意味着危机和挑战，但并非就一定意味着冲突和流血。相反，成功的转型时代是华夏民族走向觉醒和强势扩张的黄金时期。在中国共产党光辉的历史上，几乎每一次危机，都成为之后党做出正确决策并迎来大发展、大进步的契机。实事求是、解放思想正是党在面对挑战时采取的一贯方针，我相信共产党政府一定能够抓住历史赋予我们的战略机遇期和发展期，用正确的态度和方针迎接挑战，化解危机，并最终实现中华民族的伟大复兴。

这四点是讨论未来的基础，一言以蔽之，中国面对的机遇和挑战都是过去几千年内没有过的，但是，化解危机和迎接挑战的方法并不在中国内部，相反，破局的着眼点在千里之外。

纵观中国历史，气候温暖，统治中心处于关中的时代，都是中国强盛的时期，而气候寒冷，统治中心东移的时期则刚好相反。关于这一点，我们已经在前文中详尽地论述过，即气候的冷暖影响到北方的耕地面积和人口数，并决定了华夏文明和游牧民族之间的力量对比。而在这里需要进一步引申的是，气候冷暖还直接影响到中国的生命线——即丝绸之路的畅通。

在海运尚不发达的古代，丝绸之路是中国同中亚、中东文明交流的唯一通道，这种文明之间的交流和碰撞保证了华夏民族的活力，也避免了我们的文明陷入封闭自守的窘境。而唐朝中期以后，西域为吐蕃所占据，丝绸之路中断，华夏文明开始由盛转衰。两宋时期，由于缺乏对西域的控制，中东伊斯兰教势力开始向东扩张，并最终吞噬了佛教在西域的影响力。虽然元朝时期，气候一度转暖，蒙古人通过西征再一次打通了丝绸之路，但是很快，这条通道又再一次被阻绝。寒冷的明朝和清朝前期，中国一直处于封闭自守的状态，华夏文明趋于僵化和无知。而清朝中后期对新疆的再一次掌控，则形成了再一次打通丝绸之路的可能性。

前面提到，地理壁垒的存在，是中国历史一再陷入分裂——统一循环的最主要因素，统一的力量会周期性地消亡，再辉煌的大王朝也会为历史红线所毁灭，而想要跳出周期律就必须打破中国周围的天然疆界。不得不说，在气候好转的情况下，这种设想未必不能变成现实。

从另一个角度上讲，沿海贸易的发达促成了东部地区的兴旺，也造成了中国东西部差距的拉大，而这种财富分配的不均匀是极其危险的。要想弥补中国东西部之间的巨大发展差距，依靠产业转移和转移支付手段都是不够的，原因很简单，产业转移的主要推动者是东部的企业家，这就决定了东部的企业家会在产业向西转移时仍然获取比西部地区更多的利益，虽然产业转移带动了西部的发展，但却不能弥补西部和东部的差距，而唯一的解决方式在于开辟西部自己的商路，这样的商路有两条：第一条是广西的出海口；第二条就是新疆的丝绸之路。

其中又以丝绸之路更具备战略意义，广西的出海口从某种意义上不过是广东贸易的一个补充，经济效应只能沿着广西向西部扩散，通道是狭窄的，效果是缓慢的。但是丝绸之路则不同，新疆与若干中亚国家接壤，面对着世界主要的化石燃料储备基地，更何况，如果高铁能够一路修到德黑兰甚至伊斯坦布尔，传统的绕道好望角或者穿越苏伊士运河的中欧海洋贸易通道将不再具备明显的优势——陆路运输的快捷是海运无法比拟的，而如果丝绸之路得以畅通，中西部之间的发展差距将得以阶段性的解决。

虽然中国内部面临着转型社会的争吵和剧变，但是改变这种困境的方式却在千里之外，打破地理壁垒，则由地理壁垒所界定的历史周期律也就不复存在，而这正是本文的最终目的：研究历史是为了从历史中寻找经验教训，而不是陷于宿命论者的无力感中。而事实上，中国崛起和文明复兴的机遇就出现在我们所处的时代，这是 3000 年未有的变局，也是 3000 年未有的战略窗口。我们的民族和文明能否摆脱历史的惯性，在此一举。

# 第 15 章 伯约的民国手稿修订（8）：站在又一个经济体制转型的门口

## 引 言

本书采用理性主义的方法研究了一个历史问题，即关注中国历史上周期性发生的统一和分裂现象。本书将研究的地理范围限定为汉字使用区，即华夏文明的辐射区域，而时间跨度大致是西周中后期到中华人民共和国成立的2800 多年。这个地理范围决定了模型的主体是不变的，即认同华夏文明的人群。他们也许有着不同的婚嫁习惯、饮食风俗和丧葬仪式，但是他们认同华夏文明的一些核心理念，这种认同并非是一贯的，而是逐步的和渐进的。总之，在本文的模型中并没有一个同华夏文明同样强大和繁荣的体系外文明作为额外变量——这是讨论的基础。

接着，我们在第一章建构了整个理论框架的大概轮廓，这个轮廓是模糊和缺乏实证的，仅仅是一个符合逻辑的设想而已。我们这么做是为了接下来讨论的方便，即当从历史事实中进行理论抽样时，这个理论不会显得特别突兀。

我们在前几章粗略地回顾了中国历史的三个周期。周期的划分标准有三个，其中最主要的是信息传播媒介的革新。为了记忆和运用方便，我们可以将这三个周期分别称作竹简周期、纸笔周期和活字印刷周期。在回顾这三个周期的重要史实时，我们逐渐抽样出八个不同的历史阶段，这八个历史阶段分别对应着统一、稳定的时代和分裂、战乱的时代，并且我们发现，这八个阶段是两两对应和首尾相接的，也就是说，一个周期的第八阶段之后便是下一个周期的第一阶段。八个历史阶段在这里循环演变，周而复始。

我们完成了模型的抽样，我们将这个模型的一个周期单列出来，并讨论了周期内的阶段间关系。然后，我们讨论了周期间相同阶段的联系和区别，并最终总结了三个周期各自的主要特点以及三个周期之间的递变性特征。

## 第一节　关注中国历史上的周期性的统一——分裂问题

中国历史存在周期性变化，这种变化是可以通过数学工具来进行统计、总结、对比和分析的，这也是我们一直在进行的工作。事实上，我们的工作从界定统一和分裂这两个概念开始，进一步粗略统计了中国历史上的各个统一时期和分裂时期。我们进一步发现，中国历史上的很多阶段存在模式上的相似性，我们对这些历史阶段进行了归类总结，并发现每一类型的历史阶段数量都是三的倍数。由此我们进一步推断，中国历史上存在三次以统一——分裂为核心特征的历史周期。最后，我们在对这三个历史周期中一些重要事件的探讨和分析中验证了这一点。

## 第二节　周期内部的阶段间关系

显然，这种周期性变化并非黄炎培强调过的“历史周期律”，它并不是简单的王朝兴衰，而是揭示了不同周期（以信息传播媒介和生产关系为区分的）之间精密的相似性和递变性。具体而言，在一个周期内部，必然会有一个短命的大一统王朝，一到两个长寿的大一统王朝以及一个首都被摧毁后迁都残喘的代偿性王朝；同时，在一个周期内部，必然会有一次 10 年左右的内战，一次超过 15 年的内战，一次持续 100 年的农民起义和军阀混战，一次持续 150 年以上的大分裂时代。我们探讨了这些历史阶段之间的逻辑联系，并揭示了这些历史阶段会反复出现的原因所在。这个原因从一个角度上说是政治经济学，从另一个角度上讲是社会心理学。前者突出了社会中坚阶层的蜕变、权力结构的均衡性和生产关系的发展，后者则强调了民心对社会环境的映射和影响。当然，本书主要强调的是前者。

## 第三节　周期间递变性及其原因

三个周期之间的递变性规律来自三点：气候的冷暖周期，技术发展，地理知识的发展和统治经验的积累。本书揭示了气候的冷暖变化对中国内部政治结构的决定性影响，并指出了信息技术的空前进步往往是导致政府失去内部掌控力的重要原因，而随着华夏文明无以伦比的历史观念和民族连续的保存和发扬，地理因素对华夏文明拓展影响力的限制正在日益减弱。

同过去的社会学或者国际关系学模型不同，本文所建构的模型有着数学意义上的工整性，本文的分析并不是由定性划分定量的，而是由定量分析来界定周期性质的。如果读者回忆起整个模型的建构过程的话，模型基于对统一和战乱时间的统计和总结以及八个阶段持续时间之间的数学关系；本文甚至推测了可能的冷暖变化周期（具体而言，一个周期的稳定统一时代略等于下一个周期的大分裂时期），并且，本文提出了导致稳定时期中断的气候性因素（西汉末年、唐朝中期和明朝末年短暂的气候剧变）。因此基于这种比例相近的年代数列出现且仅出现了三次，我们所建构的模型具有统计意义的预测能力。

以上便是我们针对讨论对象的一些总体性结论。这些结论是否大致已经满足了我们讨论的要求呢？现在，让我们回到本文的绪论部分来验证一下这个问题。

## 第四节　提出的四个问题

本文提出了诸多问题，而关键在于，我们是否已经在很大程度上解决了这些问题呢？

第一，中国历史分久必合、合久必分的背后核心因素是什么？民心？资源？地理结构？气候？天命？这种分裂和统一的循环可以打破和避免吗？怎样避免？为什么能够避免或者不能避免？

第二，中国漫长的历史进程，除了传统的王朝划分法，马克思主义的生产力五段划分法，现阶段流行的（邦联国家——联邦国家——统一帝国——

共和国）国家形态划分法，还有没有其他建立在经济学和社会学基础上的划分法？划分中国历史阶段的标准如果不是王朝的生灭，马克思主义式生产力模式的变化的国家形态是什么？

第三，怎样解释中国疆域的变迁？怎样解释“2000 多年来，华夏核心文化不断衰落，但是中央王朝统治区域却不断扩大”的历史事实？

第四，怎样预测中国的未来？或者说，历史惯性对未来的作用有多大？中国历史规律通过什么媒介起作用？这个媒介依然存在吗？

关于第一个问题，我们已经给出了比较详细的答案。并且本文有一个隐含的结论，在尚未出现一个体系外的对等实力文明和中国进行全方位竞争时，即当模型壁垒不被打破时，这样的轮回会持续下去。

关于第二个问题，本文也给出了更加合理的分段方法，本文以信息传播媒介为主要标准，将西周以来的中国历史分为了竹简、纸笔和印刷三个周期，而在每个周期内部，有以统一和分裂时间为标准的八个阶段，这八个阶段分别对应着集权力量和分权力量的彼此消长。这种以三周期——八段论为特征的分类方式是之前的学人们没有提到的，也是本文的一个主要成果。

关于第三个问题，我们详细总结了中国版图不断扩大的原因。虽然 3000 年内逐渐变冷的气候削弱了华夏民族的活力，但也要看到，华夏文明在不同的气候环境下，体现出超乎寻常的适应能力，它总是能够选择出有能力扩张的军功集团，依托着内部无以伦比的资源延伸华夏文明的影响力，虽然在第三周期，华夏文明的创造力出现了下降，但其文明的边界一直在拓展之中。从这一点来说，我们不能指责我们的祖先放弃了扩张而选择了安逸，事实上，华夏文明已经将影响力在已有的地理限制下推广到了极致，只是沙漠和雪山限制了他们，导致扩张的成本超过收益。唯一的遗憾是海洋，海洋对这个文明的重要性是在第三周期末和我们这个时代才出现的，面对海上的强敌，祖先们还是尽可能地发展着海军，虽然清末和民国的海军先天不足，但是一味苛责祖先并不能体现我们作为后辈的责任感和使命感。

关于第四个问题，我们在回答第一个问题时已经有所涉猎。而更加详细的解答已经超出了本书讨论的范围，因为进入现代社会后，华夏世界的地理壁垒究竟还能够在多大程度上维持其政治进程的独立性是一个未知数，讨论现代有可能造成本模型基础假设（即华夏世界的地理孤立性）的不成立。

在讨论第一周期的春秋时代时，本文曾大致论述了春秋时代末年大国政治的衰朽，并提出了一个假设——大国主导的国际秩序的终点一定是一场蔓延到整个体系的经济危机，其结果可能是几大权力中心的内乱和大国政治的终结。因为大国政治是建立在对小国的经济剥削的基础上的，而这种经济上的不平衡和不平等不可持续。

## 第五节　六十五年，夏四月（尾声）

1965 年 3 月，伯约从西域启程，前往帝都。

列车风驰电掣，经过一连串古老而熟悉的地名，那是疏勒，敦煌，张掖，武威，洛阳，安阳，邯郸。

许多年后，故地重游。是的，在他沉溺于漫长回忆和沉重典籍的这些年里，帝都的故交，很多都疏于联系，那些他在又一个求学时代倾心结交的教授们，也很多年未见了。

伯约说，我思念他们，思念着过往岁月中和他们的交谈，也思念着他们在课堂上的一笑一颦。

现在，终于到了写总结的时候，伯约在帝都的寓所就在崇文门城墙的南边，推开窗户可以看到这残留的唯一一段没有被新中国建国后建设大潮中所推平的明朝痕迹，正是草长莺飞的时节，城墙下的遗址公园游人如织，风筝在正午后的微风中牵扯着孩童手中的线，是的，这正是那种暮春时节常有的好时光。

出门，沿着城墙根向东走一段，就会看到高大的箭楼，这箭楼是 2008 年左右才修复的，意志和对意志的逆反在这片土地上留下反复的印记，前一秒还是排除万难的豪迈，后一秒却变成小富即安的优柔。

打开电视会看到最新的选秀节目，面对那些腰肢柔软的美少年，伯约的脸上露出了难得的微笑——是的，这个场景，他并不陌生。

东北方向，弱小的朝鲜正在大国的夹缝里拼命挣扎，对于这个场景，伯约同样不陌生——那是伯约一生的梦魇，也是历史深渊中永不止息的轰鸣。

当然，从科技进步的意义上讲，这是新的时代。

伯约右手上使用刀笔和竹简时留下的伤口早就不见了，使用毛笔时留下的老茧也随着岁月褪去，他现在唯一要注意的是谨慎地使用鼠标和键盘。

即使用最谨慎的态度来评价网络和信息技术的进步，这从印刷术到计算机的飞跃和成本递减，也大大超越了从铜鼎刻字过渡到竹简的那个时代，从这个意义上说，新的百家争鸣是可以期待的，随着农业中国的结束，华夏民族的活力正在重新迸发出来。

当然，从另一个角度来讲，这和伯约已经度过的那几个时代并没有什么区别。

明清时期的经济基础已经瓦解，儒家的意识形态也已经崩溃，娇艳的花朵绽开在历史的废墟上，明清时代的遗迹周围充满了踏春和谈情的男男女女，空气中漂浮着温柔而甜腻的味道，这让伯约的心情多少有些异样。

现在要做的就是把这些手稿转变成电子版，并且让排版变得干净整洁。

即使处在相似的时代，伯约的准备方式也会有所区别。

当他回忆起西晋太康八年的那些往事时，他仍然抱有一丝对孟观的歉意。现在回想起来，那个时候的自己并没有能够从亡国的哀痛中完全恢复正常，当他审视着那些在洛阳太学中狎昵游荡的学生时，会不自觉地把自己当成时光洪流中永生不死的审判者，这也导致他在面对孟观的时候不够耐心，这次潦草的教学最终还是没有能够挽救他脆弱的生命。是的，有些错误，并不能用一句“看来我不是个好老师”这样的调侃来掩盖，死者已矣，一个被夷三族的学生是不会给他弥补的机会的——在时光的洪流面前，“存亡继绝”不过是一句善意的谎言。

接着，伯约又想到陈寿，这个文辞浮艳、史笔如铁的刁钻下属，一次又一次地承担了伯约不合道理的奇怪命令，但一次又一次地完成了他自己的使命。让他的子嗣回故国当官是一个报酬性质的提醒，陈阶在陈寿的要求下出仕巴蜀和宁州，回到了诸葛亮洒下心血的地方，历任州主簿、察孝廉、褒中令、永昌西部都尉，最终官至建宁兴古太守。伯约并没有费心去打探陈阶最后的消息，他相信这是能够躲避中原荒乱的最好方案。

即便如此，伯约心中，对于这位下属仍抱有千年后的亏欠——陈寿承担了他不在都城时的全部压力和责难，并在沉重的压力之下替他完成夙愿，这份情已经没有还清的机会，这正是永生者最持久的诅咒之一——无论多么情深意重，时间总会消灭一切。

这一次伯约会怎么做呢？恐怕他自己也没有确切的答案。

伯约的同学有不少在东北亚研究所工作，这次来到帝都，除了完成自己的本职工作，伯约总是觉得，应该和这些人多多少少见上几面，互诉离情，也交流意见。

伯约当年的学院院长和导师，此刻正在大洋彼岸讲学，伯约想，是应该做一个提前几个月的会面预约。

时光飞逝，一转眼，夏天来了。

是日，正是同学聚会的日子，伯约的心情很好，在穿衣镜前打扮妥当。

出门之前，他看了一眼放在桌子上的笔记本——这笔记本的扉页已经泛黄了，里面记载着自伯约使用钢笔以来的一系列往事。这本子被写得满满当当，伯约翻到最后一页，也仅仅发现了不到半页的空白，诡异的感觉在他心中挥之不去。伯约沉思了一段时间，终于旋开钢笔盖，用最大号的字体写下了这本日记的最后一句话：

六十五年，夏四月，天下无事。

“多么伟大的剧本啊。”伯约默默地说。

（享受这来之不易的夏日吧。不必惊慌，这只是一个游戏。）

# 附录1

## 试管中的神州

这些历史是用笔写的，更多的是用血写的，有一些是自己来写的，更多的是别人来写的。

如果我们不奋力挣扎，我们迟早会变成他人书写的历史中无关紧要的一页，如果我们就此沉睡，我们迟早会变成那无关紧要的一页中——更加无关紧要的一串数字而已。

挣扎是某些人的宿命，有时是他们命运的一部分，有时是他们命运的全部。

疼痛就是生长，颤抖就是智慧。

仔细地注视这16张图，这是华夏民族挣扎不死的种子和命运，也是伯约尚未终结的一生。

千古兴亡，百年悲笑，一时登览。

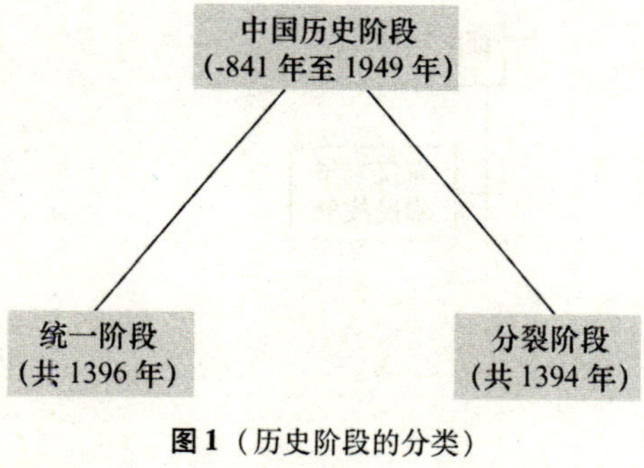


**图1**（历史阶段的分类）

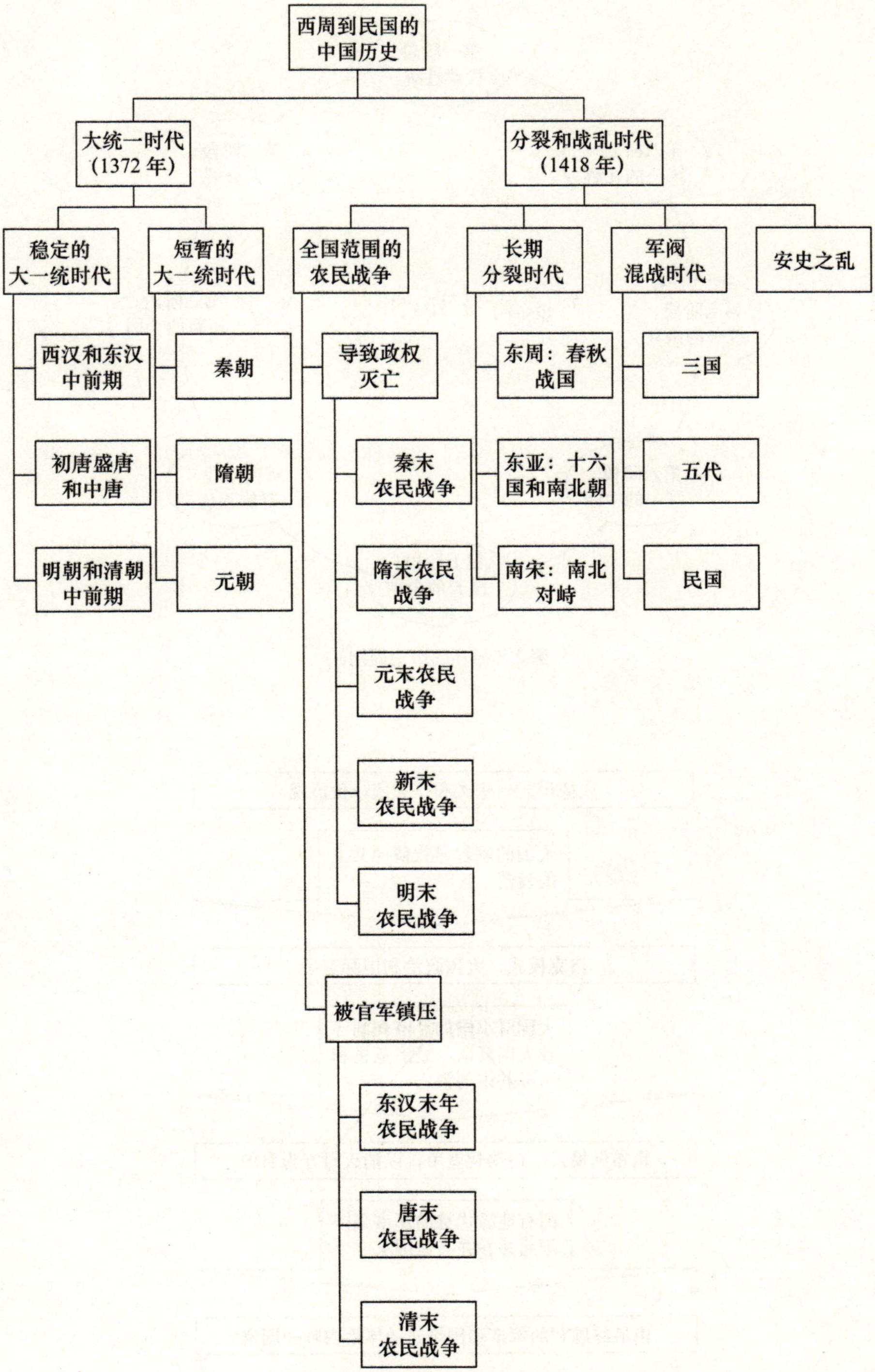
西周到民国的中国历史
大统一时代（1372 年）
分裂和战乱时代（1418 年）
稳定的大一统时代
短暂的大一统时代
全国范围的农民战争
长期分裂时代
军阀混战时代
安史之乱
西汉和东汉中前期
初唐盛唐和中唐
明朝和清朝中前期
秦朝
隋朝
元朝
导致政权灭亡
秦末农民战争
隋末农民战争
元末农民战争
新末农民战争
明末农民战争
被官军镇压
东汉末年农民战争
唐末农民战争
清末农民战争
东周：春秋战国
东亚：十六国和南北朝
南宋：南北对峙
三国
五代
民国

**图 2**（历史阶段的再分类）

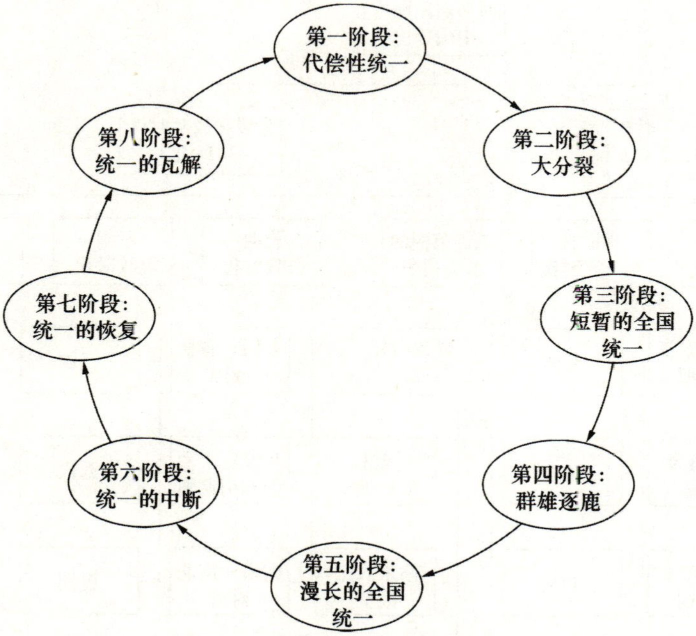


**图3**（循环的历史周期）

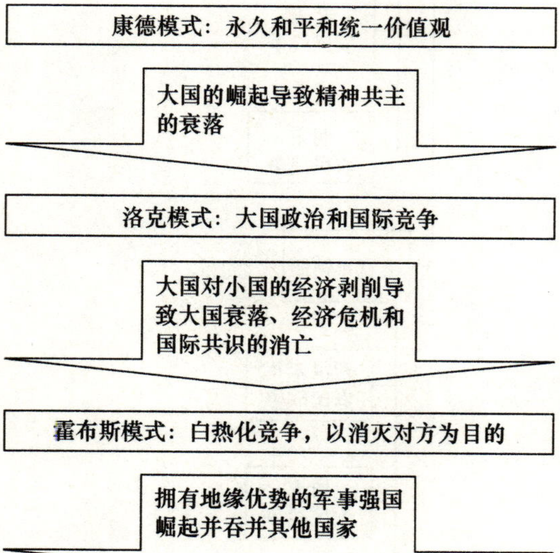


**图4**（西周—春秋—战国的国际关系演变）

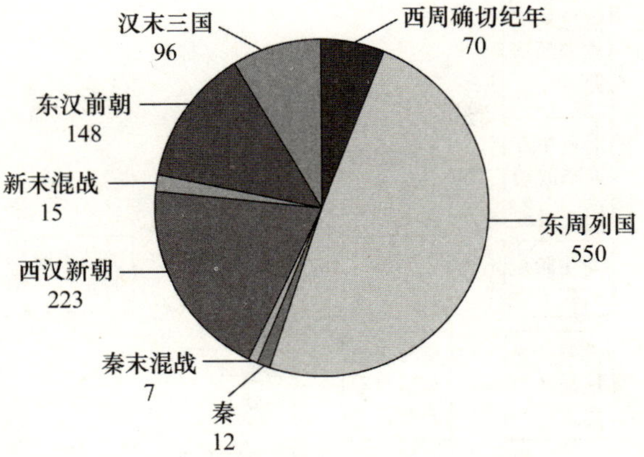


**图 5**（第一周期的历史阶段比例）

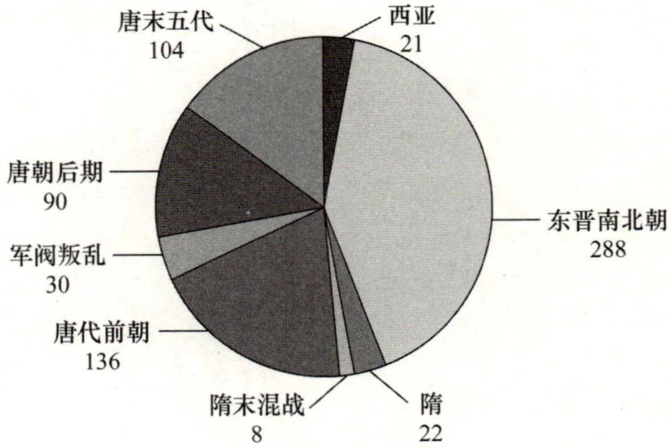


**图 6**（第二周期的历史阶段比例）

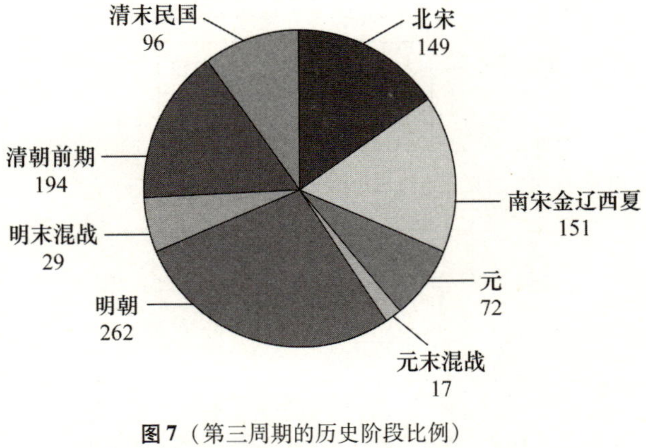


**图 7**（第三周期的历史阶段比例）

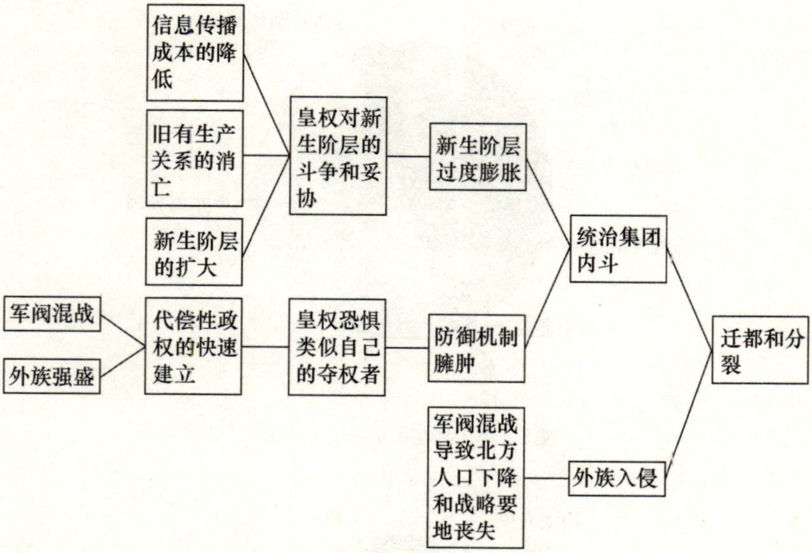


**图8**（西周，西晋，北宋演变）

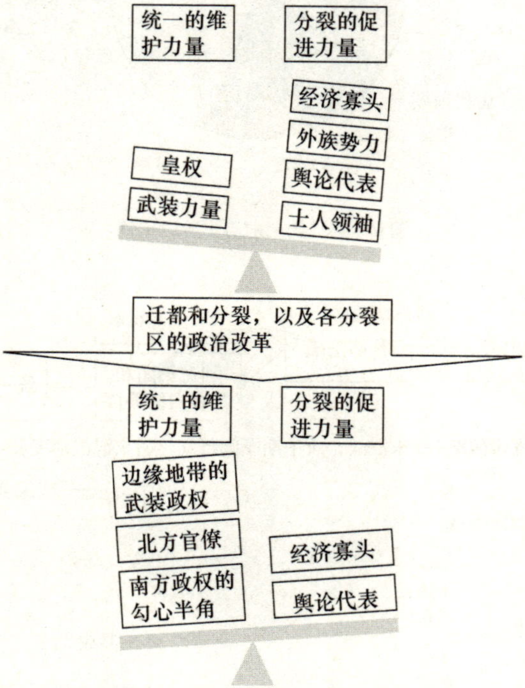


**图9**（东周列国，东晋南北朝，南宋金夏演变）

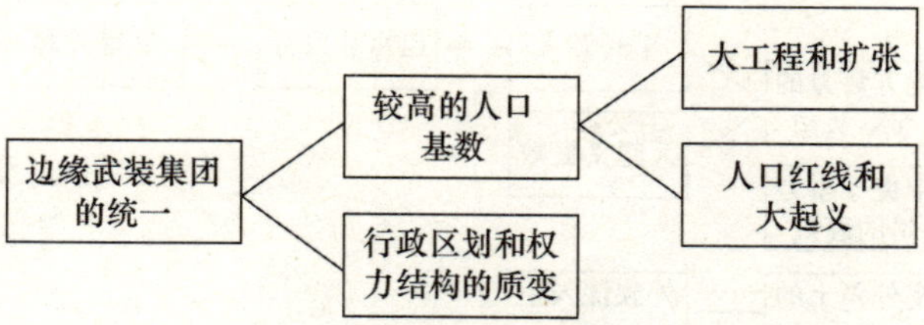


**图 10**（秦，隋，元演变）

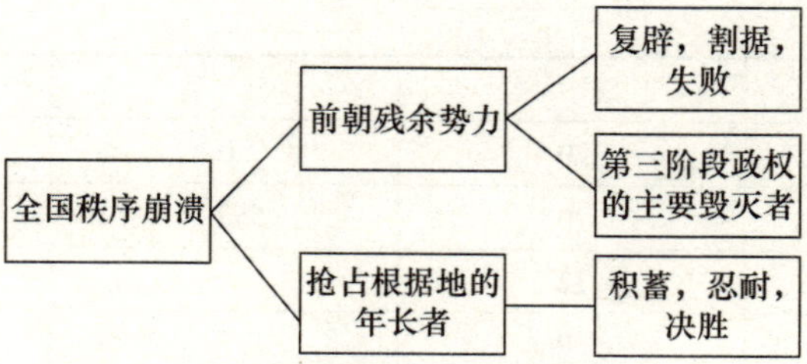


**图 11**（秦末，隋末，元末演变）

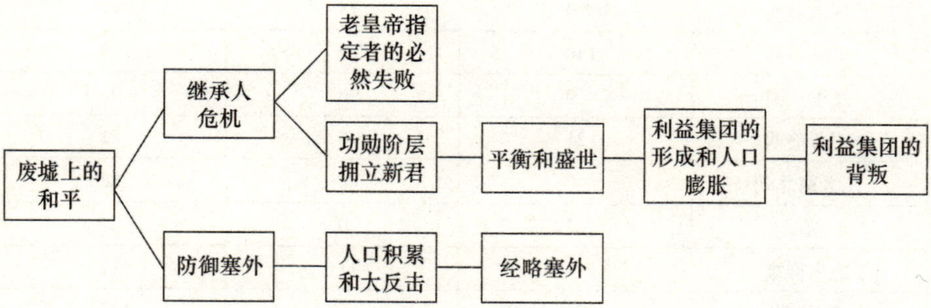


**图 12**（西汉新朝，唐朝前期，明朝演变）

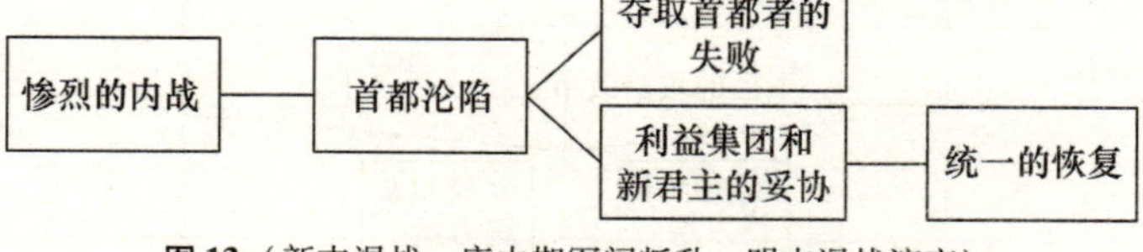


**图 13**（新末混战，唐中期军阀叛乱，明末混战演变）

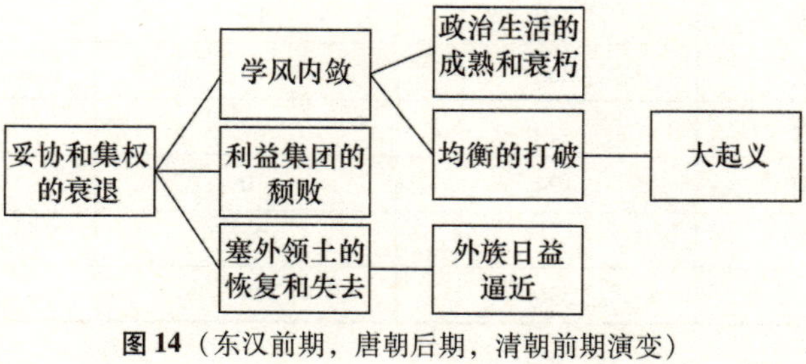


**图 14**（东汉前期，唐朝后期，清朝前期演变）

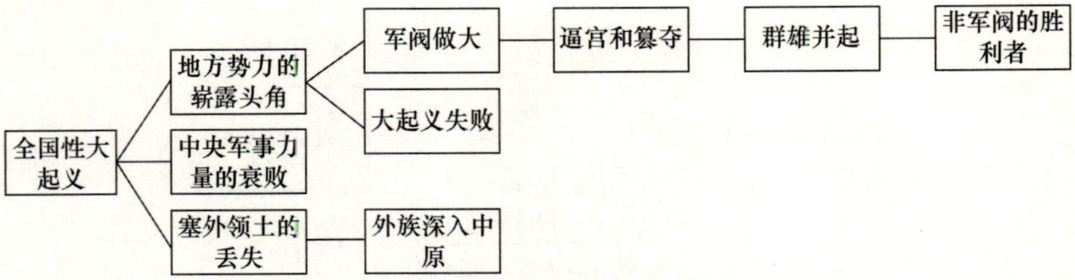


**图15**（汉末三国，唐末五代，清末民国段演变）

| 时间段 | 统　一 | 分　裂 | 总　计 |
|---|---|---|---|
| 西周末年 | 70 | 0 | 70 |
| 东周列国 | 0 | 550 | 550 |
| 秦 | 12 | 0 | 12 |
| 秦末群雄 | 0 | 7 | 7 |
| 西汉新朝 | 223 | 0 | 223 |
| 新末混战 | 0 | 15 | 15 |
| 东汉前期 | 148 | 0 | 148 |
| 汉末三国 | 0 | 96 | 96 |
| 西晋前期 | 21 | 0 | 21 |
| 东晋南北朝 | 0 | 288 | 288 |
| 隋 | 22 | 0 | 22 |
| 隋末群雄 | 0 | 11 | 11 |
| 唐前期 | 133 | 0 | 133 |
| 军阀叛乱 | 0 | 30 | 30 |
| 唐后期 | 90 | 0 | 90 |
| 唐末五代 | 0 | 104 | 104 |
| 北宋 | 149 | 0 | 149 |
| 南宋金夏 | 0 | 151 | 151 |
| 元 | 72 | 0 | 72 |
| 元末群雄 | 0 | 17 | 17 |
| 明前中期 | 262 | 0 | 262 |
| 明末混战 | 0 | 29 | 29 |
| 清前中期 | 194 | 0 | 194 |
| 清末民国 | 0 | 78 | 78 |
| 合计 | 1396 | 1376 | 2772 |

**图16－1**（统一分裂年代序列）

| 历史阶段 | 政治结构变化 | 人口数 | 持续时间 | 历史范例 |
|---|---|---|---|---|
| 第一阶段 | 中央王朝的回光返照，但统治模式发生质变 | 初期较多，稳步增长 | 不确定，与外部压力大小有关系 | 国人暴动到西周灭亡 |
| 第二阶段 | 中央王朝被摧毁，华夏文明区分裂 | 首都周围地区人口损失惨重，之后，随着战争与和平，人口相应地损失和积累，但总体持续上升 | 大于 200 年 | 春秋战国 |
| 第三阶段 | 军事政权的统一 | 人口在统一初期就达到很高的程度 | 小于 80 年 | 秦朝 |
| 第四阶段 | 军事政权的崩溃 | 全国性人口损失 | 小于 20 年 | 秦末农民战争和楚汉争霸 |
| 第五阶段 | 中央政府的成熟 | 初期人口极少，后缓慢增加到最大值 | 最长超过 200 年，最少 140 年以上 | 项羽败亡到王莽篡位之后的第十年 |
| 第六阶段 | 漫长统一的中断和内战 | 全国性人口损失 | 小于 25 年 | 新末农民战争和群雄争霸 |
| 第七阶段 | 中央政府的恢复和衰弱 | 初期人口少，后缓慢增加到最大值 | 最长超过 180 年，最少 90 年以上 | 刘秀统一中国到黄巾起义 |
| 第八阶段 | 中央政府的腐朽 | 初期北方人口大量损失，后期缓慢上升，但达不到第二阶段末期的人口数 | 100 左右 | 黄巾起义，群雄逐鹿和三国鼎立 |

**图 16－2**（历史阶段的排序）

| 历史阶段 | 阶段、周期特征 | 竹简周期 | 纸笔周期 | 印刷周期 | 电子信息周期 |
|---|---|---|---|---|---|
| 第一阶段 | 集权的枯朽 | 西周 | 西晋 | 北宋 | \ |
| 第二阶段 | 大分裂 | 东周列国 | 东晋南北朝 | 南宋金夏 | — |
| 第三阶段 | 集权的初建 | 秦 | 隋 | 元 | — |
| 第四阶段 | 群雄逐鹿 | 秦末群雄 | 隋末群雄 | 元末群雄 | — |
| 第五阶段 | 集权的鼎盛 | 西汉新朝 | 唐朝前期 | 明前中期 | — |
| 第六阶段 | 大叛乱 | 新末混战 | 军阀叛乱 | 明末混战 | — |
| 第七阶段 | 集权的中兴 | 东汉前期 | 唐朝后期 | 清朝前期 | — |
| 第八阶段 | 集权的衰退 | 汉末三国 | 唐末五代 | 清末民国 | — |

**图16－3**（周期性变化总表）

**图16**（八个周期的历史周期率）

## 附录 2

# 伯约年表

涿鹿之战，伯约死而复生。

－770 年，伯约作巫，说周平王，周平王奔西申。

－390 年，追随吴起入楚。

－381 年，离开郢都，入阳城君封地，见孟胜，墨家分裂，伯约一系入秦。

75 年，在西域。

88 年，在洛阳，化名马续，辅修《汉书》。

183 年，在洛阳，辅修《汉纪》。

219 年，煽动魏讽叛乱。

220 年，入凉州，为中郎将。

264 年，密谋政变，假死。

274 年，复生。

281～291 年，在洛阳，结交孟观、石勒、祖逖，见陈寿，并交代后事。

292～611 年，隐居华山。

618 年 4 月，在江都，5 月，西逃，进入神农架。

626 年 7 月，在长安，8 月，入张掖。

700 年，再赴西域，遇汉军烈鬼，招魂。

741 年，入拜占庭，这是伯约到达的最西处。

1064 年，回国。

1066 年，受宋英宗命，参与编写《资治通鉴》。

1085 年，离开洛阳，入汴梁，同司马光告别。

1086～1359年，隐居。

1362年，结识罗贯中、施耐庵。在那热烈而悲怆的夜谈之中，伯约最终确定了孙策和周瑜的死因。许多年后的罗贯中会最终认同伯约的推理，并把孙策遇刺的细节写在他那不朽的名著里。

1932年，就读于燕京大学数学系。

2014年，登昆仑山。

# 后记

公元前842年，西周王朝发生了严重的政治危机，镐京国人暴动，周厉王出奔。

次年是公元841年，而这一年成为了共和行政的元年。更重要的是，太史公司马迁将这一年确定为庚申年，使这一年成为中国历史记录进入确切纪年的开始。

共和行政维持了14年的时间，周宣王即位，西周王朝进入短暂的复兴时期，随后又继续走向衰败。公元前771年，犬戎入侵，西周灭亡，天子的权威不复存在，中国正式进入长达550年的动荡分裂时期，即东周列国时代。

公元前221年，秦始皇横扫六合，结束了持续数百年的战乱，并统一中国。但是14年后，秦朝就在农民起义的烈火中崩毁。

公元前202年2月28日，农历二月甲午，汉高祖刘邦即位，建立西汉，漫长的统一时代终于来临，而这种大一统的局面一直持续到公元9年。也就在这一年，王莽篡汉。随后不久，大范围的农民起义和内战又一次宣告了和平的终结，这一次，内战持续了更久的时间。

公元36年，汉光武帝刘秀统一中国，又一个大一统的时代到来了，但是东汉的国内和平时期要短于西汉。公元184年，张角兄弟发动黄巾起义，著名的三国时代开始，此后，中国陷入长达96年的内战和分裂之中。

公元280年，西晋消灭东吴，天下一统。但和平并没有持续多久，291年，八王之乱爆发，中国再次陷入长达300多年的分裂和混战，而和平再一次到来的时候，已经是公元589年的事情了。

此后的中国历史仍然没有逃脱“分久必合，合久必分”和“一治一乱，一乱一治”的怪圈：隋朝不比秦朝长命多少，而唐朝则成为与汉朝并称的伟大时代，五代和两宋的战争象征着又一个华夏文明的低谷时期，而随后的明清则部分恢复了汉唐的疆域和繁荣。

以上的史实中隐藏着中国历史中一个令人困惑的疑问，这个疑问也成为了本书最终要解决的主要问题：即中国历史上这种反复出现的长期分裂和长期统一时期有着怎样的逻辑关系？这种显著的历史现象为什么会出现在东亚大陆上而不是别处？

事实上，这个问题不是没有人关注到，换言之，试图从各个角度阐述这一特殊历史现象的著作汗牛充栋，但遗憾的是，这些著作往往停留于对统一——分裂这一显著的历史规律的表象描述上，而没有对这种现象背后的逻辑关系做出深入的解释。

毕竟，中国历史的复杂性和延续性都是独一无二和首屈一指的，传统的纪传体史学方法很容易把研究者的目光吸引到影响历史的重要人物身上，而掩盖了这些人物背后的时代背景。相对而言，要想对统一——分裂的中国历史周期律做出合乎逻辑的解释，社会学、经济学甚至国际关系学的知识可能都是必不可少的。毕竟，在1840年鸦片战争爆发之前，中国大陆保持着相当程度上的地理隔绝，传统的天下观更是将这片土地视为世界的主要组成部分和中心，所以，对中国历史的研究并不能够用王朝史、国别史甚至民族史来概括。以漫长对峙的春秋战国时期为例，国际关系学和地缘政治学就能够更好地概括当时中国政治的特点。而当我们观察一个统一王朝的兴衰时，社会学和经济学上的某些结论也是有令人惊喜的启发意义的。

故而，对中国历史周期律的探索涉及到各个学科的内容，甚至这种涉及会远远超过社会科学的范围。例如，当涉及到一个长期的历史阶段讨论时，气候的变化和地理环境的局限性往往有着更大的影响力，而这个时候我们需要依靠的是环境史方面的研究结论。

在借助了大量非历史学的研究方法和结论后，一个针对中国历史周期律的研究思路逐渐出现了：要想探索中国历史周期律背后的逻辑关系和动因，首先是要彻底明确这个周期律是什么，而事实上，这一点，学者们并没有说得太清楚。究竟怎样界定分裂和统一？分裂和统一的周期性递变之间有着怎样的时间跨度和界定方式？一个周期的时间跨度是多久？中国历史经历了多少这样的周期？这些我们并不是很清楚。虽然针对这个问题的讨论自古有之，但这种讨论并没有给出一个有说服力的答案。

上古三代时期，商人将统御天下的权力看做是天帝的眷顾，并且这种眷顾是持久存在的。而当周人取代了商人成为华夏共主之后，周人首次提出了天命的迁徙，统治者有可能因为失德而被天命所抛弃，而取而代之者则会成为新的宠儿。

总之，在上古三代时期，普遍存在的观念是政权天授，发展到西周以后，君主的德行成为了维系天命的唯一标准，这种观念深刻地影响到东周以后的各个学术派别，尤其明显的是儒家和阴阳家。

战国中期，五行家邹衍从阴阳五行的角度提出了五德循环说。邹衍认为，自古以来就存在五种彼此生克的政权模式，分别对应着金、木、水、火、土5个基础元素，所以政权的更迭不过是这5种基础元素相互转化的反映而已。这种学说属于玄学的范畴，无法证实其合理性。但是自战国以后，五德理论体现出异常顽强的生命力，新王朝的建立者往往根据五行生克的原则来为自己开创的时代选择特定的五行属性，而这种选择并不是没有争议的。以两汉为例，汉高祖时期认为汉朝继承了秦朝，所以选择了和秦朝一样的水德，服色尚黑，而到了汉文帝当政时，一度改成了土德，直到汉光武帝当政时，才确认汉朝的德行是火德，从此，炎汉就成为了汉朝的代名词，并一直延续到蜀汉的灭亡。总的来说，虽然以现代的眼光看来，五德循环说显得非常荒诞不经，但他毕竟深远地影响了中国两千多年的王朝政治，尤为关键的是，它能够为王朝更迭提供一种超越人力所及的超自然解释，这一点对于末代皇帝和新朝君主克服不安心理是极其重要的。

同样在战国中期，亚圣孟子从民心的角度提出了治乱循环说。治乱循环说可以被看做是儒家观察历史的结果，也可以说是周朝天命说的再发展。孟子认为500年必有王者兴，且将天下崩坏的原因归于君主的失德和道德的沦丧。从统计学的角度上讲，这样的看法不能说是错误的。一般来说，一个王朝的开国君主都怀有勇气和美德，而随着时代变迁，统治者则趋于荒淫和暴虐。无疑，这是大一统王朝的一般性规律，但是这种规律性总结在现在看来毕竟称不上深刻。

相比而言，战国晚期的韩非子提出了不同的理论。

韩非子认为，远古时代鸟兽多而人类少，财富多而人不争，所以先王以道德规范天下，到了韩非子所处的时代，人口膨胀，人多财少，天下不得不以力搏杀，以法律界定财富分配。虽然韩非子无法预料到未来的中国会出现人口膨胀到临界点因而爆发农民起义和全民战争的情况，但是无疑韩非子的观点是相对理性的，至少“人口和财富的比例关系”这一决定社会是否稳定健康发展的重要因素已经被韩非子发现，并用来阐述上古政治和战国政治情况迥异的根本原因。从韩非子的逻辑体系中，我们可以推测出这样的一个历史发展脉络，即人口膨胀导致财富分配不均和更加严密的社会管理，社会局面从远古时人人和乐的和谐景象转向春秋战国时“凡有血气，皆有争心”的大时代中。其实这种逻辑体系暗含着一点，即社会稳定程度在很大程度上取决于国家不断生产财富的能力。

可以说，自春秋战国的学术高峰之后，中国传统的政治学和社会学走出了高速发展的历史通道，后来的学人很难超越华夏诸子在东周列国时期提出的精妙见解，这大概是因为大一统国家刚刚出现，而春秋战国火热嘈杂的争鸣已经成为往事的原因。自司马迁开创了纪传体史书的写法后，先秦的编年体史书模式遭到了主流学者的摈弃，而这并不利于学者们总结历史规律。事实上，这种学术瓶颈直到宋朝才有所转变。北宋时期，中国出现了时间跨度达1300多年的编年体通史《资治通鉴》，而编年体史书显然比纪传体史书有着更强的规律总结能力，在此基础上，明清时期的一批大儒开始重新思考战国先贤所思考过的问题。

比如，王夫之在《读通鉴论》的基础上提出了具有重要意义的变三消说，他认为中国历史经历了邦联国家、联邦国家和专制帝国三个阶段，而每一次演变都是革命性质的。王夫之认为，商周之变和周秦之变是影响最大的两次政权更替。同时，他观察到游牧民族和农耕民族的力量消长，并提出宋以来的中国进入了游牧民族和农耕民族轮流执政的时期。可见，自王夫之起，学者们已经不满足于叙述和评论历史事实本身。

进入现代以来，李四光院士和翁文波院士分别从地磁周期和时间序列的角度探讨了中国历史的周期性问题。葛剑雄教授在阐述了统一和分裂的事实基础上进一步探讨了中国历史分合的逻辑，却失之系统化，他的著作虽然探讨了统一和分裂的标准，也提出了自己的看法和统计结论，但是并没有进一步深入探讨统一时代和分裂时代之间的逻辑关系。又比如王夫之的《读通鉴论》，王夫之发现了禅让制、封建制和帝制（如果他活到现在，他会说共和制也是递变的结果）之间的递变性，但缺乏对这一现象背后动因的探索。探讨这个问题的先辈们也许在细节上发现了治乱循环背后的某些具体因素，但是，从未有一个人能够系统地回答以下几个问题。

第一，中国历史分久必合、合久必分的背后的核心因素是什么？民心？资源？地理结构？气候？天命？这种分裂和统一的循环可以打破和避免吗？怎样避免？为什么能够避免或者不能避免？

第二，针对华夏文明漫长的历史进程，除了传统史家的王朝断代划分法，马克思主义的生产力五阶段划分法，现阶段流行的国家结构划分法（部落联盟——邦联国家——联邦国家——统一帝国——共和国），还有没有其他建立在经济学和社会学基础上的划分法？划分中国历史阶段的标准如果不是王朝的生灭，马克思主义生产关系的变化以及国家形态，那是什么？

第三，怎样解释中国疆域的变迁？导致华夏文明能够辐射到的地理区域面积不断变化的原因究竟是什么？

第四，怎样预测华夏文明的未来？或者说，历史惯性对未来的作用有多大？中国历史规律通过什么媒介起作用？这个媒介依然存在吗？

我们旨在提出问题并系统化地予以解决，并且，我们最终初步地解决了这四个问题。

事实上，鉴于这种所谓的历史周期律是极其模糊的，在探索周期律背后的驱动力之前，我们要做的仅仅是用统计学的方法归纳中国历史上和平统一和分裂混战的阶段，并试图在这些阶段之间找到稳定的周期关系，也就是说，我们的第一步是细化和归纳中国历史周期率现象。

我们的方法是首先假设中国历史存在周期性，并根据分裂和统一的不同时间段提炼出一个有普遍解释力的理论框架和分析模型。在此之后，我们将用这个模型来分析中国历史上的不同阶段，并试图找出阶段之间的周期性关系。在明确这一点后，我们在本书的后半部分解释了中国历史周期律背后的逻辑关系和动因。我们的工作开始是解释性的，最后则是预测性的。社会科学的目的并不仅仅在于让读者了解过去，更在于让读者了解未来。

在探讨中国历史的时候，有两条经验型的总结值得重视。一条是罗贯中在《三国演义》中提出来的“天下大势，分久必合，合久必分”，一条是司马光在《资治通鉴》提出来的“治乱循环，盛极而衰，在所不免”。如果我们的讨论从有确切纪年的公元前841年开始，我们会发现，夹杂在那些比较成功的统一王朝之间的政治格局，会呈现出长期的割据和对峙状态。西周200年后，地方诸侯就彻底吞噬了中央政府的权威，随着思想启蒙和技术革新的出现，战争状态一直持续到秦始皇统一天下的公元前221年。或者说，如果我们从东汉王朝末年的黄巾起义开始研究，我们同样会发现中央权威的衰弱和地方军阀的崛起，持续的动荡并没有随着三国归晋而结束，而是一直持续到隋文帝一统天下的公元589年。而如果我们以安史之乱后唐朝的藩镇割据为探讨起点，我们就会发现，割据和战争并没有随着赵匡胤的建国而终结，而是一直延续到蒙古人歼灭南宋海军的崖山之战。在北宋和南宋的时代，原唐朝的版图上出现了各种外族建立的国度，而这些国家最终同宋朝一起覆灭于蒙古人所向披靡的骑兵铁蹄之下。

以上的例子是为了说明，延续200年以上的统一王朝和延续200年以上的分裂时代之间有着怎样一种彼此相生的关系。就如西汉、唐、明等延续200年以上的王朝向我们呈现出中央权威的鼎盛和漫长的衰落一样，那些延续200年以上的分裂和混战也向我们呈现了中央权威的终结、重生和复兴。

在华夏文明的演变过程中，分裂和统一构成了政治结构演变的主要脉络，这是一个不容否认的历史事实。我们已经在正文的讨论中，建立起一个相对客观的理论框架来对这一基本现象加以规范和解释，希望笔者的探索仅仅是这个宏大课题的开始。

在全书的最后，要向历史致敬。

向历史致敬的本质，是向史官致敬。

究天人之际，通古今之变，成一家之言。

许多年前，伟大的星象家、郎中、中书令、汉孝武皇帝的受虐者和宠臣司马迁在一份公开信中阐述了自己的志向。从这位不平凡的受刑者开始，这些伟岸而速朽的生命开始不断把自己捐献给历史规律这一庞然巨兽：历代史官都是这个民族中最出类拔萃而又懂得保持沉默的人物，他们坚信自己正在探索的，正是一个朝代和民族，乃至天下的核心规律，他们一代代为此效死并且乐衷于这样的事业。而作为他们服务的对象——即华夏民族的历史本身，却从未为这一批又一批的殉道者抱有半点同情之心。是的，如果我们民族的历史有其神学意义上的实体的话，它一定是一个残酷嗜血的暴君，每当历史的车轮开始转动的时候，这个暴君就开始索求祭品。正如《银河英雄传说》中的罗严塔尔元帅所感叹的那样："历史这种东西就跟人一样，当它从睡梦中醒来的时候会觉得口干舌燥。历史是需要饮下大量鲜血的。就算历史已经喝够了血，那也只是量方面的事，在质方面又如何呢？牺牲甚至是高贵的，足以取悦残忍之神"。

罗严塔尔元帅在做这种咏叹调式的发言时，似乎已经意识到自己正是历史所急需得到的祭品之一，而且他的鲜血正属于那种区别于流血数量的"质量上的牺牲"，是的，每当史官写下一个时代的悼词，历史就要开始喝血了。这令人想起杨威利元帅的养子尤里安决心退役并成为一名历史学者的那个晚上，开创了罗严克拉姆王朝的莱因哈特皇帝突然去世，太后年幼，主少国疑，罗严塔尔元帅的儿子在星空下奋力向上伸出手臂，挣扎着去抓握辽远的星光——这一幕深深地震慑了另一位帝国元帅，并让他长久地沉浸在皇帝去世后引发的巨大空虚里。

史官的史评是一个时代的悼词，而这段文字也正是这本书的总结陈词。

总结陈词，总结陈词，这诡异的四个字再次让人想起《三国志·蜀书》的最后一篇传记，《三国志》是对秦汉时代的总结陈词，而最后一篇传记的最后一篇文章，则是对三国时代的总结陈词。

皇帝遗植，爰滋八方，别自中山，灵精是钟，顺期挺生，杰起龙骧。始于燕、代，伯豫君荆，吴、越凭赖，望风请盟，挟巴跨蜀，庸汉以并。乾坤复秩，宗祀惟宁，蹑履覆迹，播德芳声。华夏思美，西伯其音，开庆来世，历载攸兴。——赞昭烈皇帝（刘备）

忠武英高，献策江滨，攀吴连蜀，权我世真。受遗阿衡，整武齐文，敷陈德教，理物移风，贤愚竞心，佥忘其身。诞静邦内，四裔以绥，屡临敌庭，实耀其威，研精大国，恨于未夷。——赞诸葛丞相（诸葛亮）

关、张赳赳，出身匡世，扶翼携上，雄壮虎烈。藩屏左右，翻飞电发，济于艰难，赞主洪业，侔迹韩、耿，齐声双德。交待无礼，并致奸慝，悼惟

轻虑，陨身匡国。——赞关云长（关羽）、张翼德（张飞）

征南厚重，征西忠克，统时选士，猛将之烈。——赞赵子龙（赵云）

那是已经逝去的壮烈和卑微，已经凝固成青铜塑像的怯懦与雄峻。

拔剑四顾，竖子成名。

史笔如铁，是为了凝固过往岁月中的献给华夏民族和秦汉帝国的背叛和忠诚。

闻鸡起舞，是为了能有击楫中流的那一刻。

《三国志》完成的那个晚上，已故的魏武帝曹操和他开创并维持的时代已经被所有人背叛。

此去泉台招旧部，英雄死后再征西。

那一夜，陈寿在洛阳寂静地搁笔，张华在台阁不安地弹琴。

战国雄强，三国悲慨，是谁站在漩涡中心，主导大势？

两晋妖艳，两宋颓靡，是谁静卧太学墙外，屏听天罚？

1932 年的燕大之夜，又是谁道破天机，说破了未来 20 年的真相，引得英雄折腰，豪杰倾心？又是谁静静生活在 2014 年的京师，在世相红尘中透视古今的心怀，参悟这大时代的周期并用永恒警惕的目光迎接着这个大时代的命运？

作　者

2014 年 6 月 1 日